Memorias
de
Abuela
Fela

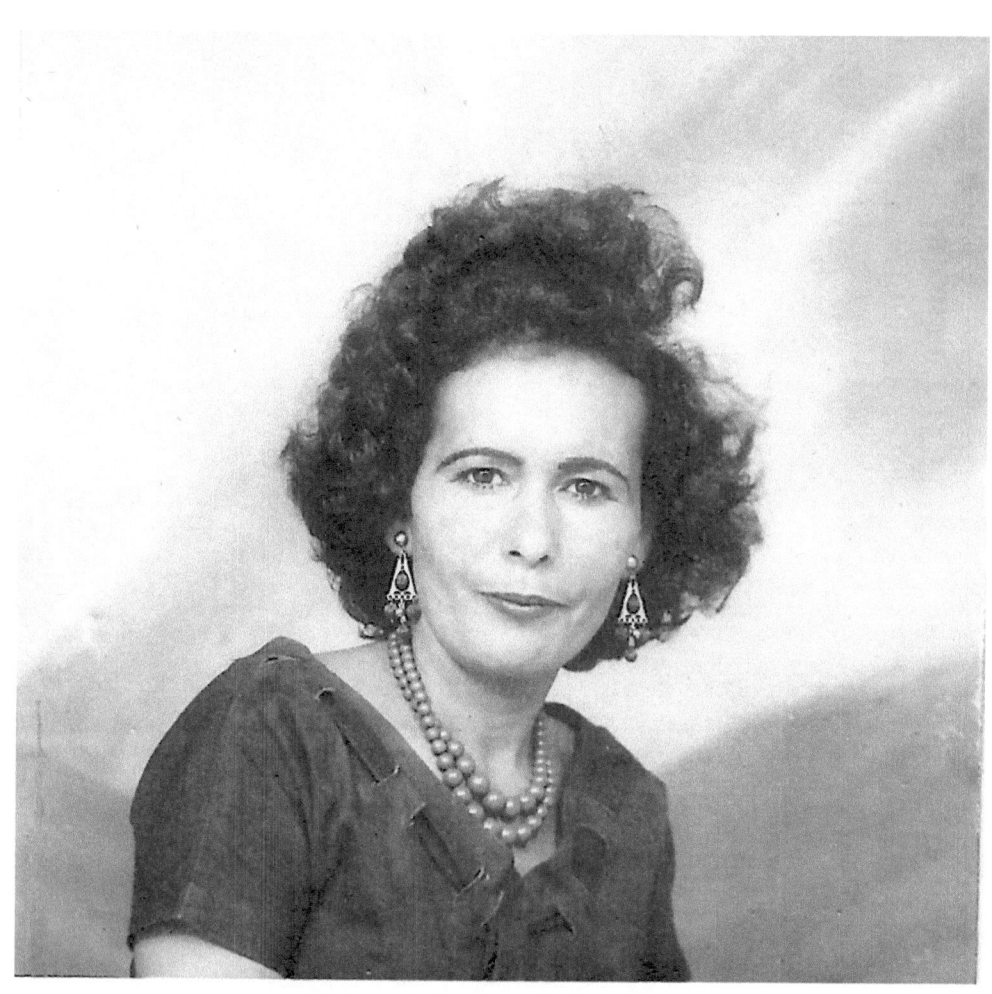

Memorias de Abuela Fela

Socorro Velázquez Lara

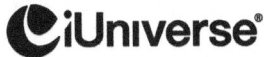 iUniverse®

MEMORIAS DE ABUELA FELA

Pintura de la Portada por la artista: Migdalia Cabán
Website de la artista: http://www.migdaliacaban.com

Puede hacer pedidos de libros de iUniverse en librerías o poniéndose en contacto con:

iUniverse
1663 Liberty Drive
Bloomington, IN 47403
www.iuniverse.com
1-800-Authors (1-800-288-4677)

ISBN: 978-1-4917-3514-5 (tapa blanda)
ISBN: 978-1-4917-3515-2 (tapa dura)
ISBN: 978-1-4917-3513-8 (libro electrónico)

Número de Control de la Biblioteca del Congreso: 2014910427

Información sobre impresión disponible en la última página.

Fecha de revisión de iUniverse: 9/23/2016

Canciones citadas-Permiso otorgado por
Peer International Corporation

Los Reyes No Llegaron by Esteban Toronji González
Used by Permission of Peer International Corporation

Sin un Amor by Alfredo Bojalil Gil and Jesús Navarro
Used by Permission of Peer International Corporation on behalf
of Promotora Hispano Americana de Música, SA.

Pobre Gaviota by Rafael Hernández Marín
Used by Permission of Peer International Corporation

Aguinaldo de Las Flores by Manuel Jiménez
Used by Permission of Peer International Corporation

Amor Gitano by Héctor Flores Osuna
Used by Permission of Peer III, Ltd.

Luz Y Sombra by Rafael Cárdenas Crespo and Rubén Fuentes Gassón
Used by Permission of Peer International Corporation on behalf
of Promotora Hispano Americana de Música, SA.

Perfume de Gardenias by Rafael Hernández Marín
Used by Permission of Peer International Corporation

!Qué Bonita Bandera! by Flor Morales Ramos
Used by Permission of Peer International Corporation

Cortaron a Elena by Manuel Jiménez
Used by Permission of Peer International Corporation

Temporal by Rafael Hernández Marín
Used by Permission of Peer International Corporation

Santa María by Manuel Jiménez
Used by Permission of Peer International Corporation

Cuando Las Mujeres Quieren A Los Hombres by Manuel Jiménez
Used by Permission of Peer International Corporation

Cāna Brava by Antonio Abreu
Used by Permission of Peer International Corporation

Cantares de Navidad (Traigo un Ramillete) by Benito de Jesús
Used by Permission of Southern Music Co., Inc.

Dedico este libro a mi santa madre, Felipa Malavé Arocho, que es la protagonista principal de esta historia, la que me dio la vida, la que me enseñó a tener fe y esperanza. A ella, que fue sacrificada para que sus hijos fueran salvos. Igualmente, a mis hermanos Minerva Bosques-Vargas (a la que nunca conocí), a María Antonia González, a José Antonio Méndez, a Luis Reinaldo Hernández, a Judith Hernández, a Maribel Hernández y a Nancy López que junto a mí han sido protagonistas de esta saga. También lo dedico a mis hijas Jessika y Xiomara que amaron y respetaron a su abuelita como ella se merecía, a mi esposo Armando, por amar y hacer reír a mi madre para aliviar sus penas. Además a todos los nietos y biznietos de Felipa Malavé, porque muchos de ellos convivieron con ella, la amaron y de una manera u otra son testigos de estas memorias. A ellos les encomiendo le cuenten a las generaciones venideras la historia de Abuela Fela. Por último, dedico este libro a todos aquellos que creyeron conocerme.

Tabla de Contenido

Agradecimiento

En primer lugar mi especial agradecimiento a Dios por haberme dado la inspiración y la entereza para escribir estas memorias. También a mis hijas Jessika y Xiomara por ayudarme con la recopilación de los datos y por ser las narradoras principales de esta historia sobre abuela Fela. Sin la ayuda de Jessika y Xiomara no hubiera sido posible terminar esta historia. A mis hermanos por ayudarme a recordar algunos datos ya casi olvidados. Mi sincero agradecimiento a mi esposo Armando Lara por su paciencia para conmigo y su exhortación para que yo pudiera terminar estas memorias.

Le agradezco también a don Raúl y a doña Sarah Méndez que ya pasaron a mejor vida, pero quienes me ayudaron con mi educación y me trataron como a una hija. Así mismo a mis hermanos de crianza Raúl y Sarita Méndez por su cariño y por facilitarme algunos diccionarios del habla campesina del país y algunos libros de música lo que me ayudó a verificar algunos datos de canciones y palabras arcaicas usadas por mi madre y mis abuelos. Igualmente les agradezco a todos los buenos amigos, vecinos y trabajadores del café y de la caña que compartieron momentos de tristezas y alegrías con mi madre y mi padrastro Pedro Hernández. A ellos porque aunque en el anonimato, han ayudado a levantar la economía de Puerto Rico con el sudor de su frente. Así mismo a todos aquellos patronos que emplearon a mi madre y le proveyeron de un trabajo y un pequeño sueldo para que ella pudiera criar a sus siete hijos.

No puedo dejar de agradecerle al escritor puertorriqueño Eduardo Colón Peña que me ayudó con esta jornada y a dar los primeros pasos para escribir esta historia. Con Eduardo Colón también he podido compartir esos términos de tiempos viejos y arraigados en nuestra tierra. Por último, a mi querido profesor de literatura peninsular y escritor el Dr. Alfred Rodríguez mi más sincero agradecimiento por haber revisado este trabajo, por sus valiosas sugerencias y referencias. Más aún, por tener la amabilidad de estar siempre a la disposición cuando tuve alguna duda o incertidumbre.

Prólogo

Memorias de Abuela Fela es un libro que estremece y conmueve al lector por su amor y belleza dentro de un marco de angustiosa adversidad. Es una historia de supervivencia y triunfos contra toda esperanza, escrita en un lenguaje sencillo y conmovedor. La abuela es amorosa, compasiva y alegre a pesar de los golpes que ha recibido en la vida. Ama con profundidad a la tierra, a su patria y a su familia.

La autora, Socorro Velázquez Lara, no solamente desea inmortalizar y contar la historia de su madre, sus penas, dolores, problemas y vida llena de angustias, sino también ponerla dentro del debido contexto histórico, social y cultural. Es Puerto Rico un país pobre económicamente (pero rico en sentimientos), que comienza a desarrollar su economía en esos años.

Aunque la abuela es un personaje real, la autora hace un mito de la abuela desde la mirada de los nietos. Acude a un tipo de género como la entrevista, la que hacen los nietos. En el mismo se van entremezclando algunos cuentos de la abuela, recuento y apreciación de alguna música popular, recetas de la abuela y relatos, a modo de popurrí. Termina con reseñas y poemas de otros familiares y amigos dedicados a la abuela.

La autora se vale de algunos rasgos lingüísticos, especialmente en la pronunciación de muchas palabras que son de cierta manera una peculiaridad, idiosincrasia muy particular del habla puertorriqueña. En la voz de la abuela revive un léxico ya olvidado, a través del que renacen las experiencias de la abuela y por ende de la familia al escribir estas memorias.

Recrea una serie de sucesos ya pasados en la vida de la abuela, los que al plasmarlos en estas páginas la remontan a unas memorias tristes, dolorosas, trágicas, agónicas y a veces hasta jocosas que ella misma vivió junto a su madre, la abuela. Así mismo describe con intensidad la vida de su madre, la Abuela Fela, víctima de un machismo muy arraigado.

La abuela se destaca por su humildad, conformismo, por tener valor de afrontar una vida difícil sin educación, con muchos hijos y sin un esposo que la valorara. Se destaca por su compromiso infinito con los hijos por los que estaba dispuesta a defender y proteger hasta con un machete de cualquier amenaza externa. No se detuvo ni un segundo cuando tuvo que construir su propia casa y no dependió de nadie para proveer un techo a sus hijos. Luchadora hasta el fin. Nunca perdió su fe. Trabajó en los quehaceres más humildes pero fuertes como recogiendo café, cortando y recogiendo caña, lavando y planchando, trabajando en la industria de la aguja y sembrando su propio huerto para que nunca faltaran alimentos a los hijos. A pesar de todos los retos de la vida siempre ofrecía a sus seres queridos amor, ayuda y valores.

Abuela Fela, aunque no sabía leer ni escribir, era graduada de la escuela de la vida. En su conversación con los nietos, la abuela habla de la cultura; de las costumbres, del folclor, de la música y de la tierra puertorriqueña. También de la zafra de la caña, la cogida del café, la industria de la aguja, trabajos que llevó a cabo para poder mantener una retahíla de hijos a los que nunca le faltó techo ni comida, aunque carecieran de lujos y cosas materiales.

En la lectura de las *Memorias de Abuela Fela* todos encontraremos reminiscencias de un Puerto Rico que se nos va y comprenderemos mejor nuestras raíces puertorriqueñas. Pero por sobre todo, encontraremos que el amor y la fe son la clave para vencer las vicisitudes que nos da la vida.

Eduardo Colón Peña
Vega Alta, Puerto Rico

Reseña

La escritora—en otro tiempo aprovechada estudiante graduada en mis seminarios sobre literatura española y mi colaboradora en algún publicado trabajo erudito—ha logrado redactar un texto que contiene valores que trascienden de su principal intento familiar y que merecen, a mi juicio, siempre tendenciosamente erudito, destacarse. Pues la cariñosamente anovelada trayectoria vital de la abuela puertorriqueña abre ante el lector—llevado por el emotivo hilo de los nietos—un mundo isleño ya desaparecido. Es un mundo—ya muy lejano en estos tiempos que todo lo alteran profundamente en un abrir y cerrar de ojos—que nos brinda joyas que vale la pena recuperar, enriqueciéndose.

Entre tales joyas, la interesante biografía de la doctora Lara recoge un folclore isleño que—transmitido mediante cuentos, canciones y un jugoso anecdotario—plasma un pasado puertorriqueño en el que aún se destaca claramente la enriquecedora contribución de los tres continentes que se fundieron en Borinquen. Y es no menos preciosa joya, en términos lingüísticos, el contenido lexicográfico que aflora en el lenguaje de la protagonista de la obra y que la autora ha facilitado mediante un glosario. Este es particularmente rico a nivel de lo apropiadamente cotidiano, de su entorno biológico y culinario.

Memorias de Abuela Fela ha de leerse, desde luego, en varios y distintos niveles de apreciación. Cuando más, desde una perspectiva familiar—de esa gran familia que de algún modo incorpora a todo puertorriqueño partícipe, por voluntad propia o ajena, en la conquista de su trozo del continente norteamericano—que irá siempre acompañada de una legítima nostalgia ancestral. Y cuando menos, como en mi caso, desde una perspectiva apreciativa de un mundo intrínsicamente hispano que añade diferenciados valores al conjunto supranacional y transcontinental del gran arco iris que conforma la Hispanidad.

Alfred Rodríguez, Ph.D.
Albuquerque, New Mexico

If Güela Dies

Mama, if güela dies, who will make me arroz con habichuelas?
Mama, if güela dies, who will make me pasteles guanimos?
Mama, if güela dies, who will make me tostones, ¡mmm!, panas con bacalao, arroz con gandules y cafecito con leche?

Mama, if güela dies, who will tell me short stories, los cuentos de miedo, el cuento de Tin-Tilín y el cuento de la nena que se robaron en un barrilito, also those about Pedro Animala and Juan Bobo? Mama, if güela dies, who will tell me the stories about el Vampiro de Moca y del Chupacabras? She told me that she saw and fought them, y yo le creo.

Mama, if güela dies who will tell me cuentos de mis tíos y mis agüelos, –tú sabes, los agüelos viejos, those that I never knew, pero que ella me enseñó a conocer in her stories. You know, güelo Facio, agüela Galo and... you know, those names that are in your family tree.

Mama, if güela dies, who will sing me those songs of Juan Charrasqueado, El hijo pródigo or that one that says *"si tú te vas"*, or her favorite that says *"las rondas no son buenas"* or the other one that is about the Reyes Magos, that says *"Madre en la puerta un niño que está pidiendo amparo. Quizás no tenga madre, huérfano tal vez."* Oh mama, this one makes me cry and she cries too.

Mama, if güela dies, ¿quién me hace guarapitos de guanábana, hierba buena, cocos nuevos or menta? ¿Quién me pasa agüita maravilla y alcoholado con ruda cuando tenga un cold? Ella me dice que es medicina del cielo, y enseguida —I feel better.

Mama, if güela dies, can I go with her to el paraíso? I want to go with her, no hay nadie como agüelita. Mama, why tienen que morirse las abuelitas buenas? Mama, can I go to see güela en el cielo? Ella me dijo que iba pa'l cielo. Oh, mama, please don't let güela die.

Diosito, please let grandma here, I promise, I will pray todas las noches con ella, even if I have to repeat after her todos los nombres de la familia. Please Diosito deja a mi abuelita conmigo, te lo ruego por favor. She is the best güela del mundo and I love her a lot and you know that.

Socorro Velázquez Malavé Lara, 1999

Capítulo I

Los sueños de abuela Fela

— ¡Auxilio, auxilio! ¡Auxilio! ¡Facio, mi viejo, ayúdeme! ¡Quíteme este desgraciado de encima, quítenme este animal de encima! ¡Auxilio, auxilio! Por favor ayúdenme, quítenme este monstruo de encima. Por favor, ¡socorro, auxilio! —gritaba desesperadamente la indefensa mujer.

— Mira desgraciado no respetas a tu mujer y a tus hijos, que no ves que te estoy cuidando a los nenes —decía la desprotegida mujer en su lucha.

— ¡Desgraciado! ¡Miserable!, no me toques… Te daré un mordisco para que me sueltes. Me das asco, canto é sinvergüenza. No ves que no soy tu mujer. Tampoco soy una perra. ¿Qué va a decir la gente?, nohhh…, toma contrayao una *patá…* —decía con pavor la pobre mujer.

— ¡Ay, no me des hijo del diablo, ay, ayiii! ¡Auxilio! ¡Ayii mi boca, ay mis dientes están rotos! —prosiguió la extenuada mujer tratando de ganar aquella feroz batalla.

Sonaba muy abatida y lloraba sin consuelo. Clamaba a aquél que era el único que conocía su corazón ya quebrantado. Le hablaba y le preguntaba:

— ¡Dios mío! ¿Por qué me has desamparado? ¿Cómo es que permites que esto me pase? ¡Ay, ayiii, que no puedo moverme! ¡Ayiii que me desangro, se me *esgranaron* los dientes! ¡Qué dolor, qué dolor, umm, umm…! Diosito, por favor, ayúdame.

La pobre mujer movía las manos para todos lados, parecía que tenía una lucha a muerte. En su delirio, se movía como loca a pesar de que estaba atada a aquellos cables de sueros y alimento enredándose en ellos con tantos brincos y patadas.

1

— ¿Qué te pasa? Despierta, despierta, ¿estás bien? —le pregunté a la abatida anciana que parecía sufrir una pesadilla.

— ¡Ay, ay!, ¿qué, qué? El monstruo, ese sinvergüenza, ¿nadie me puede ayudar?, es un hombre muy malo y grandote —repetía muy angustiada la frágil abuela.

— ¿De quién hablas abuelita? —le pregunté varias veces—. Pero ella proseguía con aquella letanía.

— Perdóname, hermana, perdóname, no fue mi culpa… —decía llorando la abuela.

Lloró y lloró sin consuelo. Tanto lloró, que me dio ganas de llorar con ella.

— Abuela por favor cálmate, parece que tuviste un mal sueño, una pesadilla. Ya pasó, ya pasó, cálmate abuelita. Quizás son las medicinas —le decía mientras trataba de despertarla.

— ¿Qué pasa? ¿Dónde estoy? ¿Ya se fue ese hijo del diablo? —preguntó medio ofuscada.

— Abuela, ahora sí que tengo que despertarte. Mira, estás en el hospital, en el Johns Hopkins Hospital en Baltimore, Maryland.

—Válgame Dios, ¿dónde dices que estoy? ¿Qué dices? ¿En el hospital? Ah, sí, todo por culpa de ese miserable, de ese cobarde, tráiganme un policía que tengo que denunciarlo. Mira los borbotones de sangre, mira… me rompió los dientes y también la ropa. Tápame por favor que me *esbarató* todita —decía la abuela bastante alterada y confundida.

— Abuelita, abuelita, por favor cálmate que es de madrugada y los otros pacientes están durmiendo. Cálmate mi agüelita, mira… fue una pesadilla, te voy a dar agüita para que te calmes. Creo que tengo que llamar a las enfermeras o al médico —le dije muy preocupada y con mucha ternura tratando de abrazarla para que se le quitara el miedo.

Después de más de media hora de tratar de despertarla por fin me contestó con un poco de cordura.

— ¿Qué pasó mija? Ah, sí, sí… Está bien, ¿por qué no me das un guarapito de *yerbabuena* o de tilo? Eso me ayudará —repitió dejándose caer en la cama sin fuerza alguna.

— Sí, un guarapito te puede ayudar, pero todo el mundo está

durmiendo y no podemos conseguir guarapitos en este momento. A ver, un juguito, eso es, un juguito —le dije tratando de calmarla.

Solamente le mojé los labios porque no podía tomar nada por boca. Se calmó un poco, pero miraba para todas partes con miedo. Le pasé la mano por la cabeza y me miraba con llanto y pena. ¡Estaba tan asustada y tan acabada!

— Abuela, ¿qué soñabas? —le pregunté una vez más calmada—. Mientras tanto la desenredaba porque se había envuelto en los cables del suero y los cables de tomarle los signos vitales, también los cables por donde pasaba su alimento.

— Nada hijita, nada. Algún día te contaré… —me contestó casi sin fuerzas.

Se quedó callada con los ojos mirando al techo del cuarto del hospital y de vez en cuando a la puerta del cuarto como si tuviera miedo de que alguien entrara a atacarla de nuevo. Todavía no parecía haber vuelto a la realidad de que todo fue un terrible sueño. Debido al estado de ánimo en que estaba y como ella padecía de epilepsia, en aquel momento pensé que podía darle un ataque de epilepsia.

Pensé que aquella sería la noche en que se nos iba para siempre, tuve ganas de llorar, pero tuve que contenerme ya que no la quise alterar más de lo que estaba. ¿Qué hago si se muere mi abuelita? No quise pensar en eso, esperé en silencio y me pregunté, ¿con quién abuela peleó ferozmente? ¿Quién le quería hacer daño a una pobre viejecita?

— Y Socorrito, ¿no está? —me preguntó al rato.

— No abuelita, ella viene mañana —le contesté mientras la abrigaba.

— Ay, perdóname hijita, te desperté con mis sueños locos, duérmete que Dios y la Virgen Santísima siempre te me cuiden a ti y a mis nietecitos y a mis hijos, hermanos y a toda la familia, que los guías protectores estén con María Antonia, Socorrito, Nancy, Maribel, Judy, Luis Reynaldo, José Antonio y… Señor, también perdona las ofensas que yo no sé que he cometido —murmuró suavemente.

Así rezando por horas se volvió a dormir.

Con la rutina diaria, olvidé contarle a mami sobre aquel sueño de abuela y también de preguntarle si abuela tiene una hermana. De todas maneras se me hacía difícil hablar con mami, ya que yo vivía en New

Jersey y viajaba fuera de los Estados Unidos todas las semanas. Tampoco la veía porque ella salía para el trabajo a las cinco de la madrugada y por la tarde se iba directamente de su trabajo para el hospital en Maryland y allí pasaba las noches con abuela y con la esposa de tío Rey.

Cuando alguno de nosotros cuidaba a mi abuela, mami se ocupaba de lo que se había atrasado en su oficina y en la casa por lo que no nos veíamos. En aquel tiempo todavía ella no tenía celular para hablarle. Por ello Xiomara y yo decidimos comprarle el primer teléfono celular a mami para podernos comunicar con ella, también por si tenía un accidente en la carretera yendo o saliendo del hospital. El "highway 95" es muy peligroso y nos daba miedo que tuviera un accidente y la tuviéramos a ella también en el hospital.

De todas maneras, en otra occasión que me quedé cuidando a abuela en el hospital Johns Hopkins, no podíamos dormir ninguna de las dos y le dije:

— ¿Me quieres contar sobre aquel sueño que tuviste la otra noche cuando estuve acompañándote?

— Ay, Jessi, la vida ha sido muy mala conmigo, algún día te contaré —me dijo tristemente.

Yo pensé que podía morir en cualquier momento y quizás nunca me contaría. Volví a pensar que tenía que preguntarle a mami o a una de mis tías, ya que una de ellas debía saber. Pero no quise perder tiempo y le pregunté:

— Abuela, ¿tienes una hermana?

— Sí, —contestó abuela inmediatamente.

— ¿Tienes una hermana? —le pregunté asombrada.

— Sí, —repitió.

— Pero, ¿cómo es que yo no la conozco? —le pregunté un poco confundida.

— ¿Nunca la has visto? —preguntó sorprendida.

— No, —le contesté.

— Es *verdá*, si la hubieras visto, la habrías reconocido enseguida, se parece a mí, o mejor dicho, yo me parezco a ella, eso dicen —dijo con cierta congoja.

— ¿Es mayor que tú? —le interrogué.

— Sí, la mayor —respondió.

— ¿Y por qué yo no la conozco? —indagué.

— No sé, ¿tu mamá no te ha hablado de ella? —preguntó un poco extrañada.

— Quizás, pero no recuerdo. Yo conozco a casi todos los otros tíos, a tío Jandino, a tío Toño, a tío Yeyo y a tío Din, pero no conozco a tío Félix ni a esa tía —le afirmé.

— ¿Está viva? —volví a preguntar tratando de sacarle más información.

— Sí, está viva pero siempre con achaques y muchas penas —dijo con lástima.

— Ah ya veo. Mira, cuando tú salgas del hospital, ¿quieres que vaya contigo a verla? Me gustaría conocerla, especialmente si es tan buena como tú, ¡mi abuelita linda! —le dije con mucho amor y respeto.

Me levanté y le di un beso grande y le pasé la mano por la cabeza. Seguimos hablando y poco a poco nos fuimos quedando dormidas. Aunque no antes de que abuela rezara y volviera a pedir por todos los hijos, nietos, hermanos, el alma de sus viejos y mucha otra gente que yo no conocía.

— ¿Tú no vienes mañana? —me preguntó al siguiente día que me quedé con ella en el hospital.

— No, le toca el turno a mami, a Amelia o a Choma.

— Ah, quizás es Shomita, mi negrita fea, —dijo con cariño y una sonrisita como de malicia.

Ella le había puesto ese apodo a mi hermana Xiomara, porque no sabía pronunciar bien su nombre. Al rato seguimos con la conversación y me dijo:

— Sabes Jesi, no te quería hacer el cuento de lo que soñé la otra noche, pero pensé que debía decírtelo para que te cuides y no te pase a ti ni a tu hermana lo que me pasó a mí.

— Ok, abuela —le dije con respeto y con atención.

— Yo tuve un sueño con ese sinvergüenza, el infeliz, el monstruo, desgraciado, hijo del diablo. Es que lo que me pasó con ese sinvergüenza, hijo de Lucifer no lo puedo olvidar y por eso quizás soñé sobre lo que me pasó con ese mal *nacío* —dijo con mucho coraje.

Yo estaba sorprendida pero no me atreví interrumpirla. Solamente me acerqué para acomodarle las almohadas y virarla un poquito, porque llevaba unos veintitrés días en el hospital. Le habían hecho una operación porque tenía cáncer en el colon, le habían hecho una colectomía, esto es que le habían extirpado parte del intestino. También le hicieron una colostomía, procedimiento por el que le sacaron un extremo del intestino a través de una abertura (stoma) en la pared abdominal a la que tenía una bolsita adherida para que los desechos pudieran salir del organismo. La pobre se avergonzaba de que le hubiesen hecho ese tipo de operación. Para todos nosotros esto era algo nuevo y estábamos aprendiendo como ella. Mi pobre abuela, ¡cuánto había sufrido! Los cuentos de lo que le ha pasado son tantos que no caben en una novela. Para colmo, le habían tenido que hacer esa terrible operación.

Aunque en el hospital abuela tenía los mejores médicos de los Estados Unidos y esa es una operación que le hacen a cientos de personas y casi diariamente, para ella esa operación era una vergüenza y quién sabe qué más sentía, pues algunas veces no expresaba lo que sentía, además que no entendía todo aquel procedimiento.

Cuando fue al hospital Johns Hopkins, fue porque mami Socorro solicitó que la trataran como a un paciente internacional. Los médicos que la atendieron en el pueblo de Moca, Puerto Rico, no la atendieron a tiempo y peor aún, el diagnóstico fue incorrecto. Fue a insistencia de mami y la intervención de tío Raúl, quien era médico en Massachusetts, que los médicos de Moca le hicieron exámenes adicionales. Finalmente le diagnosticaron que era cáncer en el colon, mientras tanto la estaban tratando como paciente con problemas de hemorroides. Los tratamientos que le hicieron para el cáncer fueron pésimos, y peor aún, la quemaron toda con la radioterapia. Las máquinas que usaban en el Centro Médico de Mayagüez siempre estaban mal calibradas o dañadas. Ella estaba *en carne viva* cuando la trajimos para Virginia donde vivían mi madre, mi padre y mi hermana (yo vivía en New Jersey en esa época). No podíamos dejarla en su casita porque no tenía buena atención médica ni alguien que la alimentara o la cuidara permanentemente y como ella se merecía.

Abuela Fela prosiguió con su relato y con voz muy queda me dijo:

— Soñé que ese desgraciado se me tiraba encima, que me violaba otra vez, ¡qué asco! Señor ten piedad de mí que no puedo olvidar ese terrible momento ni perdonar a ese miserable. Mira mija, te cuento para que no te fíes de los hombres, ni abuelos, ni hermanos, ni tíos, ni cuñados, —de ninguno.

— Resulta que mi hermana necesitaba que le cuidaran los nenes en lo que ella iba a dar a luz a su tercera nena. Por lo tanto fui a cuidar a mis sobrinitos en lo que mi hermana daba a luz. La misma primera noche que me quedé allá el desgraciado de mi cuñado me abusó, me violó. Fue algo terrible, peor que el sueño que tuve la otra noche. Eso no se me puede olvidar y mira los años que han pasado, más de cincuenta años. Ese es un monstruo, un desgraciado, un hijo del diablo. Se me tiró encima y me dijo que yo me veía más linda que nunca, que él estaba enamorado de mí desde hacía tiempo. Yo traté de gritar pero el animalote ese tan grande, me agarró y me tiró al piso, me tapó la boca, yo traté de morderlo pero sólo pude morderle un dedo. El me *restralló* contra el piso y me dio en la boca. Yo no podía contra él. Ya tú eres grandecita, y lo demás te lo puedes imaginar...

Se puso a llorar sin consuelo y yo con un taco en la garganta le dije:

— No sigas abuela, eso te hace daño, ya, ya, ya todo pasó.

Lloramos juntas, yo más que nadie la podía entender. ¡Si ella supiera! Pero... para qué contarle cosas tristes, ya ha sufrido mucho y otro cuento triste le puede hacer más daño. No la quise interrumpir, además mi pensamiento estaba en aquella noche triste. Muchas horas más tarde continuó con su relato:

— Tengo que contarte para que tengas cuidado —me recalcó—. Yo hacía poco que había regresado de *Nueva Yor*. Estuve allá por cuatro o cinco meses con mi esposo, el padre de Socorrito. Me regresé porque no podía aguantar el frío, ni lo mujeriego que era tu abuelo. Además la nena se me enfermaba mucho.

Se quedó pensativa un rato... y prosiguió con su relato:

— Yo estaba blanquita, allá no cogía sol, no salía ni a sol ni a sombra. Poco tiempo después de regresar a Puerto Rico le dejé de dar el pecho a la nena y había aumentado unas libritas. Mientras le di el pecho a la nena me puse muy flaca. Cuando llegué de Nueva *Yor* decían que llegué muy bonita, tú sabes cómo es la gente, es que por allá boté el sol y el pelo se me puso lindo. Parece que eso hizo que ese sinvergüenza se fijara en mí, pero yo era su cuñada y mi hermana era su esposa —repitió con indignación.

— ¡Qué me iba yo a pensar que se atreviera a tal vileza! No dije nada a nadie. Cuando me soltó, no me atreví gritar porque no quería despertar a los nenes. El diablo ese salió de la casa y no regresó hasta por la madrugada. Yo tenía los dientes *esbarataos*, la boca hinchada, me lavé con agua caliente. A duras penas pude echarme agua por todo el cuerpo con una cacerola. Lloré por horas, creo que hasta que me venció el cansancio —dijo describiendo la película que llevaba allí en sus entrañas.

— Mi vieja debió haber ido a cuidar a los nenes de mi hermana aquél día, pero ella tenía un montón de hijos y también la habían llamado para asistir un parto, porque era comadrona. Por lo tanto me pidieron a mí que fuera a cuidar a mis sobrinitos y entonces fue que pasó lo que pasó. Yo me quería morir, me sentía avergonzada y sucia. ¿Qué pasaría si mi hermana se enteraba? Yo nunca se lo diría, mejor me moría —dijo llorando a la vez que se dejaba caer en la cama buscando consuelo o descanso.

La traté de consolar pero ella quiso seguir contándome para no perder el hilo de lo que estaba recordando y prosiguió:

— Eso no se quedó allí, unos días después fui a lavar una ropa a la *quebrá*. Al regreso, cuando pasaba por unas cañas se me apareció el demonio ese, me tiró al piso y me trató de violar de nuevo. Yo traté de ser fuerte y pelear con el hijo de Satanás, pero él era muy grande y yo una chispa y flaca. La ropa que había lavado se me ensució peleando con el monstruo ese. Grité, pero nadie apareció, porque él me llevó bien adentro del cañaveral. Juré que lo mataría como a un perro. Allí me dejó tirada y se fue riéndose a carcajadas. Las cosas que me dijo no las quiero recordar y es mejor así. Esa tarde, en casa ya estaban preocupados porque yo no regresaba de la quebrada donde estaba lavando la ropa. Le tuve que mentir y decirle a mi vieja que me entretuve hablando con algunas vecinas —comentó muy molesta.

— En otra ocasión, en que yo volvía de lavar ropa en la quebrada, el desgraciado, el infeliz ese me estaba esperando en el camino como un perro callejero. Pero yo había aprendido a no caminar sola para que el sinvergüenza ese no me persiguiera. Así que yo iba con las otras vecinas que también estaban lavando. Como vio que venía con las otras mujeres me dijo: "Fela, cuñá, tengo que hablar contigo". Yo no tengo nada que hablar con *ustej*, le contesté. Las otras mujeres apretaron el paso, pues todas le tenían miedo. Yo también corrí para no quedarme sola. Yo lo odiaba y veía al mismo diablo cuando se me cruzaba por el camino —dijo con rabia, pero segura de que había tomado la mejor decisión.

— Desde ese día traté de no salir sola y no había vuelto a casa de mi hermana. Pero al poco tiempo me di cuenta que estaba encinta, hablé con una amiga mía y le conté lo que me pasaba. Ella me dijo que no era la primera que el *jinchao* ese, hijo de Lucifer había *violao*, que eran muchas las vecinas del barrio que él había hecho suyas. A él no le importaba que fueran casadas, viejas o mozas. Ella me sugirió que abortara, pero yo no tenía corazón para eso, por eso tengo siete hijos, si hubiera querido los hubiera abortado a todos y no hubiera tenido a ninguno de mis hijos, pero mi corazón no me daba para eso. Además, qué culpa tenía esa pobre criatura de haber sido engendrada de tal manera —dijo con pena.

— No tuve más remedio que decírselo a mi viejo, y el viejo se lo dijo a la vieja. Los viejos se alteraron pero no podían hacer nada porque estaban entre la espada y la pared porque las dos éramos hijas. Yo vivía con ellos y trabajaba en la Base Militar Ramey de Aguadilla y dejaba a Socorrito en Moca con doña Nana, la que me la cuidaba.

— Entonces, ¿qué hiciste güelita? —le pregunté con deseos de saber ya el final de aquella desgracia, de aquella saga.

— Pues escondí la barriga lo más que pude hasta que di a luz —dijo con tristeza.

— Cuando nació la nena mi padre fue a hablar con el desgraciado ese para que me la reconociera. El *jinchao* ese fue y reconoció a la nena como su hija. Al fin mi hermana se enteró y se formó un *fostró*. Yo entendía cómo ella se sentía, pero yo me sentía peor. Ella me quería matar echándome la culpa, diciéndome que le quería quitar al marido, que yo era una bruja. Yo me sentía como basura. Aunque le dije lo que había pasado, ella nunca me creyó, hasta el día de hoy me ha echado la culpa —dijo con tristeza.

— ¡Pobrecita!, siempre rezo por ella y le pido a Dios que la ayude a perdonarme aunque no fue mi culpa. Para ella su marido es un santo, su único dios. Han pasado más de cincuenta años y ella no me ha hablado en todo ese tiempo, me odia, pero a su marido lo adora, para ella él es su único dios —dijo mientras trataba de contarme toda aquella saga.

— Me da tanta pena, porque aunque han seguido casados, y aunque aparenten ser felices, yo sé que no lo han sido por completo porque han tenido tantas penas, que si te cuento no termino nunca. Además todo el mundo en el barrio sabe quién es él y todas las cosas que él ha hecho, mira que hasta le voló la mano a uno del barrio.

— ¡Huy, abuela!, ¿qué dices? —le pregunté sorprendida.

— Ay, hija son tantas las cosas que te puedo contar que me pasaría una vida entera contándotelas. Pero para hacerte el cuento corto solamente te digo que yo he cargado con el pecado de otro por todos estos años. No niego que he cometido muchos, muchos pecados, he sido una gran pecadora y hasta salí con muchos hombres, pero con el asqueroso de mi cuñado nunca me metí. Le he pedido perdón a Dios por un pecado que no cometí. ¡Cómo le iba a hacer eso a mi propia hermana! Solamente mi Dios sabe cuánto he llorado todos estos años. El es mi consuelo y mi paño de lágrimas. El conoce mi corazón y sabe que por culpa de ese sinvergüenza perdí el amor de mi única hermana, y eso me duele grandemente. Espero que cuando nos encontremos en el cielo podamos ser las hermanas que no pudimos ser aquí en la tierra —dijo con añoranza.

— Mira bien hija mía, no te fíes de los hombres, todo esto que te cuento es para que tengas los ojos bien abiertos —dijo como amonestándome—. A las hijas mías siempre las espuelié, (espolee). Les he dicho que no se fíen de los machos, ni aunque sean sus padres u otros familiares. A la misma María se lo dije siempre, "no te fíes de ningún macho, ni de los hombres de la familia porque te puede pasar como a mí", —dijo abuela con mucha seguridad de lo que estaba diciendo.

— ¡Santísima Trinidad!, abuela, ¿qué dices?

— Hija mía, otro día te contaré otras cosas que yo sé, para que entiendas por qué me atrevo a decir eso —dijo en voz baja dejando entender que eran secretos de familia.

Lo cierto es que luego abuela me reveló otras cosas de la familia, como incestos, y otras violaciones sexuales que no creo apropiado contar aquí, pues creo que le corresponde a los afectados contarlas. Mientras ella me contaba todas esas cosas recordé que en alguna ocasión que le hice preguntas sobre la familia ella me había contado algo de esto, pero que había olvidado por lo que tengo que revisar las muchas grabaciones que le hice años atrás. Mientras tanto, le dije:

— Abuelita, es verdad, tienes razón cuando dices que uno no debe confiar en cualquiera, porque el que menos uno piensa, puede hacerle daño a uno. ¡Cuánto siento que todo esto te haya pasado! Ahora entiendo, así que titi es hija tuya y de tu cuñado. ¡Ay bendito, qué triste! Bueno, abuela, ya no hablemos de cosas tristes. Cuéntame el cuento de TinTilín.

— Hija, mejor te lo cuento otro día... —dijo la pobre bastante extenuada.

Entendí que ya estaba abatida y había hecho mucho esfuerzo al contarme aquel terrible capítulo de su vida. En ese momento vinieron las enfermeras a ponerle la comida por las venas. Llevaba casi un mes que no comía nada, todo se le daba por vena.

— Ya vienen las vampiras, me sacan sangre a cada rato. Yo no sé pa' qué caramba me sacan tanta sangre si yo sigo igual —me dijo mi viejita refunfuñando y haciendo las muecas que solamente ella sabía hacer.

A pesar de su queja, dos o tres días más tarde salió del hospital. Antes de salir del hospital le entregó regalitos a las enfermeras que la habían atendido. También le regaló las rosas blancas, (sus favoritas) las que le habíamos llevado al hospital. Así era ella, siempre muy agradecida y bondadosa.

Hablando de sueños, recuerdo que antes de ese mal sueño que tuvo abuela, cuando me quedaba en su casita, allá en el barrio Voladoras de Moca, también ella tenía sueños raros. Uno de esos tantos sueños del cual la desperté, decía: "Me roban el nene, me roban el nene". Estaba a gritos en su sueño, y yo tuve que despertarla. Ella no me pudo explicar muy bien lo del sueño, solamente que le robaban a un niño, no sé si uno de los hijos. Otra noche soñó con un elefante que la estaba aplastando. A la mañana siguiente me dijo:

— Hoy tengo que velar al que le juego bolipul porque tengo que jugar un numerito sin falta.

— Abuela, ¿por qué tanta prisa, por qué tiene que ser hoy? —le pregunté tratando de informarme.

— Mijita, porque anoche soñé con un elefante y eso quiere decir que vienen chavos —dijo muy segura de lo que hablaba.

— Ah, pues juégame un número a mí también, pero que mami no se entere, porque me regaña —le dije casi rogándole.

— Tú verás que nos vamos *a pegar* —repitió muy positiva.

Escribió en un pedacito de papel una retahíla de números. Pasó el hombre que recogía las listas de la bolita y ella le dio su lista de números y él muy calladito tomó el dinero y la lista. Al fin y al cabo no ganamos nada, no se dieron los números nuestros. Pero la misma lista se la dio al bolitero el próximo sábado.

En otra ocasión abuela me dijo que había soñado con una boda, que la hija de la vecina se estaba casando y que eso significaba que alguien se iba a morir. Le dije, abuela quizás es que la muchacha se va a casar.

— ¡Qué bah!, si esa ya está jamona, se va a quedar para vestir santos, —me dijo con cierta malicia.

— Abuela no digas eso —le dije sermoneándola.

— Es que a la pobre no se le acerca ningún hombre porque ella es *machúa*, además nunca le he conocido un pestillo —dijo muy segura de lo que decía.

— Abuela, tú te inventas unas cosas —le dije moviendo mi cabeza.

— Hija, es que *más sabe el diablo por viejo que por diablo y la verdá es hija de Dios*. Volviendo al sueño, te puedo asegurar que alguien se va a morir —dijo con certeza.

— Pero, ¿por qué dices eso? —le insistí.

— Porque cuando uno sueña con bodas es que alguien se va a morir.

— Y ¿qué quiere decir cuando uno sueña que alguien se muere?

— Eso quiere decir que alguien se va a casar —dijo con certeza científica.

— Oh, ¿significa lo contrario de lo que sueñas? —aseveré queriendo verificar.

— Algo así —ratificó abuela.

— Señor cuidame a mis hijos, a mis nietos y todos mis seres queridos. Tú los proteges y los cuidas de todos los malos espíritus y cualquier *fatalidá* —decía mientras caminaba por la casa de un lado para otro, como preocupada.

— Abuela, ya que sabes tanto de sueños, ¿qué significa cuando uno sueña con una carta? —le dije queriendo aprender el significado de los sueños según ella.

— ¿Estaba abierta o cerrada? —preguntó para poder darme una mejor respuesta.

— Estaba abierta —le contesté.

— Jesi, eso es que alguien se va a morir, algo malo va a pasar o se va a formar un bochinche. Ponte a rezar para que nada malo pase —dijo en forma de mandato.

— Abuela, recuerdo que una noche tú estabas como peleando en tu sueño y cuando te desperté me dijiste que tenías una lucha con unos espíritus. ¿Cómo es eso? —le pregunté tratando de averiguar un poco más sobre sus sueños.

— Ay Jesi, eso no es fácil de *esplicar*. Yo no sé si son sueños o si es que estoy comunicándome con los espíritus del más allá. Unas veces es con ángeles o espíritus de luz y otras veces son espíritus atrasados, maléficos y con esos yo tengo una lucha feroz, o sea, que peleo con ellos y le pido a los espíritus de luz y a mi Jesús que me ayuden a vencerlos —testificó la abuela.

— ¡Huy, abuela, eso debe dar miedo! —le dije con un poco de recelo.

— No, si ya yo sé como vencerlos, —dijo con gran seguridad y convencimiento de que podía vencer aquellas fuerzas negativas.

Otra noche en que abuela nos estaba cuidando en Albuquerque mientras mami Socorro tuvo que ir para Boston a cuidar a mami Sarah, me desperté asustada con los sueños de abuela y me dijo que estaba soñando que los dientes se le estaban cayendo. También me dijo:

— Cuídense por el camino a la escuela que algo malo va a pasar.

13

Efectivamente, aquel mismo día *daddy* estaba en una misión especial cuando dijeron por las noticias que en Puerto Rico un agente había resultado gravemente herido.

Eso fue una experiencia estresante para toda la familia incluyendo a abuela que estaba muy asustada sin entender bien lo que estaba pasando, pues hasta dos mujeres agentes pasaron por nuestra casa un par de veces en lo que mami y *daddy* regresaban. Con eso comprendí que muchos de los sueños de abuela podían ser advertencia o premonición de algo que iba a pasar.

Otra de las cosas que abuela nos explicó sobre los sueños fue que si uno sueña con un río crecido o revuelto significa que algo malo va a pasar y si sueñas con agua clara son lágrimas, que vas a llorar por algún problema. También nos explicaba que si sueñas que estás abrazando o besando a alguien es que se va a formar un bochinche.

— ¿Qué piensas si uno sueña con serpientes o culebras? —le pregunté en otra ocasión.

— Mi amor, mucho cuidado, yo he soñado con serpientes y eso quiere decir que se debe tener cuidado con los enemigos o con las fuerzas cósmicas. También puede significar curación, fuerzas positivas o el nacimiento de un niño o una niña. Todo depende del sueño —dijo con certeza.

— ¿Tú puedes mover la güija (ouija)? —le preguntó Xiomi que estaba pendiente de todo.

— No nena, eso es otra cosa, eso no son sueños ni experiencias espirituales —le explicó abuela con mucha paciencia.

— Ah, ¿y qué significa si uno sueña con huevos? —le volvió a preguntar la Choma con su vocecita de nena ñoña.

— ¿Tú soñaste con eso? —preguntó la abuela.

— Sí, pero hace tiempo —respondió Xiomi.

— Negrita, eso es bochinche. En esos días que lo soñaste, debió haber problemas, debió haberse formado tremendo revolú o un gran bochinche. Eso no es bueno —respondió abuela.

—Ah, por eso mami dice que cuando ha soñado con huevos o con carne se trata de despertar para no seguir con el sueño para que no pase nada malo —le conté.

— Sí, pero debes decir el sueño a alguien para que no pase lo que podría pasar según el significado del sueño. Si lo dices enseguida, no pasa o no se materializa —dijo la abuela con mucha firmeza.

De esa manera abuela nos entretenía cuando nos quedábamos en su casa o cuando nos visitaba, lo mismo hacía con los otros nietos y con los hijos cuando eran pequeños transmitiéndoles todas esas creencias, supersticiones, sapiencia y cultura del pueblo.

Capítulo 2

Abuela Fela en Virginia: recuento de sus viajes y logros

Cuando abuela salió del hospital Johns Hopkins la acomodamos en la casa de mis padres en Virginia. La ubicamos en la recámara que había sido mía, ya que en esa época yo me había casado y vivía y trabajaba en New Jersey. Le equiparon la recámara con todo tipo de máquinas y allí la venían a ver las enfermeras. Seguían alimentándola por las venas. Me partía el alma verla de aquella manera. Ya no era la mujer ágil y fuerte que se movía como una hormiguita y que se atrevía mover montañas. Ahora, solamente podía caminar un poquito cuando no estaba conectada a aquellos aparatos. Se levantaba y miraba los gansos nadando en el lago contiguo a nuestra casa. Desde las ventanas de la recámara podía verlos.

Antes de ingresar en el hospital mi tía María vino para acompañarla y a ayudar con su cuidado. A ella le gustaba la comida de titi con lo que se recuperó bastante después de la quimioterapia y la radiación que le habían aplicado en Puerto Rico. El cuidado de titi María y su comida ayudaron también para preparar a abuela para la operación que le iban a hacer. Una vez en el hospital otra de sus hijas, mi tía Maribel, vino por unas semanas a verla y a ayudarla. Mi tío Rey y su esposa Isabel (Amelia) vinieron también a ayudar con el cuidado de abuela y se quedaron en Virginia hasta que abuela regresó a Puerto Rico. Todas las noches uno u otro se levantaba a tratar de aliviarle los malestares de que ella se quejaba.

Mientras abuela estuvo en el hospital Johns Hopkins en Baltimore, mami iba casi todas las noches y se quedaba en el hospital durmiendo en una silla o en el piso. Antes de las cinco de la mañana se levantaba y se iba a su trabajo en Washington, DC, no antes de hablar con los médicos que pasaban a esa hora a revisar a los pacientes. Por la noche volvía otra vez y hablaba con los médicos para saber sobre el progreso de abuela. Por otro lado, mi tío Rey y su esposa Amelia se quedaban en el hospital la mayor parte del tiempo. Algunas veces mami los traía a la casa para que descansaran, pues casi vivían en el hospital.

Mi hermana Xiomara y yo relevábamos a los demás de vez en cuando. En el hospital no había médicos ni personal que hablara español, por lo tanto mami tenía que traducir lo que estaba pasando. La pobre abuela vivía asustada porque *no entendía ni papa* de lo que estaba pasando, aunque mami le explicaba lo que decían los médicos. Solamente había una persona que hablaba español en la administración de los pacientes internacionales y ella venía de vez en cuando a ayudar con algo que necesitara traducción. En ocasiones, esta muchacha la venía a visitar y a saber cómo estaba. Abuela se sentía un poquito tranquila cuando la veía llegar. Eso le daba confianza y también a Amelia, ya que ninguna de las dos sabía inglés, tampoco leer ni escribir. Todos estamos agradecidos de ella, Dios le pague con muchas bendiciones por haber tomado tiempo para ir a ver a abuela y darle confianza.

A los pocos días de salir del hospital Johns Hopkins tuvieron que llevar a abuela al Innova Mount Vernon Hospital en Virginia porque tenía una obstrucción en el estómago donde le habían operado. Allí estuvo como dos semanas. Volvió a la casa después de un sinnúmero de exámenes y tratamientos.

Por otra parte, ella odiaba cada día más aquella bolsita que debido a la cirugía o colostomía le habían puesto. Amelia se había hecho experta en cambiarle la bolsita. Mi tío Rey había aprendido a conectarle la bolsa de alimentos. Mami Socorro también había aprendido todo aquello y se ocupaba de supervisar, de hablar con los médicos y enfermeras, de manejar de un hospital para otro, de traducir, de llenar papeles, de pagar las cuentas médicas, de ordenar el equipo, medicinas u otras cosas que se le habían acabado o que abuela necesitaba. En fin, se ocupaba del cuidado en general de abuela. También se quedaba noches largas en vela y mantenía la casa en orden además de trabajar con el gobierno federal. Abuela estaba unos días en el hospital y otros en la casa. En una de las tantas ocasiones en que estuvo en el hospital Mount Vernon, al hacerle una biopsia, descubrieron que tenía cáncer en el hígado. Por esto mami pidió que la trasladaran al hospital de Georgetown, en Washington, DC, ya que éste tiene un departamento muy bueno de oncología. Allí le comenzaron un tratamiento especial con unas pastillas que estaban dando buenos resultados con otros pacientes. Aunque era difícil ir al hospital constantemente, estábamos dispuestos a hacer lo que fuera necesario para que ella mejorara.

Algún tiempo después, un amigo de la familia nos prestó su casa para que mi abuela y mis tíos vivieran allí. "¡Viva Dios!", dijo abuela. Eso le alegró mucho porque ella no quería que nuestra casa se viera como un hospital. Ella creía que molestaba. Nunca quiso molestar a sus hijos, siempre quiso valerse por sí sola. Gracias a la gentileza de Oscar Tejeda, un amigo de *daddy*, mudamos a abuela y a mis tíos a la casa de éste. Pocos días después mami le consiguió una cama de posición y la acomodaron en el primer piso porque abuela ya no podía subir las escaleras del "townhouse". Vinieron a visitarla, mi tía María y mis primos Edwin, Rosita y José. A Puerto Rico había ido a visitarla Marita con su bebé, Roberto. Para mami era importante que abuela tuviera todo lo que quería y todo lo que la hiciera feliz. Por tal razón una noche mami le preguntó si le gustaría ver a sus hermanos. Abuela le dijo que sí, que le gustaría verlos porque hacía tiempo que no los veía. Inmediatamente mami llamó a todos los tíos que estaban en New York para que vinieran a compartir algún tiempo con ella.

Una semana más tarde vinieron tres de los hermanos: Alejandrino (Jandino), Rogelio (Yeyo) y Bienvenido (Din), su sobrino Fernando (Nando) y Lucy la esposa de Rogelio. Abuela Fela gozó de la visita recordando el pasado y las bromas de sus hermanos que siempre están contando cuentos o haciendo chistes y hasta mofándose el uno del otro. Tomamos un vídeo y se nota el estado de ánimo de mi abuela y de todos los presentes. Aquella fue la última vez que esos hermanos la vieron con vida.

Cuando vinieron los tíos, abuela tenía puesto un aparato en el cuello que nosotros llamamos *cuellera,* porque le encontraron un tumor en la nuca que le molestaba mucho. Con unas inyecciones, y otros tratamientos aparentemente le redujeron el tumor. Mami iba todas las noches a ver a abuela. Iba del trabajo directamente a la casa donde abuela residía en esos días. Una noche cuando mami la estaba cambiando de posición vio varias pastillas en el piso y le preguntó qué era aquello. "¿Qué mija?", preguntó abuela muy inocentona. "Veo unas pastillas debajo de la cama", dijo mami. Con eso infirieron que abuela estaba escondiendo las pastillas para no tomárselas. Ya estaba cansada de tanta medicina o quizás alguna otra cosa estaba pasando de lo que ella no quiso hablar. Aunque ya podía comer comida regular, nos dimos cuenta que no estaba mejorando quizás porque no estaba tomando la medicina. Teníamos muchas esperanzas de que la nueva medicina la iba a ayudar. Una vez que descubrimos que no se tomaba las pastillas, no quiso seguir el tratamiento. ¡Ay abuela! No cambiaba, y a veces se ponía voluntariosa y mucho más cuando se trataba de medicinas. Mami tuvo que decirle a los médicos que abuela no quería seguir con el tratamiento de aquel medicamento que tan buen resultado le había dado a otros pacientes con cáncer.

Por otro lado, una de las cosas que abuela había dejado era el vicio de fumar. Ya llevaba siete meses sin probarlos. Eso es una historia para contar, pues dejó de fumar cuando supo que tenía cáncer. Pero dejó el vicio demasiado tarde. Aunque había dejado de fumar, sufría porque deseaba fumar, pero ya no podía porque tenía enfisema pulmonar. Una vez que la desconectaron de las máquinas y cables la llevábamos con nosotros a distintos lugares. Cuando íbamos al supermercado, ella se iba a mirar por el área de los cigarrillos, como queriendo olerlos o comprarlos, pero no podía porque le provocarían una fatiga enorme. Ese maldito vicio de los cigarrillos fue el causante del cáncer de mi abuela combinado con el estrés y la falta de buenos servicios médicos.

— ¿Abuela, cómo comenzaste a fumar? —le pregunté un día que vi a mami enojada porque antes de ir para la iglesia, tuvo que ir a comprarle cigarrillos a abuela, pues la abuela ya tenía cara de malos amigos.

— Comencé a fumar cuando tenía como diez años. Comencé fumando tabaco en la finca de mis abuelos José (Cheo) Arocho Colón y Antonia Ramos, allá en el Barrio Saltos de San Sebastián, Puerto Rico. Mi hermano Félix y yo hacíamos colillas del tabaco que ponían a secar y así comencé con el vicio. Mi madre, Regalada (Galo) Arocho, también fumaba, aunque con los años dejó el vicio. Mi padre Bonifacio (Facio) Malavé masticaba tabaco y en los últimos años fumaba cigarros. Yo me envicié de tal manera que nunca pude dejar el maldito vicio —dijo con cierto remordimiento.

Esto lo dijo con pena y pesadumbre porque sabía que aquel maldito vicio había acabado con su vida y con la de mi bisabuelo Facio a quien también le dio cáncer. Lo mismo pasó con tío Jandino, tía Toya, una hija de estos y otros en la familia.

— ¿Qué marcas de cigarrillos llegaste a fumar? —le pregunté con curiosidad.

— Yo, los que más usaba eran Camel, Phillis Morris (Philip Morris), Shesterfil (Chesterfield), Winston, Salem, Malboro (Marlboro), Lucky Strai (Lucky Strike) y cualquiera que encontrara porque cuando a uno le caen esas ganas de fumar, se fuma hasta un canto de palo *prendío* si no encuentra otra cosa —dijo con añoranza.

Después de decir eso, se quedó pensativa como hacía a menudo y me dijo:

— La *verdá* es que yo me quitaba las penas con los cigarrillos y el café, y ahora no tengo con qué quitarme las penas. Siempre fui una desgraciada, no sé qué *sino* terrible vino conmigo desde que nací. Todos mis hermanos saben leer y escribir, yo soy una bruta. Si hubiera sabido leer hubiera aprendido sobre lo malo que son los cigarrillos para la salud. También hubiera tenido mejores oportunidades como mis hermanos —dijo con pesadumbre.

— Anda, abuela, vamos a dejar las penas. Ten presente que algunos de tus hermanos, aunque saben de letra, también fuman o han fumado. Además, piensa que tú tienes tu propia casita allá en Puerto Rico y algunos de tus hermanos nunca han tenido una casa propia aunque todos saben leer y escribir y además han trabajado por muchos años en trabajos mejores que los tuyos —le dije para animarla.

— Tú tienes razón mi negrita —afirmó abuela.

— Vamos, abuela, hagamos un recuento de las cosas buenas en tu vida y te darás cuenta que tú has recibido muchas bendiciones. Ya dijimos que tienes una casita que, aunque es pobre, es tuya y un terrenito, que, aunque no es muy grande, es tuyo. También tienes tu buena hortaliza. Además has viajado por montones de lugares que otros no han visto —le dije para motivarla.

— A ver, dime: ¿A dónde has viajado? —le pregunté con entusiasmo.

— Bueno, a Nueva *Yor*, a Nuevo Méjico y a Virginia —contestó después de pensar unos minutos.

— Se te olvida que has estado en la Casa Blanca en Washington, DC y has estado en Baltimore, Maryland. También estuviste quedándote conmigo en Elizabeth, New Jersey y fuiste conmigo a San Francisco, California —le añadí tratando de estimularla a pensar en cosas positivas.

— Oh sí, y también estuve en Arizona. ¡Válgame Dios! Allí hacía un calor terrible, ¿de cuánto era? —inquirió.

— De 113 grados —le contesté.

— ¡Válgame Dios, qué mucho!, pero lo cierto es que es un calor seco y no se suda la gota gorda como en Puerto Rico, pero daban ganas de tomar mucha agua o un mabí[1] (maví) bien fríoooo —dijo abuela humedeciéndose los labios.

— Ay abuela, qué rico es el mabí, se me hace la boca agua —le dije haciendo lo mismo.

— También recuerdo que allá en Finix (Phoenix) fuimos a las piscinas y a la playa que es artificial —dijo un poco más animada—. Yo gocé en cantidad y tengo algunos retratos.

— También recuerdo que en otra época fui a vivir con mi hijita María a Ponce, Puerto Rico y por si fuera poco, viví con ella en Santo

---

1   El *Diccionario de voces indígenas de Puerto Rico*, señala que la corteza del árbol de mabí se utiliza para hacer una bebida refrescante y fermentada que lleva el mismo nombre de la planta mabí p. 305. Aparece otra referencia al mabí como palabra taína en el libro *Prehistoria de Quisqueya: Cultura Taína*, p. 47. Es importante notar que en Puerto Rico algunas personas escriben maví con [v] a pesar de que en el *Diccionario de voces indígenas…* hace referencia al mabí con [b]. Mi abuela la pronunciaba con [b] y nosotros la pronunciamos y escribimos con [b].

Domingo. En Santo Domingo bailé mucho merengue. La *verdá* es que yo he viajado mucho, he ido a lugares que ninguno de mis hermanos conoce y eso que ellos saben de letra —dijo con modestia.

— Ya tú ves, abuela, tú has hecho cosas y has visitado lugares que ni tus hermanos ni muchos riquitos de Puerto Rico o riquitos de otros países han visitado —le dije halagándola.

— ¿Tú crees? —preguntó con incredulidad.

— Sí abuela. ¿Recuerdas cuando fuimos al Grand Canyon? ¿Qué te pareció el Grand Canyon? —le pregunté para hacerla pensar.

— ¡Válgame Dios, ese es el boquete más grande del mundo! Nunca he visto cosa igual. Es lindo y no se puede ver el fondo, esas rocas son impresionantes y de muchos colores. ¡Lo cierto es que Dios es Grande!, mira que con tantos años ha hecho esos cráteres, y le ha dado diferentes colores a esas piedras, ¡es algo increíble! —dijo abuela entusiasmada.

— Ya tu vez güela, has visto una de las maravillas del mundo que mucha gente no ha visto y muchos quisieran ver —le aseveré.

— Tienes razón hija, yo me acuerdo que cuando fuimos al Gran Cañón íbamos Rosita, Shomita, tu mamá, tú y yo. Tu mamá era la líder, mi querida hija que siempre está buscando a donde llevarme para que yo vea el mundo que no puedo ver desde mi parcelita allá en Voladoras de Moca. ¡Cuánto se lo agradezco! Ella se mata trabajando y estudiando tanto, que creo que un día de estos se va a quedar sin ojos y sin *sesos* si sigue estudiando hasta las tantas de la madrugada. A pesar de eso, saca tiempo para llevarme a ver algunas maravillas de este mundo —dijo muy orgullosa y continuó diciendo:

— Por lo menos ahora hay *electricidaj*. Antes lo que teníamos era una lámpara o un quinqué de gas, pero aún así con la lámpara de gas Socorrito estaba hasta las tantas de la noche leyendo o estudiando. También cuando vivía en casa de don Raúl y doña Sarah le tenían que apagar la luz porque ella se quedaba dormida estudiando —dijo haciendo memoria.

— Luego me cuentas más, güela, porque quiero seguir contando las bendiciones que has tenido viajando —le dije para no salirnos del tema.

— Ah, pues sí, ¿en qué íbamos? Ah, ya me acuerdo, la grilla de Rosita y la Shomita y todas estuvimos cantando todo el camino —dijo muy entusiasmada—. Cantamos las canciones viejas como Adelita, Juan Charrasqueado, En mi Viejo San Juan, Lamento Borincano (El Jibarito), La Borinqueña y aquella que dice *"la luna se está peinando en los espejos del río y un toro la está mirando entre la yerba escondío, y ese toro enamorao de la luna, que abandona por la noche su maná..."* ¡Nena esa es tan linda! También aquella que dice:

Sin un amor

Sin un amor, la vida no se llama vida.
Sin un amor, le falta fuerza al corazón.
Sin un amor, el alma muere derrotada.
Desesperada en el dolor.
Sacrificada sin razón.
Sin un amor... no hay salvación.

No me dejes de querer te pido,
no te vayas a ganar mi olvido.
Sin un amor, el alma muere derrotada.
Desesperada en el dolor,
sacrificada sin razón.
Sin un amor... no hay salvación.
(Se repite)

— Otras fueron La múcura, Flor de azálea y Resígnate a perder que dice: *Ya es muy tarde, no insistas en reunir tu vida con la mía, resígnate a perder...* Otra que cantamos es aquella que dice: *Cantan las mirlas por la mañana y se despierta la amada mía. ¡Ay quién pudiera robarte un beso sin despertarte mujer querida!* Yo también canté Pobre gaviota de Rafael Hernández que dice así:

Pobre Gaviota

Como gaviota que al atardecer
sobre la roca de la soledad,

sin esperanza, sin amor, sin fe,
sus alas rotas de tanto volar.

Se hundió en la sombra del misterio azul,
cruzó las olas del inmenso mar.
Y aquella noche se formó una cruz
sobre la roca de la soledad.

Como gaviota que al atardecer
cansada y triste de tanto volar,
sin esperanza, sin amor, sin fe,
por compañera la soledad.

Así la he visto ayer,
sufriendo las torturas de la adversidad.
Mujer, pobre mujer,
gaviota enferma y triste,
para ti no hay piedad.

— También tarareamos un montón más. Pero el mejor fue el merengue que cantamos todas como locas, lo que faltó fue que nos saliéramos del carro a bailarlo —dijo excitada—. Rosita era la que mejor lo cantaba porque había vivido en Santo Domingo y hacía poco que había regresado de allá.

— Cántamelo de nuevo abuela, que se me olvidó —le insistí.

Aunque estaba un poco frágil se puso una mano en la cintura, otra arriba y bailó y cantó:

El merengue caña brava

Pongan atención señores,
lo que les voy a cantar.
El merengue caña brava,
es muy bueno de bailar.

Pongan atención señores,
lo que les voy a cantar.
El merengue caña brava,
es muy bueno de bailar.

Caña dulce, ¡ay mamá!
Caña dulce, ¡ay mamá!
Dame un gajo de tu caña,
dame un gajo de tu caña.

Voy a poné un molino en la carretera.
Voy a poné un molino en la carretera.
Pa' molé mi caña de veinte manera.
Pa' molé mi caña de veinte manera.

Caña dulce, caña brava, ¡ay mamá!
Caña dulce, caña brava, ¡ay mamá!
Dame un gajo de tu caña,
dame un gajo de tu caña.

— Hija, me cansé y tengo que sentarme —dijo un poco acalorada.

— Mi abuelita escandalosa, descansa que te puedes enfermar más de lo que estás —le dije cariñosamente pero preocupada de que se me fatigara.

— Sí, ¡pero cómo me gustan el merengue, la guaracha, la plena y toa la música! Así quiero que me entierren cuando muera, con música —dijo tranquilamente.

La miré con tristeza y parece que se dio cuenta, tomó agua y volvió con el tema anterior.

— Volviendo atrás, recuerdo también que la pobre de tu madre estaba preocupada porque no tenía suficiente dinero para pagar un hotel cerca del Gran Cañón. Después de llegar allá buscamos por todo el pueblo ese… —dijo a la misma vez que preguntaba—: ¿Cómo se llama?

— Flagstaff, abuela —le informé.

— Sí, dimos mil vueltas y todos los hoteles baratos estaban llenos, pero por fin conseguimos uno que costaba dieciséis pesos (dólares) por noche y en el que cupimos las cinco —dijo un poco enfadada— y qué desdicha que yo tampoco tenía dinero para ayudar a pagar por algo mejor.

— Sí, recuerdo que a una le tocó dormir en el piso porque sólo tenía dos camas —comenté.

— Por la mañana Socorrito fue a buscar desayuno para nosotras porque en el hotel sólo se habían apuntado tres personas, las otras dos estábamos *colá* —dijo sonriéndose.

Me reí recordando el viaje y la manera de abuela describir las cosas y le dije:

— Eso es verdad, así fue, pero ¡cómo nos reímos y cómo gozamos!

— En aquel viaje también vimos el "petrified forest", el bosque petrificado, y el "newspaper rock", una leyenda o noticias escritas en una roca a manera de petroglifo. También el cráter de un meteorito, uno de los más grandes que existe en Estados Unidos. Sabrás que mami misma no ha visto ese cráter, mas sin embargo... tú lo viste —le dije a manera de alarde.

— ¡Qué Socorrito no lo vio!

— No, pues no tenía dinero, sólo tenía dinero para que nosotras lo viéramos. Lo mismo pasó cuando fuimos por primera vez a ver el meteoro, ella no pudo verlo porque el dinero solamente alcanzaba para que nosotras lo viéramos.

— Ella, como siempre, se priva de cosas para que los demás puedan tener la experiencia o aquello que ella cree que los demás merecen. Tu madre ha sido siempre tan buena con toda la familia que algunas veces se pasa de buena —dijo muy orgullosa de mami, pero a la vez con cierta aflicción.

— Recuerdas que también fuimos a un circo en Albuquerque y tú te montaste en un camello. Se rió y abrió los ojos, que eran pequeñitos pero pícaros.

— Sí, me acuerdo, me monté en un camello. Tengo los retratos y se los enseñé a todos los del barrio y a mis nietos de Puerto Rico, y ellos se reían a carcajadas —dijo riéndose ella también.

— ¡Esos sinvergüenzas!, —dijo con cariño—. Se reían de mí, de verme *montá* en un camello.

— ¡Yo era atrevida! ¡Mira que montarme en un camello! Eso fue idea de *Almando* (Armando). ¡A ese sinvergüencita le gusta hacerme maldades! —dijo abuela con cariño.

— Abuela, también viste a los indios Navajo en Gallup, New Mexico.

— Sí, "aiyayaa, aiyayaa" —dijo tratando de imitar a los nativos norteamericanos—. Yo creía que los indios usaban taparrabo, pero son como nosotros y usan ropa como nosotros, hasta usan mahones. Solamente usan ajuar de indios cuando bailan, y bailan bonito. Las indias usan unas faldas como de tela de pana muy anchas y de colores vivos. No puedo creer que aquí todavía *aigan* (hayan) indios.

— Abuela, en Puerto Rico, ¿viste algún indio cuando eras pequeña?

— En Puerto Rico nunca vi un indio, ni de chiquita. Allá en la *ijla* de Puerto Rico los españoles acabaron con los indios taínos rapidito cuando llegaron a la *ijla*. Imagínate qué pena, nos quedamos sin nuestros indios aunque muchos llevamos su sangre —dijo molesta pero a la vez con orgullo de llevar sangre taína.

Después de tomarse unas medicinas y una batida de lechosa me dijo:

— Lo cierto es que por allá por Nuevo Méjico viajé en *cantidá*. Viví con ustedes en "Gallu" (Gallup) y en Albuquerque y visité la capital, Santa Fe. Fui a ver algunos pueblos de indios. También fui a visitar a montones de amigos de *Almando* que son agentes federales, todos son tan buenos y hasta fui a aprender a disparar. También fui a aquel sitio donde existe otro hueco bien grande.

— ¿Quieres decir Canyon the Chelly?

— Sí, ese creo que es. Ese queda por Arizona y colinda con Nuevo México. Muchos de los indios de ese sitio tienen sus casas en las rocas. Eso es digno de ver —dijo fascinada.

— Abuela, dicen que allí también hubo grandes batallas entre los indios navajos y los españoles y que los españoles no sabían que los indios navajos eran grandes guerreros. Los navajos le hicieron una gran emboscada y le ganaron a los españoles.

— También parece que hace años atrás pasaba un río por allí y con el tiempo se secó —dijo, demostrando que recordaba bien el lugar.

— Sí, todavía existe el cauce del río y a veces se inunda el área cuando llueve mucho. Recuerda que en el hotel nos dijeron que algunas veces hasta el hotel se ha inundado y se debe a que el río crece demasiado. En esa época en que fuimos solamente quedaba el cauce. Allí también vimos la roca araña. A esa roca le llaman en inglés "The Spider Rock". Dice una leyenda que si los niños se portaban mal, los padres los dejaban encima de esa roca —le añadí.

— Los niños debieron tenerle miedo, —comentó.

— Me imagino que sí.

— Ahora te digo… que ese lugar me pareció que quedaba por el *jurutungo* porque viajamos por horas y no se veía ni un alma, ni una casita.

— Sí, abuela, los estados de New Mexico y Arizona tienen mucha tierra y poca gente comparados con otros estados. Además por esas zonas que viajamos, lo único que existe son reservaciones de los nativos norteamericanos: los navajos, los hopis y de otras tribus o pueblos, que tienen sus casas tierra adentro —agregué.

— Recuerdo que en otro viaje que hicimos fuimos a ver el pozo azul por allá cerca de Santa Rosa, Nuevo Méjico, y también fuimos a ver los *murciégalos* de unas cuevas cerca de Tejas —dijo fascinada.

— Sí, ya recuerdo, esas son las cavernas de "Carlsbad" —le aclaré.

— Esas mismas —dijo— y creo que son más grandes que las cuevas de Camuy, aunque nunca he ido a las de Camuy.

— Yo tampoco he visitado las cavernas de Camuy. Espero poder ir en nuestro próximo viaje a Puerto Rico —le dije para que no se sintiera mal por no haber ido a las cavernas de Camuy.

— A mí lo que me pasa es que como no tengo carro ni alguien que me saque de mi parcela, pues no puedo visitar esos sitios tan lindos de mi isla del encanto. Solamente salgo cuando ustedes me llevan o cuando María me llevaba. Pero como ella vive ahora en Colorado, pues nadie más me puede sacar —dijo con pesar.

— No te preocupes abuela que yo te llevo un día de estos —le prometí.

— A otro de los sitios adonde ustedes me llevaron cuando vivían en Alburquerque fue a Juárez, Méjico. Ese fue uno de los sitios que más me gustó. Allí comimos comida tan picante que se me salían las lágrimas, pero por fin vi en vivo a un mariachi cantando y tocando. *Almando* (Armando) les pidió que me cantaran En mi Viejo San Juan y Lamento Borincano (El Jíbarito). Cuando cantaron En mi Viejo San Juan casi me echo a llorar. Especialmente esa parte que dice: "mi cabello blanqueó, ya la muerte me llama y no quiero morir alejado de ti Puerto Rico del alma". Ellos cantaron bien bonito, también cantaron canciones de Miguel Aceves Mejías y Jorge Negrete. Me dedicaron las canciones a mí. Yo les pedí que me cantaran Adelita y Volver —dijo muy orgullosa.

De esa manera siguió recordando tantos lugares donde fuimos a comer o a visitar, lo que le ayudó a olvidar un poco las penas y desgracias de su vida.

— Cuéntame lo que has visto en Virginia —le dije otro día.

— Bah, los lagos adonde me han llevado tu padre *Almando* y Socorrito. A mí me gustaba pescar —dijo con añoranza.

— ¿Ya no, abuela?

— No, ya no, estoy muy cansada, ¡*ya no me huelen ni las azucenas!* —dijo con tristeza.

Cuando me dijo eso casi me echo a llorar. Se le notaba aquella tristeza en sus ojitos chiquitos y profundos y en su rostro ya acabado, pero todavía lindo. Hasta hace unos siete meses atrás su cara era linda, quemadita del sol, sin arruga alguna y su cutis era suave y sus piernas eran suaves, sin venas varicosas ni marcas. A los setenta años todos le preguntábamos qué hacía para tener un cutis tan lindo. "Me lavo la cara con agua de arroz y me pongo "colcrim de Pons", decía. Quieres decir "Cold Cream de Pond's". "Sí, eso mismo. Eso nada más". Esto lo decía con cierta expresión en su cara que es difícil de describir, las caras que hacía eran muy únicas de ella. ¡Cuánto la extraño, cuánta falta me hace! Siempre me daba consejos mientras me peinaba. También me hacía mis comidas favoritas: me hacía pasteles, arroz con habichuelas, arroz con pollo, tostones, amarillos fritos, panas con bacalao, dulce de coco, cafecito acabao de colar en el colador y todas esas cositas que me gustan de la Isla.

Cuando abuelita continuó con su recuento de lo que había visto y había logrado hacer en Virginia me dijo:

— De aquí, de Virginia, lo que recuerdo es la casa de George Washington, el que nunca dijo una mentira.

— Ah, eso lo recuerdas.

— Sí lo aprendí en la escuela, mi maestra de primer grado nos lo decía. Aquella era una maestra muy buena —reafirmó.

— De Washington, DC, recuerdo la casa Blanca, la torre (monumento) de Washington, las oficinas de la FBI y el Capitolio. En el edificio de la FBI nos dieron un "tur" privado porque tu papá trabaja allí. Vi la *colesión* (colección) de rifles y pistolas. Eso me hizo recordar que en Isla de Cabras, Puerto Rico, en una gira de la oficina de tu papá me dejaron practicar al tiro y yo disparé, pero no sé a donde fueron a parar las balas. Yo creo que los agentes me cogieron miedo —dijo riéndose.

— ¡Válgame abuela eso es posible, pues *tú eres una bala sin inscribir o una pistola sin inscribir!* —le dije riéndome.

Las dos nos reímos sin parar con las cosas que a abuela Fela se le ocurrían.

— En Washington, tu mamá también me llevó al Departamento de Educación federal. Allí me presentó alguna gente de su oficina. También me llevó a la Biblioteca del Congreso, al Capitolio y a algunos museos. El que más me gustó fue el de los dinosaurios (The National Museum of Natural History) y el de los aviones (Aerospace Museum). También fuimos a ver el río bien grande… ¿Cómo se llama? —preguntó.

— El río Potomac —le aseveré.

— Sí ese mismo, para mí es un mar, que yo sepa en Puerto Rico los ríos no son tan grandes. También Socorrito me llevó al parque zoológico, y ni se diga a montones de restaurantes buenos y finos que me ha llevado. También a las tiendas y esos *moles* de Estados Unidos que son tan grandes, quizás más grandes que el de Plaza las Américas. Yo fui un par de veces a Plaza las Américas con tu mamá, porque ella trabajaba allí, en la tienda Penney's. Pero ese *mol* es para ricos y como yo no sé guiar y me queda tan lejos, pues no he vuelto —dijo con pesadumbre.

— Allá en Moca no tenemos un *mol*, algunos de los alcaldes se roban los chavos y no hacen nada por mejorar el pueblo. No crean trabajos para los jóvenes, no mejoran las carreteras, no hacen nada por mejorar el pueblo —dijo medio enojada.

— ¡Ay, abuelita, eres un caso!

— Bueno mija, *la verdá es hija de Dios.* Esos sinvergüenzas se agarran del partido, se montan en la alcaldía y despúes que se joda el pobre. Solamente cuando quieren que voten por ellos los puedes ver con micrófonos por los barrios prometiendo villas y castillos, cosas que despúes no cumplen. Esos son unos politiqueros de mala muerte, y ñames con corbata. Algunos le roban al pueblo más de lo que hacen por el pueblo. Algunos lo único bueno que hacen son las fiestas patronales. Aunque no sé cómo es que hacen esos contratos, pero me parece que es algo que le da vida al pueblo y es algo en lo que el pueblo se entretiene y mucha gente vende sus cositas, comidas y frituras y con eso se hacen de sus pesetitas —dijo añorando los pocos momentos de alegría que había tenido y a la misma vez respaldando las fiestas patronales porque le dan vida al pueblo.

— Abuela, a mí también me gustan las fiestas patronales. Hace años que no voy, pero cuando era pequeña papi y mami me llevaban a montarme en los caballitos (carousel o merry-go-round) —le dije, también añorando esos ratos de regocijo.

— Las fiestas patronales me gustan mucho. Sobre todo me gusta jugar en las picas, comer algodón dulce y maní tostao. Yo voy a las fiestas patronales de Moca, Aguadilla, Aguada y San Sebastián. Si no tengo a alguien de la familia que me lleve, pues le pido *pon* a algún vecino, porque aunque sea una noche yo voy a jugar una pesetita en las picas. Son más las veces que pierdo que las que gano, pero me entretengo apostando a los caballos de las picas —dijo revelando lo mucho que le gustan las fiestas patronales.

— ¿Abuela, a qué caballos le apuestas?

— Le apuesto al más que me guste, pero sobre todo le apuesto al 3, al 5 y al 7.

— Y, ¿ganas?

— Gano algunas veces, pero es más lo que pierdo que lo que gano —dijo un poco molesta—. Pero como no tengo mucho dinero para jugar, pues tampoco pierdo mucho.

— También me gusta ver la gente que se trepa al palo encebao, ver como muchos de ellos se resbalan, vuelven a tratar de trepar al palo y vuelven a caerse. Eso hace a todos los espectadores reírse y gritarle para que intenten nuevamente.

— Cambiando de tema, como te decía antes, si comparamos la isla con los Estados Unidos, aquí en los Estados todo es distinto, hay vergüenza, hay trabajo y servicios para todo el mundo.

— No creas, abuela, también en los Estados Unidos tenemos políticos que roban al pueblo —le aclaré.

— Quizás es cierto, pero mira todos los servicios que yo tengo. Esto no lo tendré jamás en mi pueblo. Allí uno se muere sin *caridá*. La mayor parte de los médicos lo que hacen, es robarse el dinero de la reforma de medicinas de Rosselló. Los medicuchos esos reportan que ven a uno o le hacen a uno un diagnóstico fatulo y ni siquiera nos examinan. Despúes le pasan una factura al gobierno por algo que ellos se inventaron y el pobre que se chave —dijo en forma de crítica.

Abuela mezclaba una cosa con la otra, de una conversación salía con otra, y yo gozaba oírla hablar, sobre todo me gustaba escuchar sus dichos y palabrotas que a mí nunca me permitieron pronunciar, pero para ella eran naturales, del diario decir. También me interesaba escuchar su interpretación de lo que estaba pasando en el pueblo o con los políticos, pues ella no había ido a la escuela, pero muchas de sus observaciones eran muy bien acertadas.

— Abuela, volviendo al recuento de tus logros, creo que una de las cosas más importantes en tu vida es que tu nombre está en un libro. Ese libro está dedicado a ti —le aseguré.

— ¿De veras?

— Sí, la disertación doctoral de mami está dedicada a ti. Aunque también está dedicada a otros familiares tú eres una de las primeras personas a quien ella se la dedica —le afirmé.

— *Verdá* es, ella me leyó esa parte un día, pero lo había olvidado. ¡Eso es grande que yo no sepa leer y sin embargo mi nombre aparezca en un libro! ¡Bendita sea la misericordia del Señor! ¡Ahora sí que me siento importante! Como dice un dicho: *No hay mal que por bien no venga* —dijo muy contenta.

Otro documento que aparece dedicado a abuela es la tesis de la maestría de tía Maribel. Lamentablemente ésta fue escrita algunos años después de que abuela muriera por lo que nunca se enteró, pero su nombre está allí plasmado y eso también es muy importante. En el cielo ella debe estar muy orgullosa de titi Mary.

Prosiguiendo con nuestro recuento de lugares que abuela visitó le pregunté:

— Abuela: ¿Recuerdas cuando me visitaste en New Jersey y yo te llevé a visitar a la familia tuya que vive en New York?

— Sí, me acuerdo, y la última vez hace dos o tres años. Hacía mucho frío y yo salía afuera a fumar con aquel frío tan terrible. Yo fui tres veces a visitarte. Fuimos a la Estatua de la *Libertá*, por Manhattan y Brooklyn. En Manhattan paseamos en *cantidaj*, entramos a la torre aquella que se llama algo así como trompeta.

— ¡Ay, abuela, que te inventas cosas! Esa es "the Trump Tower".

— Mi amor, no sabes que soy analfabeta y esos nombres no los aprendo. Además, eso fue lo que me dijo *Almando* —dijo ingenuamente.

— Abuela, sabes que *daddy* se la pasa relajando con las traducciones.

— ¡Ese gringo, no se quiere pa' na'! —dijo sonriéndose.

— Otra cosa que recuerdo es que en uno de esos viajes a Nueva *Yor*, Nilsa, mi querida nieta, estaba con nosotros y nos montamos en el tren. El tren ha cambiado mucho porque cuando yo vivía allá en los años 70's el tren estaba que daba asco y era muy peligroso, pero ahora está mucho mejor. Me alegro, porque antes me daba miedo montarme en el tren, ¡ahora es un ñame! Todavía recuerdo que un día yo iba en el tren y tenía un dolor terrible y quería salir rápido del tren, pero no podía salir porque había mucha gente y yo le decía a la gente: "esquis mi" y la gente me miraba raro, pero todavía no sé por qué —dijo inocentemente.

— Mi querida abuela, la verdad es que… —y me reí sin poder contenerme.

— Boba, ¿por qué te ríes tanto?

— Pues, pues… ¿por qué crees que me río?

Ella también se reía y Xiomara se tiró al piso de tanto reír. Después que se nos pasó la risa, le explicamos lo que ella había dicho con su inglés matao. Abuela, se dice "excuse me", no se dice "esquis mi". Lo que tú estabas diciendo era "squeeze me" y quiere decir apriétame o apriétenme.

— Dios Santo, que disparatera soy, con razón me miraban *con cara de no sé qué* —dijo riéndose de ella misma.

Reímos por un buen rato y fue tanto lo que nos reímos que hasta nos dolía la barriga. También recordamos que ella decía "saramambish" en vez de "son of a bitch". Esa era la manera como le sonaba y así lo pronunciaba. Esas malas palabras mal pronunciadas nos daban una risa que a veces no podíamos contenernos. Aunque le decíamos la pronunciación correcta, ella las seguía pronunciando como las había aprendido originalmente.

— Hablando de Nueva *Yor*, lo más que recuerdo de esas visitas es que no podía casi fumar porque tenía que salir afuera a fumar y estaba tan frío que yo titiritaba. Además yo parecía un pastel mal envuelto. Yo usé un "coat" tuyo que era muy grande para mí porque tú eres muy alta y yo soy una enana. También recuerdo que visitamos otros amigos de *Almando*, a Steve y a Bonnie. ¡Qué gente buena! Viven en un apartamento bien alto y desde allí se ve todo Nueva *Yor*. A ella le daban ataques epilépticos como a mí —dijo consternada.

— Eso es cierto, abuela, hace tiempo que no te dan los ataques, verdad —le comenté.

— ¡Ni Dios quiera!, porque con este cáncer también que me den los ataques sería una jodienda, me acabaría de morir —dijo un poco preocupada.

Se quedó pensativa, cosa que acostumbraba y dijo:

— También fui a Brooklyn a ver a mi hermano Jandino (Alejandrino) y a su esposa Toya. Ella tenía cáncer y estaba tirada allí en una cama. Me dio mucha pena verla así. Mi pobre cuñada también fumaba mucho, ¡pobrecita, siempre fue muy buena mujer! Todavía yo no sabía que yo tenía cáncer, pero recuerdo que ya yo sentía algunos achaques. Quizás ya para ese tiempo yo también tenía el cáncer. También a mi hermano Jandino, hace más de cuarenta años que le dio cáncer. Debido a eso tiene un hueco en la garganta y habla con *dificultá*. Pero a él los médicos le operaron hace muchos años y no le ha vuelto el cáncer gracias a Dios.

Lamentablemente, cuatro años después de morir abuela, murió su hermano Alejandrino a quien le volvió a dar cáncer.

— Ya te digo, hija, nunca cojas ese vicio de fumar, eso nos ha *matao* a *todoj* —me dijo casi como suplicándome que no lo hiciera.

— No, abuelita, nunca fumaré, mami nos enseñó desde chiquitas sobre el daño que hacen el cigarrillo, el alcohol y las drogas —le dije para asegurarle que nunca lo haría.

— Sí, ella es un gran ejemplo, siempre ha sido tan cuidadosa con su salud que ni carne come. También ha sido muy recta en todo lo que hace. De mis otros hijos solamente Rochi y Judy fuman, pero espero que lo dejen pronto. Aunque desde que me encontraron el cáncer, Rochi ha dejado de fumar, Dios quiera que no coja ese vicio nuevamente. Socorro siempre me decía que dejara el vicio y nunca le hice caso, si la hubiera escuchado, *el cantar fuera otro* —dijo tristemente.

— Abuela, ¿recuerdas cuando fuimos a San Francisco, California? —le pregunté para cambiar el tema.

— ¡Qué si me acuerdo!, claro que sí, ese fue el viaje más largo del mundo. Eso fue en el 1997, y yo tenía unas ganas de fumarme un cigarrillito y no se podía fumar en el avión. Yo que le tengo miedo a los aviones y encima de eso no podía fumarme un cigarrillito. Con eso me puse más nerviosa y el viaje se me hizo una *eternidaj*. De todas maneras, allá volví a ver a abuela Lara, la mamá de *Almando*, ¡qué señora tan buena! También conocí por primera vez a los hermanos, tíos y primos de *Almando*. Jessika, eres especial, y ellos te quieren como a una sobrina o a una nieta de sangre. Esa es una familia muy buena. Ellos te hicieron una fiesta a ti con un montón de comida y yo comí de todo, ¡me di una *jartera!* Y los tíos de *Almando* hablan español como los mejicanos y todos son muy familiares —dijo muy contenta de recordar aquel viaje.

— Ya veo, te cayeron bien.

— Sí, *son* gente muy amable.

— ¿Qué otras cosas viste en San Francisco?

— Pues vi las focas, ¡qué lindas!, todas jugando y tirándose unas encima de las otras y les gusta estar al sol y hacer ruido. También vi la cárcel aquella, la que está en medio del mar, ¿cómo se llama?

— Esa cárcel se llama Alcatraz.

— Sí, esa misma, que se parece a la de "Sing Sing" en Nueva *Yor* —dijo recordando un incidente con la cárcel de Sing Sing—. No entramos adentro, pero la vimos desde el puente bien grande.

— ¿Quieres decir el Golden Gate Bridge? —le pregunté pero a la misma vez le repetí el nombre correcto.

— Debe de ser ese, pues esos nombres se me traban y más si son en *inglej*. Ese puente es tan grande como los puentes de Nueva *Yor*, pero bien lindo y se puede caminar por él. También fuimos a un palacio que no parece palacio pero le llaman palacio.

— Ah, ese debe ser "The Palace of Fine Arts".

— Ese mismo y lo más que me gustó es que tiene un laguito y van muchos pajaritos y patitos a bañarse, ¡bien *shulin!* Fuimos a otro parque grandote y también tiene laguitos, fuentes y cosas chinas —dijo recordando cada detalle.

— Ese es el "Golden Gate Park" de San Francisco. Cerca de allí se crió "daddy" Armando —le informé—. Abuela, ¿te gustó montarte en el "trolley" de San Francisco?

— ¿Cuál es ese?

— El que es como una guagua abierta que baja y sube por las calles *empinadas* de San Francisco —le expliqué.

— Sí, me gustó, pero ¡qué miedo! A veces uno cree que se va a ir de cabeza por esas calles que bajan como si fueran una montaña rusa, y le da a uno un *gulillito* en el estómago. Yo me agarraba de la mano de *Almando*, y él se reía o gritaba. ¡Ese fue un viaje bien bueno y esa es una de las ciudades más lindas que yo he visto! ¡Qué me iba yo a imaginar que esta jíbara de tu abuela algún día iba a estar paseando por esa *ciudá* tan linda! —dijo con satisfacción.

— Abuela, ahora te das cuenta que has logrado mucho en tu vida, y que aunque has tenido muchos problemas en la vida también has logrado muchas cosas que otras personas no han logrado —le comenté.

— Sí mijita, ahora entiendo lo que dices que yo he recibido muchísimas bendiciones y no me puedo quejar. Gracias al Padre Celestial que *así como da la llaga también da el remedio* —dijo con mucha paz.

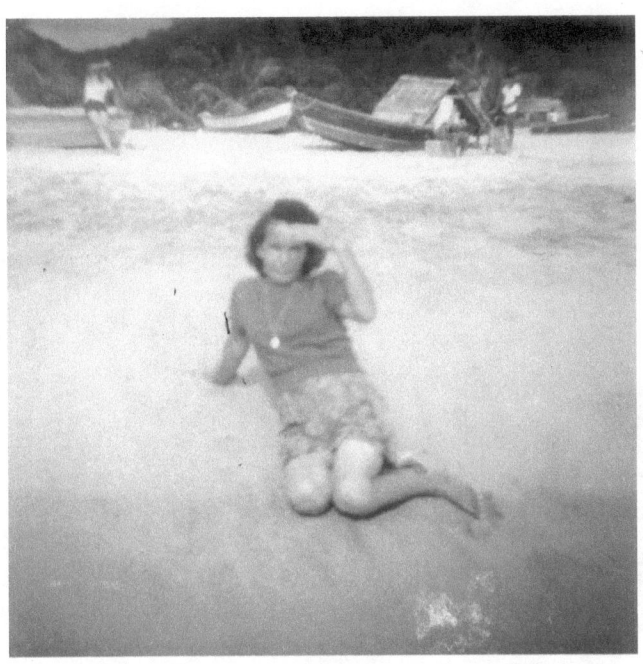

1967 Abuela Fela Playa Crash Boat, Aguadilla, PR

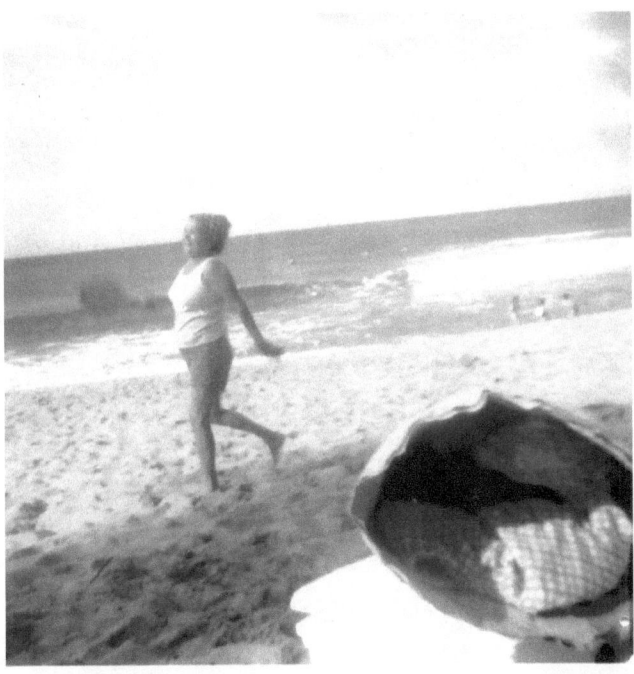

1969 Abuela jugando paleta en la Playa Crash Boat, Aguadilla, PR

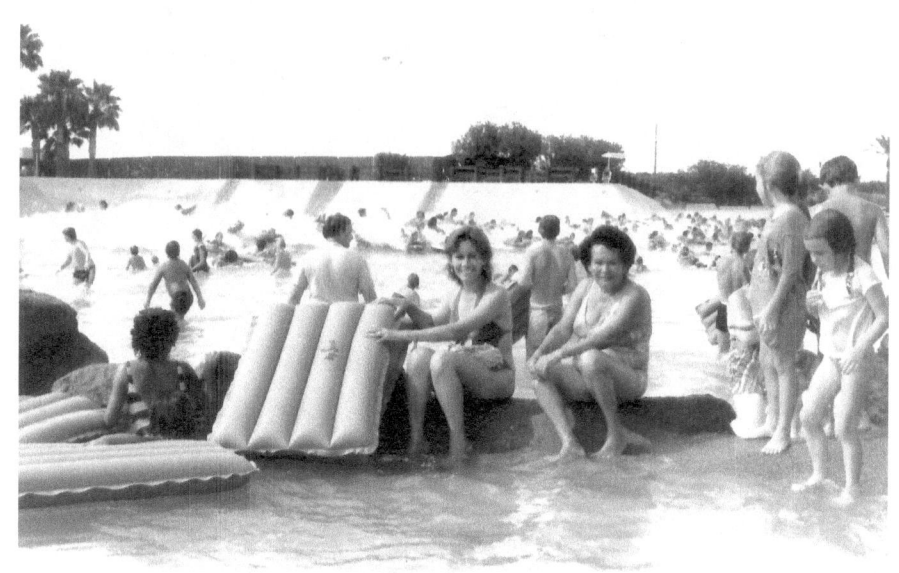

1985 Parque de aguas Big Surf en Tempe, AZ

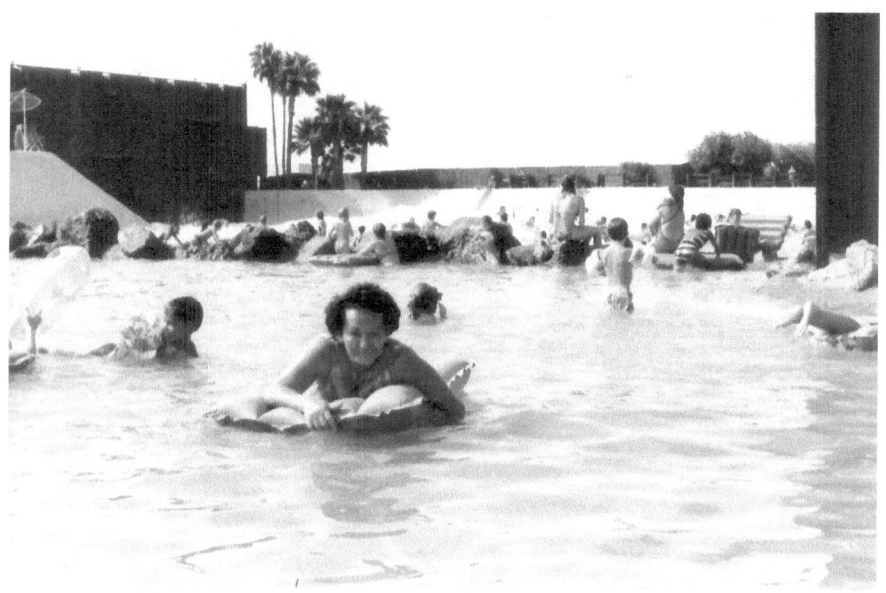

1985 Abuela en Big Surf en Tempe, AZ

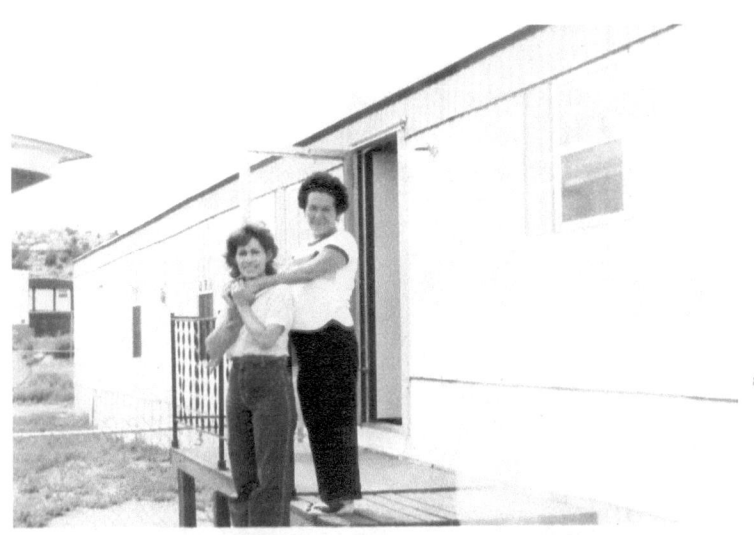

1983 Abuela Fela y Socorro en Gallup, NM

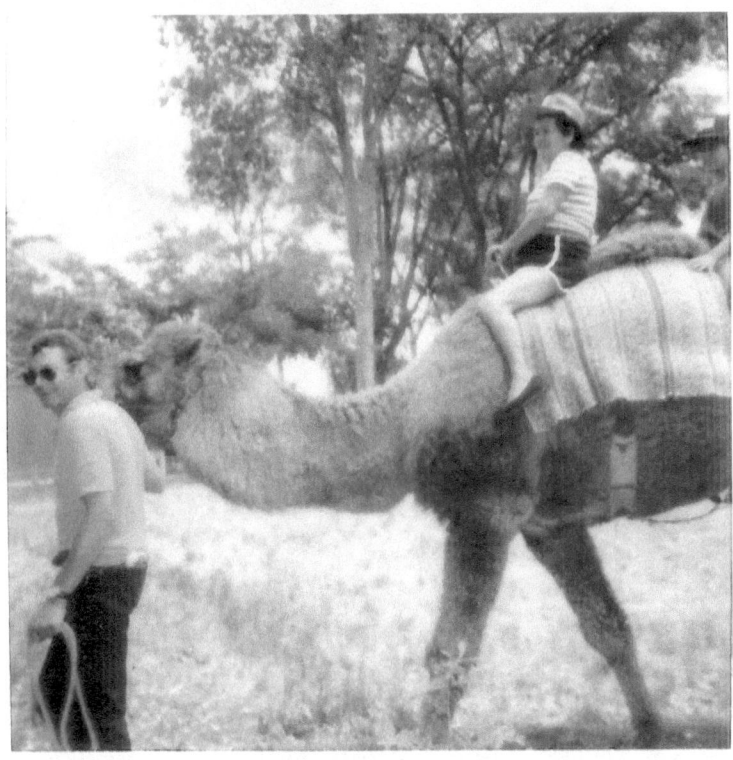

Abuela montada en camello en
parque zoológico de Albuquerque, NM

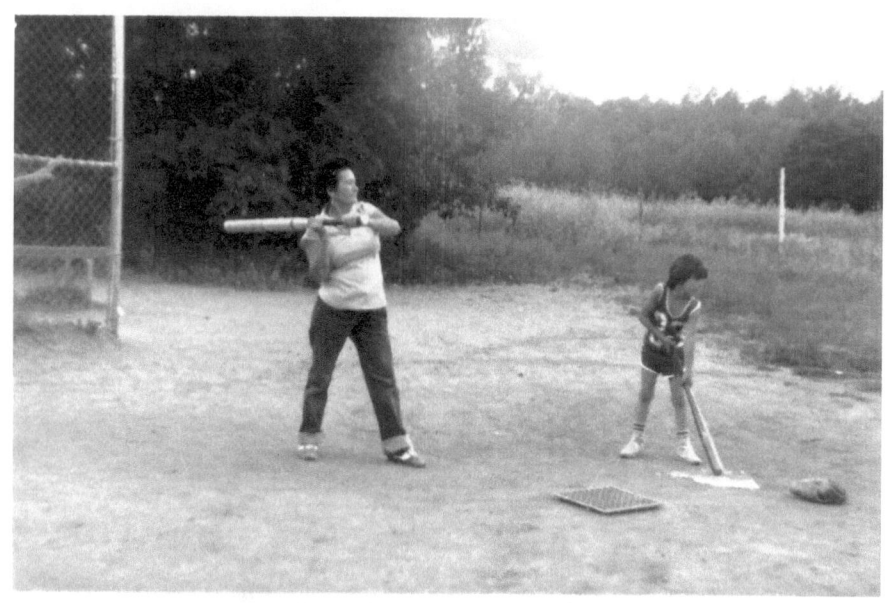

1983 Abuela jugando béisbol con Xiomara en Albuquerque, NM

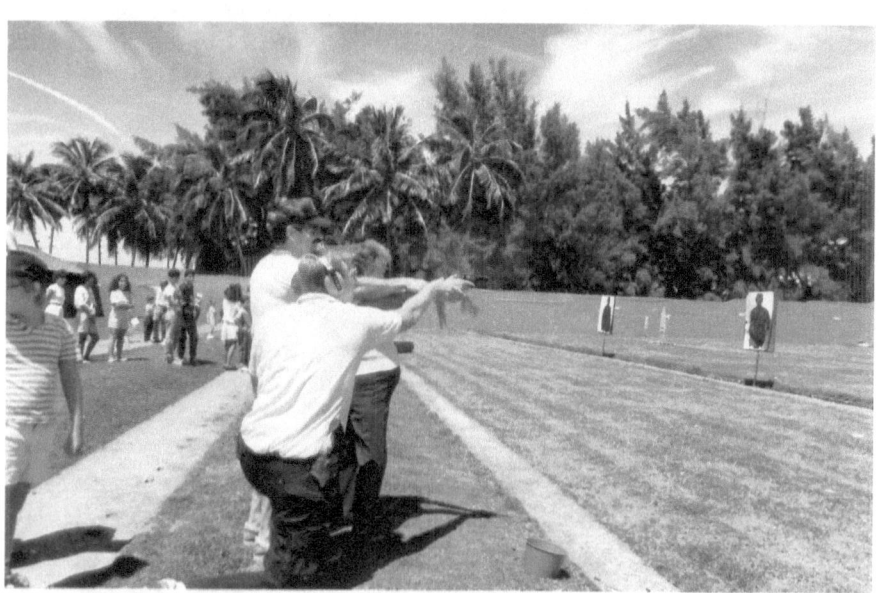

1988 Abuela Fela practicando tiro al blanco, Isla de Cabras, PR

Capítulo 3

Abuela regresa a la Isla

Abuela regresa a Puerto Rico para visitar a la familia. Fue por unos días para ver a la familia y su casita. Fue un viaje muy arriesgado, y en el hospital de Georgetown le habían permitido salir con muchas recomendaciones y cartas para los médicos de Puerto Rico. Antes de irse pude hacerle una grabación de la que aprendí más cosas de ella. Ella me recitó el Padre Nuestro, el Ave María, El Santísimo Justo Juez y otras oraciones que ella rezaba.

Según mami, el viaje a Puerto Rico fue difícil debido a que el Presidente Clinton había pasado por Philadelphia ese día y por esa razón cerraron el aeropuerto por varias horas. Todos los vuelos estaban retrasados y algunos habían sido cancelados. Mami discutió con los agentes de la línea aérea USAIR porque no le decían cuál era la razón del retraso. Según ellos, no había manera de salir del aeropuerto. Abuela, que estaba tan enferma, se alteró de los nervios y se puso peor. También había llegado la hora de ponerle la inyección de insulina. Mami tuvo que pagarle a un médico del aeropuerto para que le pusiera la inyección para la diabetes. Por fin salieron, ya de noche, y llegaron a San Juan de madrugada. Se quedaron en San Juan, en casa de titi Sari, porque ya era muy tarde para ir para Moca o San Sebastián. Al otro día llegaron a San Sebastián. Allí se quedó unos días en casa de titi Mary y otros en casa de titi Judy.

La llevaron a la casita que ella había hecho con gran esfuerzo y con sus propias manos con la ayuda del programa "ayuda mutua". Originalmente había comprado una casita de madera en una parcela en el barrio Voladoras de Moca por $850.00 dólares. La compró con el dinerito que ganó al vender la casita de Sal Sipuedes. Unos años después de haber comprado su casita de madera en Voladoras, el gobernador don Luis Ferré le concedió el título de propiedad por un dólar. Ya con el título de propiedad, abuelita se acogió al programa llamado "ayuda mutua" a través del cual el gobierno les proporcionaba los materiales de construcción y entre todos los vecinos construían una casita de cemento. Luego, poco a poco iban pagando los materiales. Las casitas solo contaban con lo más básico, dos cuartitos dormitorios y una salita que también servía de cocina. Como abuela no tenía esposo, ella tuvo que ayudar a construir otras casitas para entonces construir la suya. Ligó cemento, cargó baldes de piedra y de cemento, empañetó paredes, clavó tablas y trepó en escaleras y andamios. De esa manera ella ayudó a los vecinos que le habían ayudado a hacer su casita. Como ella misma decía, ella hizo las veces de macho.

Fue a su casita, la revisó, pero parecía que no tenía mucho ánimo. La casita estaba ya despintada, ¡y pensar que ella todos los años juntaba su dinerito para pintarla! Dicen que la pintaba del color del partido político de su preferencia, unas veces verde, otras veces de rojo o azul. En aquella casita habían vivido casi todos los hijos después de haberse casado y también muchos de los nietos. Pero últimamente, hacía unos siete meses que la casita estaba sola debido a su enfermedad y a que ella estaba viviendo con mami en Virginia.

Poco después de abuela venir a vivir a Virginia pasó por Puerto Rico el huracán George y le tumbó parte del techo a uno de los cuartitos de su casita. Ese cuartito ella se lo había añadido con algún dinerito que había obtenido de un accidente que tuvo o con un dinero que ganó jugando. En ese cuartito abuela hacía consultas y le leía las cartas o barajas a muchos del barrio que venían a consultarle sus problemas, sobre todo, problemas amorosos. Algunas veces se podía ver una fila de gente esperando en la puerta de aquel cuartito para consultar con abuela sobre sus amores, enfermedades o problemas.

Una vez en la casita rebuscó por algunas partes del chinero de caoba y le dio a mami algunas cajitas donde guardaba algunos medios pesos o pesos gordos. Se puso furiosa y dijo: "Esos desgraciados, me llevaron la alcancía que yo tenía y al indio me le rompieron un canto. Mira pa' ya'...," señaló otras cosas que le habían roto. "No tienen vergüenza, ni tienen respeto. Se llevan hasta los clavos de nuestro Señor Jesucristo". Lamentablemente, se refería a unos rateros que se aprovecharon que la casa estaba sola, le robaron e hicieron *las de San Quintín*.

Nunca supimos qué fue lo que se desapareció porque ella siempre estaba escondiendo sus pesitos, y sobre todo los pesos gordos, en distintos lugares. Ese día fue como a despedirse de la casita. Sentía como apatía por la casita que antes fue su único tesoro. Dicen que ella sentía que le habían echado un hechizo, un brujo. Quizás era que ya no se sentía atada a las cosas materiales.

En esos días algunas de las hijas aprovecharon para concertar un encuentro entre las hermanas. Las dos familias creían que ya era hora de que las dos hermanas se perdonaran antes de que alguna de ellas muriera. Las hijas y la sobrina hicieron la cita y su hermana vino con un cura a la casa de una de mis tías. Se reunieron en una de las recámaras. Allá esa señora le echó la culpa a abuela de lo que había pasado. Abuela, llorando, le pidió perdón, aunque ella no era la culpable. Su hermana frente al sacerdote, le seguía culpando. El cura parece que creyó a esa señora. De todas maneras abuelita se sintió mejor por haberle pedido perdón directamente a su hermana por un pecado que no había cometido. Aunque no tuvo la culpa, siempre se sintió culpable de que su cuñado la violara. Ella parece que sabía que no iba a durar mucho y quería que su hermana la perdonara y así morir en paz.

Por otro lado, a casa de Titi Mary vino don Carmelo a rezar por abuela y a darle la comunión. El era la única persona que había escuchado sus penas y sus confesiones. El era un diácono de la iglesia católica de Moca que llevaba la palabra de Dios directamente a las casas del vecindario. Luego nos enteramos que él también murió unos meses después de abuela.

Las casas de mis tías Judy y Mary no se vaciaban porque mucha gente fue a visitarla. Ella era muy querida por todos los que la conocían. Muchos decían que era tan buena que se quitaba el *bocao* de la boca para dárselo a quienes lo necesitaran. Entre los que vinieron a visitarla estaban sus otros dos hermanos, tío Santos Antonio (Toño) y tío Félix

Malavé. También su hermana volvió a visitarla y sus cuñadas. Fue una reunión de familia y amigos y a la misma vez una despedida.

También, mientras estuvieron en Puerto Rico mami Socorro aprovechó para visitar al abogado Tino Vargas para pedirle el teléfono o la dirección de su hermana Gloria que vivía en New York. Para que el abogado Vargas entendiera que se trataba de una persona seria, mi madre le entregó una tarjeta de presentación con su título doctoral. Mi mamá le contó al abogado que era hija de Felipa Malavé. Le explicó que Felipa era la madre biológica de Minerva, la niña que adoptó su hermana Gloria. Luego le dijo que necesitaba comunicarse con su hermana Gloria porque abuela se estaba muriendo y ella quería hablar con Gloria antes de morir. El abogado entendió de lo que mami le hablaba y le dijo: "La hija de Gloria murió". "Ya lo sé", dijo mami, "pero mi madre le quiere hablar a Gloria antes de morir". El abogado le dio el teléfono. Esa misma noche mi madre llamó a doña Gloria Vargas en New York. Se presentó y le explicó que Felipa Malavé le quería hablar.

— Haló, ¿sabes quién soy? —le preguntó abuela—. Soy Felipa, la que te dio la nena en adopción con la promesa de que yo misma la cuidaría porque tenía raquitismo.

— ¡Tantas cosas han pasado —le respondió doña Gloria—, mi vida ha sido un martirio! Se me murieron las dos hijas, la que era tuya y la mía. Me mataron a Minerva, fue un caso de violencia doméstica.

Con lágrimas rodándole por las mejillas, abuela le contestó:

— Sí, hace algún tiempo que yo me enteré. Tanto que yo la busqué y tú la escondiste y jamás me la dejaste volver a ver. ¡Ya me encontraré por fin con ella en el cielo! Qué ignorante fui al creerte, te la llevaste pa' Nueva *Yor* y allá fui a buscarla, pero es un sitio tan grande que no pude encontrarla.

— Perdí a mis dos hijas —le repitió doña Gloria.

— Bueno, qué se va a hacer —le contestó abuela—, yo en cambio por una que perdí, Dios me dio cinco más, que son mi tesoro. Son muy buenas hijas. Mira como son las cosas de la vida, yo creí que salvaría a mi hijita para siempre confiándotela a ti, y sin embargo ella murió muy jovencita. Pero las hijas que yo misma crié están sanitas y salvas, Gracias a Dios. ¿Y Minerva, tuvo hijitos?

— Sí, tuvo dos, viven en Florida, y es lo mejor porque Nueva York no sirve para nada —dijo doña Gloria.

— Pues que Dios te perdone y te dé paz, porque yo te perdoné hace tiempo. Gracias por los años que cuidaste a mi reinita —le dijo abuela consternada.

Le salió un sollozo muy profundo…

— Que tú te mejores —contestó doña Gloria.

Lamentablemente abuelita murió veinte días más tarde[2].

A pesar de haber tenido aquella conversación, que había esperado tener por más de cincuenta y cinco años, se veía con mucha paz. En ese momento había cerrado otro capítulo de su vida. Ese fue uno de los primeros capítulos de su vida y había quedado abierto por unos cincuenta y cinco años. Solamente comentó:

— Cómo son las cosas de la vida. Yo la quise salvar entregándosela a otra mujer que le podía dar cosas mejores que las que yo le podía dar y me la mataron, y sin embargo, como pobre y con mil sacrificios yo crié a mis otros siete hijos y aquí los tengo a todos sanitos y salvos, ¡Gloria a Dios!

Unos días más tarde mami le preguntó si quería que investigáramos dónde estaban los hijos de su hija Minerva, sus nietos. Ella contestó: "No, si ellos no me han buscado, debe ser que no saben la verdadera historia, y para qué remover el pasado. Ya es suficiente con haber perdido a su madre. Yo les echaré la bendición todas las horas del día".

En aquel viaje también los hijos y familiares se aprovecharon para darle de comer de todas las cosas que le gustaban a ella de la Isla: yautía, calabaza, panas, ñame, yuca y otras viandas con bacalao, arroz con gandules, pasteles, gandinga, pan *sobao* y hasta coco. Lo que le faltó

---

2   Al transcurso de estar escribiendo este libro y tratar de comunicarnos con doña Gloria Vargas para conseguir algunos datos o fotos de Minerva, la primera hija de Felipa Malavé, nos enteramos que también doña Gloria murió al igual que su hermano, Tino Vargas, por lo que se nos ha hecho difícil conseguir más información. Hablamos con unas sobrinas de doña Gloria, pero no tienen información alguna, solamente nos enteramos de que lamentablemente la otra hija que tuvo doña Gloria, también murió de manera trágica. Además llamamos y le escribimos al esposo de doña Gloria en New York pero él no quiso dar información alguna.

comer fue morcillitas fritas, pero de todas maneras, eso quizás no lo debía comer. Lo cierto es que tuvieron que controlarla un poco por su condición. De todas maneras se repuso un poco, pues todos los hijos la mimaron y se puso en paz con todos aquellos con quienes ella quería ponerse en paz. Quería quedarse en su terruño, en su Isla amada, en la tierra que la llamaba. Pero mi madre pensó que en Virginia tendría los mejores cuidados médicos y la trajo de vuelta. Abuela tuvo mucha pena al dejar a sus otros hijos, nietos y biznietos que ella adoraba, muy en especial a Luis Ángel (Bebi), a Stephanie y a Brian.

Mami se dio cuenta que ella no quería volver a Virginia y le prometió que la llevaría de vuelta a la Isla en unas semanas. Ella entonces accedió, aunque no de muy buena gana. Al hacer escala, se puso muy enojada porque le dolía el cuerpo y se sentía mal. Mami rezó sin cesar para que el resto del viaje les fuera bien.

Algunos días después de regresar a Virginia hubo que internarla en el hospital de Georgetown. Allí entraba y salía, viviendo más en el hospital que en la casa. Era una agonía tener que ir a la sala de emergencia con ella a cualquier hora del día o de la noche. Ya mi tío Rey había aprendido a llegar al hospital de Georgetown. Daddy le había regalado mi carro a tío Rey para que él pudiera salir a hacer diligencias o ir de emergencia al hospital. Todo se complicó cuando a mi tío Rey le dio un ataque, pues teníamos a los dos en el hospital y en dos hospitales distintos. Como Amelia no sabía manejar, algunas noches mami regresaba de los hospitales a las tres de la madrugada para ir a trabajar o regresar a los hospitales pocas horas después.

Pocos días después mami le descubrió a abuela un pequeño tumor en la cabeza. Pidió que los médicos la examinaran. El resultado fue que allí también tenía el cáncer. No se podía hacer nada más. Los médicos le comunicaron a mami que algún día abuela tendría que morir y que ellos no sabían cuánto tiempo le quedaba. Aconsejaban que la familia aceptara el hecho y que le permitieran morir en paz. Abuela pasó el día de las madres en el hospital y daddy Armando le compuso un poema. Xiomi y mami le llevaron allí plantas y flores. Desde el hospital mami le ayudó a llamar a sus otras hijas en Puerto Rico para felicitarlas en el día de las madres y para ponerlas al día en cuanto a su salud. Al otro día hubo que recoger todas las plantas y flores porque le provocaron alergia.

El día 14 de mayo de 1999 mami sacó a abuela otra vez del hospital. Directamente de allí la llevó al aeropuerto y se fueron para la Isla. Todavía llevaba puesta la pulsera plástica de identificación del hospital. Al llegar al aeropuerto se la cortó con un cortador de uñas, para que en el aeropuerto no pensaran que se había fugado del hospital.

El segundo viaje a Puerto Rico fue otra odisea por lo que no cabe duda de que ni en los últimos días de su vida se escapaba de que le pasaran cosas a mi abuela. Se retrasó el vuelo de New Jersey a San Juan. Estuvieron tres horas dentro de un avión sin poder salir. Pobre abuela, con lo enferma que estaba, y tuvo que esperar horas en un avión que no se movía. Muchos pasajeros estaban con malestares y abuela estaba muy mal. Mami preguntó si había algún médico en el avión para ponerle insulina, y un médico puertorriqueño se presentó y le puso la inyección. Según mami, aquél médico apareció como bajado del cielo, y nuestra familia le vivirá eternamente agradecida. Dios le bendiga todos los días de su vida. Una pena que con la confusión no tomó sus datos para enviarle una notita dándole las gracias, pero Dios le compensará.

Desde ese momento mami aprendió a ponerle las inyecciones porque era difícil conseguir a alguien que se las pusiera cuando más se necesitaba.

Llegaron a San Juan después de la media noche. Allí no se acabó la odisea, pues tenían que manejar hasta San Sebastián. A las tres de la madrugada mami estaba tan dormida que paró en un estacionamiento frente a un negocio localizado en la carretera número 2 en Arecibo. Debía dormir unos minutos porque de lo contrario se iba a dormir en el volante. No pudo, le dio miedo quedarse dormida y que alguien las atacara. Además, abuela seguía quejándose y entre queja y queja cantaba En mi Viejo San Juan y Lamento borincano (El jibarito), mientras que Amelia, que viajaba con ellas, roncaba y a ratos hablaba dormida.

Mami decidió manejar despacio por la carretera y llegaron a San Sebastián cuando comenzaba a salir el sol. Aquel viaje fue muy difícil para abuela porque además de estar enferma había salido a las diez de la mañana de Washington, DC, llegando a San Juan de madrugada para luego viajar en carro unas tres horas más. De todas maneras, se cumplió su mayor deseo, el de pasar sus últimos días entre Hato Arriba y Voladoras, en su terruño, en su Puerto Rico *mentao*.

Capítulo 4

Abuela Fela y sus cuentos

— Güela ráscame y hazme "la puya" —le pedí con insistencia.

— Esta muchacha con su ñeñeñé es algo serio. Vamos, ¿dónde te pica? —me dijo con cariño.

— En la espalda y por aquí… No, más abajo, para el lado, ahí mismo —le indiqué.

Así pasaba un rato rascándome.

— Ahora hazme "la puya" —le volví a pedir.

— *Siomara* ya estoy cansada, porque llevo rato rascándote —me dijo mientras me hacía muecas que me daban ganas de reír.

— Sí, abuela, pero no me has hecho "la puya" —volví a insistirle.

— Ih, ih, iiih, aquí va... —dijo mientras me hurgaba la espalda con sus uñas.

De esa manera me entraba la uña en cualquier lugar que tuviera una ampollita que me picaba o en algún pedacito rojo.

— Abuela ahora hazme el cuento de Tin Tilín, que me gusta —le supliqué.

— Había una vez y dos son tres... —me dijo en forma de broma.

— No, pero de verdad —le dije.

— Ay nena, tú siempre pidiendo que te haga los mismos cuentos. De todas maneras, ese cuento va así:

Tin Tilín

Había una vez una familia de cuatro, los padres y las dos hijas. Estos vivían cerca de un río. A las niñas les gustaba ir al río a jugar. En una ocasión en que la niña menor, como tú, estaba jugando y mirando al agua, de pronto vio un pececito que la miraba y hasta le hacía gracias. A ella le llamó la atención, pero creyó que era su imaginación. Como era muy curiosa y sensible decidió hablarle al pececito. "Pececito, qué lindo eres", le dijo. El pececito movió la colita.

— Abuela, perdona que te interrumpa, pero yo sé una canción que dice "a mover la colita" —le dije interrumpiéndola.

— Sí mi negrita, tienes razón. ¿Puedo seguir con el cuento? Mira que se me va el hilo y se me pasa la novela —me dijo abuela con mucha paciencia.

— Sí, abuela, sigue —le contesté.

El caso es que entonces la niña le preguntó: "¿Cómo te llamas pececito?", pero el pececito sólo movió la colita y dio vueltas y brincó como respondiéndole a su curiosidad. En eso la llamó su hermanita, "vamos que se nos hace tarde y nos regañan". De esa manera pasaban los días y la nena seguía yendo al río a hablarle al pececito, y allí lo encontraba todos los días. Ella le puso de nombre Tin Tilín. Lo llamaba diciendo: *"Tin Tilín volando en gratitud..."* y enseguida él aparecía moviendo su colita y dando brincos. Un día le brincó en la falda y ella se asustó, pero él le dijo: "No te asustes. Yo soy un príncipe". Ella exclamó: "¡De veras!" "Sí, soy un príncipe encantado y te voy a decir qué tienes que hacer para sacarme del encanto". Dio un salto y volvió al agua.

La hermanita, que también era curiosa le dijo a sus padres que su hermana hablaba con un pececito, que se pasaba jugando con el pececito y hasta le llevaba comida. Los padres habían notado algo raro en ella, pero no entendían qué pasaba. Se estaba poniendo flaquita y muy distraída. Al oír aquello decidieron seguirla al día siguiente. Verificaron que era cierto y hasta vieron cómo el pececito brincó en la falda de la niña. Los padres decidieron que al domingo siguiente cuando fueran para la iglesia, el padre se quedara en la casa. De esa manera, mientras ellas estaban en la iglesia, él iría al río a pescar al pececito.

El domingo llegó rápido y mientras ellas iban a la iglesia, el padre fue al río y cantó: *"Tin Tilín volando en gratitud…"*, lo mismo que decía la niña para llamar al pececito. El pececito no reconoció la voz, pero el padre volvió a cantar: *"Tin Tilín volando en gratitud, Tin Tilín volando en gratitud…"* El pececito salió para ver quién le llamaba y allí el padre lo pescó. Cuando llegaron de la iglesia, el padre les tenía una suculenta comida. La niña no pudo comer, sintió como una puñalada en su corazón. Algo extraño pasaba allí, aquel pescado que se veía delicioso parecía que le hablaba. Decidió tomar todos los huesitos y guardarlos. Como de costumbre, se fue al río y cantó: *"Tin Tilín volando en gratitud, Tin Tilín volando en gratitud…"*, cantó lo mismo varias veces. El pececito no apareció, y entonces tuvo una corazonada…

La niña se fue llorando a la casa, le dio una fiebre terrible y se enfermó. Los padres se dieron cuenta que le habían hecho daño a su hijita y no sabían qué hacer. Mientras deliraba debido a la fiebre tan alta, se le apareció un hada madrina y le dijo: "No sufras más, recuerda que tienes los huesitos del pececito guardados, júntalos todos, y busca las tres gotitas de sangre que cayeron en el camino cuando tu padre traía al pececito a la casa. Junta todo y llévalo al río, lo pones en el agua y verás que el pececito volverá a su estado natural". Al día siguiente, aunque débil, la niña se levantó de su cama, se llevó los huesitos, buscó las tres gotitas de sangre y las juntó como le había especificado el hada madrina.

Se fue al río y allí puso todo con mucho cuidado en el agua. No dejó de llorar y entre sollozos cantó: *"Tin Tilín volando en gratitud, Tin Tilín volando en gratitud…"* De momento surgió del agua un joven y le dijo: "No llores mi niña, yo soy Tin Tilín, el pececito". Ella se estrujó los ojos para quitarse las lágrimas y lo miró un poco incrédula. "Sí, yo soy Tin Tilín. Tú me sacaste del encanto, y ya no soy un pez, soy un príncipe". Allí se echaron los brazos y lloraron como dos que se querían. Luego el príncipe fue adonde los padres de la niña y la pidió en matrimonio. Cuando la niña creció se casaron y vivieron felices para siempre. Fin.

— Re, re, este cuento se ha acabado y el que no se levante a la una, a las dos y a las tres, se queda pegado —dijo la abuela haciéndome cosquillas.

Nos reímos las dos. Siempre que abuela contaba cuentos le hacía cosquillas a los nietos que la escuchaban y todos se levantaban y reían.

— ¡Ay güela qué lindo ese cuento, me dio pena! —le comenté.

— Bueno, ahora vamos a rezar —dijo con devoción.

— Espera, abuela, ahorita rezamos —le rogué—. Primero déjame contarte algo. A mí me gusta el cuento de la brujita que se quería comer a los nenes que se perdieron en el bosque porque se parece a algo que nos pasó allá en el Yunque a Jessie y a mí.

— Sí, ¿qué les pasó? —preguntó abuelita, tratando de averiguar porque aquello no lo sabía y le preocupó.

— Pues estábamos jugando en una quebrada del Yunque y nos perdimos. Yo lloraba y Jessika me decía: "Nena, no te preocupes, que yo sé por donde vamos". Daddy y mami se volvieron locos buscándonos porque dicen que allí se perdieron o se robaron a dos niños japoneses. Después de un rato, nos encontraron cerca de un restaurante y cerca de un riachuelo que había por allí —le relaté.

— Ya ves, deben tener cuidado cuando salen. No se deben separar de sus padres, y si se pierden hagan como los nenes que la brujita se robó. Ellos iban dejando unos granitos de habichuelas por el camino y por eso pudieron volver a su casa, pero cuando dejaron migas de pan en el camino, se perdieron, porque los pajaritos del bosque se comieron las migas de pan y los niños no pudieron encontrar el camino para regresar a su casa. Fue entonces cuando la bruja los cogió —dijo abuela a la vez que hacía ademanes imitando a una bruja.

— Ahora entiendo abuela. De ahora en adelante yo voy a echarme habichuelas en los bolsillos por si me vuelvo a perder —le aseguré.

De esa manera las dos nos enredábamos en varias conversaciones y saltábamos de una cosa a la otra.

— En el nombre del Padre, del Hijo y del Espíritu Santo —dijo.

Se persignaba y mezclaba las oraciones que rezaban los católicos con las espiritistas porque ella había sido o era espiritista. Pasaba horas largas rezando por todas las ánimas del purgatorio.

— Que Dios las saque de pena y las lleve a descansar en paz —proseguía abuela con sus oraciones.

Abuela rezaba por los muertos y los vivos. No había nombre que no mencionara. Pedía por la paz y el descanso eterno de Pedro Hernández, de doña Juana Almán, por abuelo Facio Malavé para que los espíritus de luz siempre lo guiaran por el sendero de luz. También rezaba por sus nietos, para que el Arcángel San Miguel los cuidara de todo mal. Pedía por sus hijos Rey, Rochi, Mary, Nancy, Judy, María y Socorrito, para que el ángel de la guarda y los guías protectores siempre estuvieran con ellos y los protegieran de todo mal. Así pedía por sus hermanos y cada nombre que le venía a la mente se lo encomendaba a una entidad espiritual distinta. De esa manera se quedaba dormida.

Roncaba y casi todas las noches tenía sueños en los que hablaba o tenía luchas. Quizás se debía a las medicinas que tomaba para la epilepsia, o al maldito cigarrillo junto con el café. Quizás podía ser debido a su carácter activo o a una combinación de todo eso con las penas y sufrimientos que cargaba. Sufría de melancolía y soledad. Aunque de cierta manera era de espíritu libre, también tenía sus momentos de depresión, dolor e insatisfacción. No pudo lograr todas aquellas cosas que quería hacer. En una época se sintió sola, muy sola, atrapada en un círculo vicioso de pobreza y cargada de hijos. Aunque no se quejaba, aquella soledad, pobreza e insatisfacción quizás le hizo ser, hasta cierto punto, un ser agónico como los describe Miguel de Unamuno.

—Abuela, ¿cuál es el cuento que vas a hacer esta noche? —le insistí otra noche.

— Shomita, primero debes meterte debajo del mosquitero porque aunque hay *escrines*, están rotos y esos desgraciados mosquitos se aprovechan para meterse por los boquetes. Creo que voy a echar el "fli", eso los mata —me dijo mientras se movía para buscar aquel aparato con insecticida.

— Pero eso apesta y me provoca el asma —le dije, mientras salía corriendo para no oler aquel veneno que llamaban "fli" y que abuela usaba tanto.

— Está bien, Shoma, no riego el DDT (insecticida) esta noche, acaba y métete debajo del mosquitero, porque si no lo haces pronto, esos malditos acaban contigo porque eres dulce pa' los mosquitos —me dijo abuela refunfuñando.

— Quizás puedes prender una *cobra* —le sugerí— eso los espanta y no me provoca el asma.

—Buena idea, vamos a prender una *cobra*. Ok, ¿ya estás acomodada? —me preguntó abuelita mientras me arropaba y se metía conmigo en la cama de caoba con pilares los que ella usaba para aguantar el mosquitero.

— Sí, sí —le contesté mientras me acababa de acomodar.

— Bueno, qué te parece si te cuento una historia cortita, pues mañana nos tenemos que levantar temprano. Tengo que ir a coger café y voy a dejarte en casa de tu tía Tony en lo que regreso.

— ¿Puedo ir contigo?

— No, mi amor, porque eso no es para niñas como tú.

— Pero mami iba a recoger café contigo cuando era como yo.

— Sí hija, pero aquellos eran otros tiempos, y si te pica una avispa me mata tu madre, porque tú eres alérgica a muchas cosas.

— Ok, abuelita, como tú digas —le dije con respeto.

— El cuento que te voy a hacer es de un rey:

El rey de tal ciudad

Había una vez un rey que vivía por allá, por una ciudad del oriente. El rey tenía un hijo que tenía las orejas como las de un burro. Resulta que el rey se abochornaba que su hijo tuviera las orejas como un burro. El tenía al hijo aislado, y no lo dejaba ver de nadie. Si alguien lo veía, el rey le preguntaba qué había visto. Si la persona contestaba que había visto al hijo suyo y que sus orejas eran como las de un burro, a esa persona el rey la mandaba a matar.

Al pasar el tiempo ya varias personas habían desaparecido y nadie sabía qué había pasado. Había rumores de que esas personas habían estado en la casa del rey. Un día un muchacho fue a buscar trabajo a la casa del rey, pero este muchacho era muy astuto. Entonces el rey después de entrevistarlo, le dijo: "Tienes el trabajo". El muchacho estaba contento porque había viajado mucho para llegar hasta allí y necesitaba el trabajo. Pasaron unos cuantos días y el rey le estaba mandando hacer unas cosas cuando el hijo del rey pasó por los pasillos y el muchacho lo alcanzó a ver. El rey le preguntó: "¿Qué acabas de ver"? El muchacho, ni tonto ni perezoso, le contestó que acababa de ver a un joven y creía que era el hijo del rey. El rey le volvió a preguntar si había visto algo extraño en su hijo. El muchacho le dijo que no había visto nada extraño y que parecía un joven apuesto.

El muchacho pasó la prueba de fuego, pero él se dio cuenta que el hijo del rey tenía las orejas como las de un burro pero no se lo dijo al rey. Lo volvió a ver varias veces y el rey le hizo la misma pregunta y el muchacho le contestaba lo mismo. Muchos años después el muchacho decidió irse de la casa del rey y en el camino hizo un hoyo muy profundo. Entonces se metió dentro del hoyo y gritó con todas las fuerzas de su ser: "*El hijo del rey de tal ciudad tiene las orejas como un burro, el hijo del rey de tal ciudad tiene las orejas como un burro, el hijo del rey de tal ciudad tiene las orejas como un burro*". El muchacho iba a explotar si no decía lo que sabía. Salió del hoyo, lo tapó con la tierra que le había sacado y siguió caminando.

Un tiempo más tarde nació un árbol en el mismo lugar donde el muchacho había excavado. El árbol era muy frondoso. En cada hoja del árbol decía: "*El hijo del rey de tal ciudad tiene las orejas como un burro, el hijo del rey de tal ciudad tiene las orejas como un burro*". Había miles de hojas que decían que el hijo del rey de aquella ciudad tenía las orejas como las de un burro. El rey se enteró de aquello y mandó a cortar el árbol una y otra vez, pero el árbol volvía a crecer con el mismo mensaje. Con esta experiencia el rey decidió sacar a su hijo del cautiverio y dejar que todo el mundo supiera que aquello era cierto y que él no podía seguir ocultándolo. Ya era público y se sabía la verdad por todas las comarcas. Entonces el rey decidió aceptar a su hijo tal y como era ya que entendió que no había secreto que al fin y al cabo no se supiera porque de alguna manera Dios se encargaba de divulgarlo. Fin.

— Abuela, ese cuento me gustó mucho y no lo había escuchado antes. Ahora quiero que me hagas el cuento de los zarcillitos. Ese también me gusta mucho.
— Pero Shomita, ese ya tú lo sabes.
— Sí, pero me gusta y me lo quiero aprender.
— Mejor te lo hago mañana.
— Bueno, está bien.
Otra noche nos hizo el cuento de los zarcillitos a algunos de los nietos que después de jugar un rato nos sentamos a escucharla narrar sus cuentos:

Por los zarcillitos madre

Había una vez una muchacha que estaba bañándose en una charca cerca de su casa y puso sus zarcillos en una roca para que no se le perdieran dentro de la charca. La muchacha estaba muy feliz bañándose cuando vio que un hombre se acercó adonde ella estaba. Ella se asustó, pero él le dijo que no se asustara, que había encontrado unos zarcillos, y si eran de ella, se los quería entregar. Ella se salió del agua para ver si eran los suyos. Efectivamente eran los de ella. Cuando ella fue a coger los zarcillos que el hombre tenía, éste la agarró y se la llevó. Ella trató de gritar y de luchar contra él, pero no pudo porque él le tapó la boca y le pegó para controlarla. Se la llevó y la metió dentro de un barril y le dijo que cuando él le dijera ¡canta barrilito canta!, ella tenía

56

que cantar, pues de lo contrario la mataría. El iba por los pueblos exhibiendo su barrilito como algo raro. Él le decía: "¡Canta barrilito, canta!" y ella cantaba: *"Por los zarcillitos, madre, que en la peña yo dejé, que por ellos estoy sufriendo y por ellos sufriré. Por los zarcillitos, madre, que en la peña yo dejé, que por ellos estoy sufriendo y por ellos sufriré".*

Así pasó el tiempo hasta que un día aquel hombre pasó por la casa de los padres de la muchacha. El no sabía que estaba en la casa de los padres de ella. El hombre tocó a la puerta y dijo:

— Señora, quiero que escuche este barrilito mágico que tengo, porque canta.

— Yo estoy de luto —dijo la señora—, pero no está mal escuchar su barrilito para ver si me quita esta pena que llevo en el alma.

— Pues escuche como canta mi barrilito y si le gusta me paga cualquier cosa —insistió el hombre.

— Está bien, póngalo a cantar —dijo la señora sin hacerle mucho caso.

— ¡Canta barrilito, canta! —le dijo el hombre al barrilito.

El barrilito comenzó a cantar: *"Por los zarcillitos, madre, que en la peña yo dejé, que por ellos estoy sufriendo y por ellos sufriré".*

— Pero señor, qué lindo canta ese barrilito, dígale que cante nuevamente —insistió la señora con ansiedad.

— Sí, pero le va a costar un poco más —le advirtió el hombre.

— Está bien, yo le pago —le aseguró la mujer.

— ¡Canta barrilito, canta! —demandó el hombre.

La muchacha cantó pero aún con más sentimiento y más bonito: *"Por los zarcillitos, madre, que en la peña yo dejé, que por ellos estoy sufriendo y por ellos sufriré".* La madre se dio cuenta que aquella era la voz de su hija y le dijo al hombre:

— ¡Oiga señor, ese barrilito es una maravilla! ¿Usted no lo vende? —le insistió la señora.

— No señora, yo voy de pueblo en pueblo con mi barrilito y así me gano la vida —le respondió el hombre.

— Espere señor —dijo la señora entusiasmada —no se vaya, que quiero invitarle a almorzar y quiero que mi esposo escuche su barrilito. No se vaya que ya mismo él llega y así comemos juntos y le puedo pagar más. Usted me ha alegrado la vida. Hacía tiempo que no me sentía contenta como hoy. Espere que voy a la cocina a preparar algo para el almuerzo.

El hombre pensó: "Hoy almuerzo de gratis y también me gano mi buen dinero".

La señora fue a la cocina y mandó a uno de sus empleados a buscar de prisa al esposo y que viniera con la policía. En eso entretuvo al hombre, le hizo café y preparó el almuerzo. Al rato llegó el esposo y saludó al hombre. La esposa le explicó lo que había escuchado, lo maravilloso que era aquel barrilito, y que ella quería que él lo escuchara también.

— Mujer, si tú estás tan entusiasmada, yo también quiero escuchar ese barrilito mágico —dijo el esposo.

El hombre le dijo rápidamente al barrilito: "¡Canta barrilito, canta!" El barrilito comenzó otra vez a cantar: *"Por los zarcillitos, madre, que en la peña yo dejé, que por ellos estoy sufriendo y por ellos sufriré".*

— Mujer tú tienes razón, ese barrilito es una maravilla — replicó el esposo.

El también pudo reconocer la voz de la hija y le preguntó al hombre:

— ¿Cómo lo hace usted?

— ¡Ah… esto es magia, señor, es magia!

Lo invitaron a comer y cuando iban a comenzar el almuerzo llegó la policía y le dijo al hombre que tenía que abrir el barril, que era una orden. El hombre se negó, pero lo obligaron a abrir el barril y de allí salió la jovencita que llevaba tiempo encerrada en aquel barril. Allí se llevaron preso al hombre y los padres abrazaron a su hija. Lloraron juntos de felicidad y fueron felices para siempre. Fin.

— Ra, ra, este cuento se ha acabado y el que no se levante se queda pegado —dijo abuela haciéndonos cosquillas.

Nos reímos y nos gustó el cuento.

— Abuela, ese cuento me gusta tanto como el de Tin Tilín —le dije un poco soñolienta.

— Creo que a todos los muchachos míos, a mis otros nietos y a los ahijados les gusta ese cuentito —nos dijo a todos los nietos que estábamos allí con ella.

Otra noche de ese verano, mientras nos refrescábamos en el balcón de su casita, y cuando ya se habían ido algunos vecinos que siempre se paraban a platicar con ella frente a la casita, le pregunté:

— Abuela, ¿cuál es el cuento que vas a hacerme esta noche?

— Bah, nena, tú no esperas que se vaya la gente para inmediatamente pedir un cuento.

— Bueno, abuela, es que esa gente estuvo ahí hablando por mucho rato. Le hiciste café y hasta le diste galletas —le comenté a manera de crítica.

— Hija, así es la vida aquí. Aquí las puertas no se cierran hasta las tantas de la noche, o sea, cuando yo me voy a acostar es que las cierro. Por lo tanto to' el que pasa por el camino se para aquí para saludarme, para pedir agua o platicar un rato.

— Eso es bueno, abuelita, —le dije al comprender que abuelita vivía solita—. De esa manera no te sientes sola y todos los vecinos están pendientes de ti.

— Eso es así, porque cuando no tengo a los nietos no tengo con quien hablar. Y por lo menos los vecinos que paran aquí me entretienen. Ahora, hija, vete a lavarte la boca y métete debajo del mosquitero para hacerte un cuento.

Enseguida fui a prepararme para la cama. Cuando ya yo estaba "ready", ella me dijo:

— Nena, ¿qué te parece un cuento de Pedro Animala?

— No conozco esos cuentos —le contesté— ¿por qué no me cuentas uno de Juan Bobo?

— No, ya esos tú los sabes. Mejor éste, ya vas a saber quien era Pedro

Animala —me dijo abuela en tono misterioso—. Ese era peor que Juan Bobo. Tengo uno que quizás te guste. Va así:

Pedro Animala

Estaba un día Pedro Animala ñangotao a la orilla del camino. El había puesto su sombrero a la orilla del camino y decía: "*Si lo saco por aquí se me escapa y se acaba el mundo, y si lo saco por aquí se me escapa y se acaba el mundo, y si lo saco por aquí se me escapa y se acaba el mundo*". Repetía lo mismo una y otra vez. Pedro mostraba una gran preocupación y seguía dándole vueltas al sombrero y repitiendo lo mismo sin levantar el sombrero.

Por allí mismo iba pasando un jíbaro cuando vio a Pedro Animala hablando solo. El jíbaro le preguntó:

— ¿Qué pasa compai?

— Compadre, la verdad es que "*si lo saco por aquí se me escapa y se acaba el mundo, y si lo saco por aquí se me escapa y se acaba el mundo*".

— ¡Ay Dios mío! ¿Cómo es eso que se acaba el mundo?

— Sí, "*si lo saco por aquí se me escapa y se acaba el mundo*". Ay compai, cómo podré hacer si tengo que ir al pueblo y "*si lo saco por aquí se me escapa y se acaba el mundo, y si lo saco por acá se me escapa y se acaba el mundo*". Qué le parece si lo dejo con usted en lo que voy al pueblo.

— Bueno compadre, si no se tarda lo puedo cuidar.

— ¡Mi compadre cuánto se lo agradezco!

El jibarito estuvo allí por horas repitiendo lo que decía Pedro "*si lo saco por aquí se me escapa y se acaba el mundo, y si lo saco por aquí se me escapa y se acaba el mundo*". Pedro Animala no regresaba y el jíbaro, ya cansado de esperar por Pedro y de no saber qué era lo que guardaba debajo del sombrero, decidió meter la mano adentro del sombrero y agarrar lo que estaba adentro para que no se escapara. Y cuando metió la mano…

— ¿Qué crees que pasó? —me preguntó abuela.

— No sé lo que pasó, díme, abuela, ¿qué pasó? —le insistí.

— Pues cuando metió la mano se embarró la mano con una plasta de mierda.

— ¡Oh my God! Abuela, ¡qué terrible!

Allí el jibarito se puso furioso y dijo unas cuantas malas palabras y le echó un montón de maldiciones a Pedro Animala. También se dio cuenta que había sido otro idiota más de los que Pedro Animala a menudo cogía de...

— No te digo la palabra porque no es bueno que la escuches.

— Está bien, abuela, yo me imagino cual es esa palabra.

— Pero las niñas no dicen esas palabras —me dijo advirtiéndomelo.

— Tú tienes razón, abuela, nosotras no podemos decir esas palabrotas —le confirmé—. Pero, Abuela, lo que aprendí de ese cuento es que ese Pedro Animala era muy travieso.

— Ese, Shomita, era *un sinvergüenza de siete suelas*, un títere —dijo riéndose.

— Tú verás, abuela, que le voy a hacer ese cuento a Jessika, a Rosita, a Mary y también a Edwin y se van a reír a carcajadas.

En otra ocasión en que abuela se estaba quedando en nuestra casa le dije:

— Mi abuelita linda, hay un cuento que tú nos has hecho en otras ocasiones que me da miedo.

— Ah sí, ¿cuál es ese? —me insistió.

— Es uno que habla de un hombre que mata a alguien y él le cuenta a su comadre lo que hizo pero diciéndole que fue un sueño que tuvo. La señora le decía: "*¡Pero qué sueño compadre!*" —le dije según lo que recordaba del cuento.

— Oh sí, ya sé cuál es ése, pero te lo hago otro día, porque tenemos que rezar —dijo abuela.

— Me prometes que me lo cuentas otro día —le rogué.

— Sí, te lo prometo.

Otra noche, después de cenar allá en Guaynabo y mientras recogíamos la mesa, mami le pidió a abuela que nos hiciera un cuento que ella no recordaba muy bien:

— Cuéntale a las nenas aquel cuento de los tres perros, el de Cancuerno, Canflor y Capitán. Yo no lo recuerdo muy bien y lo quiero recordar para contárselo a mis nietos, que serán tus biznietos.

— Ah, ese es cortito otro día se lo cuento. Y tú Jesi, ¿cuál quieres que te cuente? —le preguntó abuela a Jessie que estaba frente al fregadero parada en una sola pierna como un "flamingo", mientras lavaba los platos.

— Yo quiero uno de Juan Bobo, pero yo he oído a mi mami hablar de un cuento que tú hacías que habla de una muchacha que se llama Rosalinda. Creo que ella se corta la pierna y la manda a buscar sal. Ese parece que trata de magia y no lo he escuchado antes y quisiera que me lo contaras —insistió Jessika.

— Otra noche se los hago, pues no se los puedo hacer todos en una noche, y ahora me voy al cuarto a rezar —dijo abuela preparándose para ir a rezar.

Como a Jessie le tocaba fregar yo me fui con abuelita al cuarto a escucharla rezar el rosario. Con sus oraciones y mientras ella me rascaba me iba quedando dormida.

— Cuando tú quieras, abuela, ya puedes comenzar —le dije.

— Padre Dios del universo, bendito seas, te pido por los vivos y los muertos…

Así seguía con su letanía, la que respetábamos mucho. Gracias a abuela porque ella sentó la base de nuestra fe y de ella aprendimos las primeras oraciones en español, las que no olvidaremos jamás.

En otro momento que nos estábamos quedando en casa de titi Tony le pedimos a abuela que nos hiciera algún cuento que no nos había contado o algunos que ella sabía que nos gustaría que los repitiera.

— Esta noche les contaré… —dijo varios nombres de cuentos.

— No, ese no, ese sí… —decíamos todos al unísono.

Decidió contarnos el cuento de la niña bestia y todos los nietos y vecinitos estuvimos atentos:

La niña bestia

Había una vez dos hermanitos, una niña y un niño que siempre estaban juntos y se querían mucho. En el vecindario no había muchos niños por lo que los hermanitos siempre jugaban juntos. Un día se fueron al bosque a buscar mariposas y a jugar debajo de la sombra de los árboles. La niña, que era más curiosa, se separó de su hermano al perseguir una mariposa de muchos colores. El niño se entretuvo mirando el agua de un riachuelo y observando cómo las hojas que se habían caído de los árboles pasaban entre las piedras arrastradas por la corriente del agua. Pronto notó que su hermanita no estaba cerca de él. La comenzó a llamar y la niña no respondía. Corrió por todos lados buscando a su hermanita, que no aparecía. Se sintió desesperado y sin consuelo. Pensó que algo malo le había pasado, que un animal se la había comido, que se perdió y no sabía regresar, que cayó por un risco, en fin, mil cosas. Se preguntó ¿cómo podría llegar a su casa sin ella?, ¿cómo se lo diría a sus padres?

Se hizo muy tarde y comenzaba a oscurecer por lo que necesitaba regresar a su casa. No tenía otro remedio, tenía que regresar. Sin consuelo llegó adonde sus padres y les contó que su hermanita se había desaparecido y que por más que la buscó, no la encontró. Los padres fueron a buscar por todas partes del bosque y no la encontraron tampoco. Estaban desconsolados.

Pasaron muchos años y los padres ya habían perdido la esperanza de encontrar a su hija. El hermano siempre se sintió culpable de no haber tenido más cuidado y de que su hermana desapareciera. Un día que estaba cazando en el bosque vio un animal más grande de los que estaba acostumbrado a ver. Estaba todo cubierto de pelo. Le apuntó rápidamente, se dispuso a disparar cuando escuchó una voz que le dijo: "*Pare, pare, caballero, no mate lo que Dios cría, que van para diecisiete años que estoy en esta mantía*".

El muchacho, que estaba a punto de disparar con el rifle de cazar, se estremeció al oír aquello, pero volvió a apuntarle al animal. La criatura volvió y le dijo: "*Pare, pare, caballero, no mate lo que Dios cría, que van para diecisiete años que estoy en esta mantía. Mi padre se llama Juan y mi madre Juana María*". El muchacho pensó que aquella podía ser su hermana. Se le acercó y le hizo mil preguntas. Ella le contó que desde que se perdió en el bosque una gorila la cuidó y le dio de comer. Como no tuvo más contacto con la gente y vivió por tantos años en el bosque, le salió pelo por todo el cuerpo. Al escuchar aquello él se dio cuenta que era su hermana y allí se echaron los brazos como dos que se querían.

El joven se llevó a la hermana, la afeitó, la limpió y le consiguió ropa antes de llevarla para su casa. La montó en su caballo y cuando ya estaban llegando a la casa, la muchacha volvió a cantar así: "*Esta era la casa blanca donde mis padres vivían, mi padre se llama Juan, mi madre Juana María*". Con esto el muchacho pudo comprobar definitivamente que aquella sí era su hermana. Cuando llegaron a la casa y el muchacho se la presentó a sus padres, al padre casi le dio un ataque de corazón y la madre casi muere de alegría. De todas maneras, allí todos se abrazaron y fueron felices para siempre. Fin.

— Ra, ra, este cuento se ha acabado y el que no se levante se queda pegado —dijo abuela haciéndonos cosquillas.

Pienso que esos cuentos y esas rimas de abuela no las olvidaremos jamás.

Recuerdo que otra noche de verano en Puerto Rico ella nos dijo:

— El cuento de los tres compadres era un cuento que Pedro, que en paz descanse, le hacía a los muchachos, a los padres de ustedes cuando ellos eran pequeños. Desde que Pedro murió yo me he encargado de seguir contándoselo a los hijos y a los nietos. Quiero que ustedes se lo aprendan para que se lo cuenten a mis biznietos y le hagan honor al que fue su abuelo. Pedro hubiera sido un gran abuelo —dijo con tristeza.

— ¿Nos vas a contar ese cuentecito esta noche? —le preguntamos.

— Sí, y va así:

Los tres compadres

Había una vez tres compadres que se querían mucho. Eran como uña y carne, siempre caminaban y estaban juntos. Pero un día tuvieron una discusión muy fuerte. Los compadres comenzaron a discutir por problemas que le habían causado los ahijados. La discusión llegó a tal grado que los compadres se pelearon y hasta se mataron. El diablo, gozoso de tal desgracia, al ver que faltaron al juramento del compadrazgo, recogió las almas de los compadres y las convirtió en perros, pero perros diabólicos.

Los encadenó con cadenas muy grandes y les puso el nombre de Cancuerno, Canflor y Capitán. El diablo aprovechó para llamar a Cancuerno, Canflor y Capitán cada vez que en la tierra había una disputa o una pelea entre amigos, familiares o compadres para que animaran la pelea y él poder tener más almas en el infierno. El los llamaba: "*Cancuerno, Canflor, Capitán, vengan mis tres perros buenos*".

Cuando los mandaba a la tierra, muchas veces la gente podía escuchar a los tres perros ladrando y el sonido de sus terribles cadenas. Esto ocurría especialmente cuando se formaban peleas en alguna fiesta o cuando había disputas entre compadres, amigos o familiares. Fin.

— Ra, ra, este cuento se ha acabado y el que no se levante se queda pegado —dijo abuela como siempre decía al terminar un cuento.

Todos nosotros, medio asustados, nos quedamos muy quietecitos sin hacer mucha bulla. Aquel cuento nos dio miedo y espero que todos hayamos aprendido la lección.

Había oído hablar de otro cuento que abuela hacía y que le daba mucho miedo a mi tía Maribel y le pedimos a abuela que nos lo contara también.

— Ah, ese es cortito, —nos dijo muy complaciente—. Se los puedo hacer ahora mismo:

El diablo y el hombre con espuelas

Cuando el diablo andaba por la tierra se presentaba en las fiestas y en distintos lugares donde se reunía mucha gente. Un día en que había una reunión, pero una reunión de oración, llegó aquel hombre muy calladito. Los que estaban orando se dieron cuenta que había llegado una persona distinta. Y cuando lo miraron vieron que tenía unas espuelas en los pies y que eran unas espuelas naturales, las que le salían de sus talones. Los allí reunidos rezaron con fuerza y dijeron: "Aquí está una persona que no ha sido invitada a la oración". Entonces, el hombre de las espuelas salió de allí corriendo "como alma que lleva el diablo". Fin.

— Abuela esos cuentos me dan miedo —dijo Marita.

— También a mis hijos les daba miedo cuando eran chiquitos. Sobre todo porque tratan de lo malo.

— ¡Huy, sí, esta noche no duermo sola! —dije metiéndome en la falda de abuela.

— Siomi, ¿a qué le tienes miedo? —me dijo sobándome la cabeza.

Todos los demás nietos y un ahijado se le acercaron para buscar seguridad junto a ella y ella nos dijo:

— Bah hijos, y eso que no les he contado el cuento de la cabeza de toro que echando fuego se le apareció a Rochi y a Rey allá por el camino a la *quebrá* en Capá. Ellos también salieron corriendo como "alma que lleva el diablo".

— Por favor, abuela, no sigas, que ahora soy yo la que tengo miedo —dijo Rosita.

— Nenas, no sean tontas, no sean miedosas, eso son cuentos —añadió Edwin.

— No, mi negrita, si uno reza no se le acerca nada malo y uno duerme como un lirón —dijo abuela para quitarnos el miedo.

— Está bien, abuela, empieza tú a rezar que yo te sigo —le dijo Jessika.

Años más tarde, allá en la parcelita, le pregunté:

— Oye, abuela, ¿es verdad que tú viste al Vampiro de Moca?

— Shomita, sí, eso es cierto, yo lo vi.

— Entonces cuéntanos cómo era.

El Vampiro de Moca

Resulta que un día que íbamos en el carro bien temprano en la mañana se nos tiró encima del cristal del carro aquel animalote y tuvimos que parar porque no se veía el camino por donde íbamos. Aquel animalote no se movía, solamente nos miraba. Creímos que iba a romper el cristal y nos asustamos. No nos atrevimos salir para afuera porque nos podía atacar.

Nosotros, aunque nos tapamos los ojos, lo mirábamos por entre los dedos y nos dimos cuenta que era como un *murciégalo* gigantesco. Entonces me di cuenta que era el Vampiro de Moca que se había estrellado contra el cristal del carro. No sabíamos qué hacer porque el animalote seguía pegado al cristal del carro. Cuando por fin prendimos el motor del carro, aquel animalote salió volando como alma que lleva el diablo. De la misma manera salimos nosotros en el carro y el susto no se nos pasó por mucho tiempo.

— ¡Huy, abuela, qué susto! No puedo creer que lo hayas visto de tan cerca —le dije medio incrédula.

— Así fue, mijita. El Vampiro de Moca se pasaba por las parcelas de Voladoras chupándole la sangre a todos los animales. Yo me pasaba pendiente de que no me matara mis gallinitas ni mis cabritas. Cuando yo escuchaba las guineas *alborotás*, ya sabía que andaba el vampiro por allí y salía con mechones o un *flaslai* (flashlight) para espantarlo —dijo abuela sin miedo—. Hace tiempo que no sabemos de él, quizás lo mataron, quizás se mudó para otro sitio o quizás se convirtió en el Chupacabras.

— ¿No le tenías miedo?

— ¡No, que va! Tú sabes que yo no le tengo miedo a na'.

Nos reímos con el cuento del Vampiro de Moca y de la manera como abuela lo narró.

Un verano en que estaban daddy, mami, Jessika y abuela visitando a un amigo de *dad* en New Jersey, estaban comentando en la tele sobre el Chupacabras y el amigo de *dad*, Vern, le preguntó a abuela si ella sabía algo del Chupacabras. Ella, muy segura, le dijo que lo había visto.

— ¿Dónde lo viste? —le preguntó Vern.

— Lo vi una vez allá en mi parcelita —contestó la abuela muy segura.

— ¿De veras, cómo fue eso? —volvió a preguntarle Vern, muerto de la risa, ya que conocía muy bien la manera de ser de la abuela.

El Chupacabras

Allá en la parcelita mía, una noche escuché las gallinas cacareando y una algazara que hasta el cerdo estaba chillando. Me levanté y como yo no le tengo miedo a nada agarré un mechón y un mocho y me fui a ver si alguien me las estaba tratando de robar. De momento veo aquella cosa que parecía un lagarto medio verdoso, en dos patas y la cabeza como hueca. Cuando me vio, levantó las manos que parecían un abanico de cuero arrugado. Parecía que me iba a atacar, pero él salió corriendo para un lado y yo para el otro. A mí los vivos no me asustan, pero como aquello era tan feo y no era de este mundo salí corriendo, me metí dentro de la casa y me encerré bien. No pude dormir pensando que podía entrar a la casa. Me acosté pero con un mocho cerca de la cama por si se metía en la casa.

Por la mañana bien temprano fui a echarle maíz a las gallinas y a las guineas, y también comida al cerdo. Entonces me di cuenta que estaban unas cuantas gallinas *escocotás* y nada de sangre en el piso. Las recogí con una pala e hice un hoyo en la parte de atrás de la casa y las enterré. Recordé lo que me había pasado la noche anterior y miré por todas partes y no vi otro rastro del Chupacabras. Pensé que aquello que yo vi por la noche fue verdaderamente el Chupacabras, el que ahora anda por Nueva *Yor. Fin*

— Doña Felipa, yo no creía en eso del Chupacabras pero ahora que usted me lo cuenta lo voy a tener que creer —le dijo el amigo de *dad* después de haberse reído por un rato.

Tenemos el vídeo de ese cuento de abuela y podemos notar sus expresiones y su convencimiento de que vio al Chupacabras. De aquello daddy Armando aprovechó para preguntarle a abuela sobre un fugitivo puertorriqueño, ya que había escuchado a abuela hablar de él y quería que su amigo escuchara el cuento porque ambos habían trabajado ciertos casos de fugitivos en los pueblos de la altura.

— Oiga, abuela, me dicen que usted recibió en su casa a Toño Bicicleta —le insinuó daddy Armando.

— Sí, eso es *verdá*. ¿Quién te lo dijo? —preguntó ingenuamente abuela.

Todos nos reímos hasta más no poder.

— Pero, abuela Fela, no sabe usted que eso es un delito federal, que usted pudo ir a la cárcel por encubrir a un fugitivo que había secuestrado a varias mujeres y hasta había matado a alguien —le insistió daddy.

— Ay, mijo, yo no sabía que él era un fugitivo federal como tú dices... —dijo la abuela sin inmutarse.

Todos seguían riéndose sin poder casi hablar, pues ya les dolían las quijadas y la panza.

— ¡Bah, tú eres un charlatán! —prosiguió la abuela un poco desconfiada.

— No, cuénteme, ¿cómo fue eso de que Toño Bicicleta estuvo en su casa? —le preguntó daddy Armando usando las técnicas simples de investigador.

Toño Bicicleta

Resulta que unas cuantas veces un hombre pasó por el camino frente a mi casa. Como la puerta de mi casa siempre está abierta, yo lo vi pasar varias veces y lo miraba porque se parecía a mi hermano Yeyo o a alguien que yo había visto antes. Como vio que yo lo miraba cuando pasaba, pues un día se acercó a la puerta, me saludó y me pidió agua. Le di agua y un poco de café porque, como tú sabes, en mi casa siempre hay café y de lo que tengo le ofrezco al que llega. Así fue que varias veces entró a mi casa, bebió café, almorzó y hasta me habló un poco. Me dijo que era de Lares pero no recuerdo el nombre que me dijo, pero no dijo Toño Bicicleta. Algún tiempo después se desapareció y no volví a verlo.

Una noche cuando estaba viendo las noticias en la televisión enseñaron el retrato del mismo hombre que había estado por aquí y dijeron que había violado y secuestrado a unas mujeres y que también había matado a otro. También dijeron el verdadero nombre, el mismo que él me había dicho a mí.

— ¡María Santísima! —me dije—, si yo tuve a ese hombre comiendo y bebiendo aquí en mi casa. Anteriormente yo había escuchado las noticias por *el* radio y había escuchado de sus fechorías, pero no lo había visto por la televisión, así que no sabía cómo se veía. Desde entonces me desconfío de los que pasan frente a mi casa. A menos que sean los vecinos ya no invito a nadie a entrar.

— De manera que usted tuvo a Antonio García, alias Toño Bicicleta, en su casa—volvió a señalar daddy Armando.

— Ah, sí, pero él se comportó muy bien —contestó la abuela—. Por lo menos conmigo se hizo el mosca muerta. Además, la policía nunca me preguntó nada de él.

— Doña Felipa, usted tiene un ángel que la protege porque ese hombre es peligroso —le dijo Vern riéndose todavía de los cuentos de la abuela.

— Pues te diré que no le tengo miedo, porque parece que es buchipluma maj' na'. El que era peligroso era Correa Cotto y también lo vi corriendo por los montes por allá por Capá de Moca y tampoco le cogí miedo. Aunque pensándolo bien, quizás estoy viva de chiripa.

Todos rieron y también abuela rió con ellos hasta que le dolían las tripas.

Capítulo 5

Abuela Fela y las tormentas

Un día de verano en que abuela decidió ir a sacar ñames cerca de una quebrada me dijo:

— Quédate en la orilla y no te muevas, que voy a sacar unos ñamecitos y nos los vamos a comer con unos camaroncitos y una anguila frita.

Yo no entendía bien lo que decía porque hablaba a su manera. Se metió entre la hierba y los arbustos. En cuestión de minutos vino con unos cuantos ñames y malangas dentro de un saco. Dejó los ñames de agua y las malangas cerca de donde yo estaba.

—Trépate en esa piedra y espérame —me dijo.

Luego se metió a la quebrada con toda la ropa. El vestido se levantó sobre el agua, ella se dobló y metió la mano debajo de unas rocas, mientras... yo la observaba. Hizo una mueca como de sonrisa y dolor a la vez y dijo:

— Aquí te tengo contrayaíta.

— ¿Qué es? —le pregunté mientras miraba para ver qué había pescado.

— Pues qué va a ser, una buruquena.

Sacó fuera del agua una buruquena con unas palancas muy grandes tratando de picarla. Ella, muy rápido y sin miedo alguno, le partió algunas de las palancas. Le dio un cantazo contra una laja y la metió en un saco. Siguió su pesca de mano y pescó varios camarones y algunas chágaras que metió en el saco aún vivas.

— La anguila, las gúabaras y el dajao los dejo para la próxima vez —dijo la abuela medio preocupada.

— Ahora vámonos, que veo barrunto de lluvia. Es más, parece que viene una *tribuná* y tengo los muchachos solos. Tampoco quiero que te de la monga —dijo mientras amaraba el saco con lo que había pescado y el otro con los ñames y las malangas.

Corrimos y subimos una loma y otra, y ya cerca de la casa comenzó la lluvia. Ella se apresuró más, parecía que tenía miedo.

— Vamos, apúrate, que entonces estos van a pesar más —repitió medio asustada.

Una vez que llegamos a la casa se aseguró que todos los muchachos y yo estábamos bien, entonces se cambió la ropa mojada. Luego se tomó un café y prendió un cabo de cigarrillo que tenía en el bolsillo. Cuando vio que la lluvia y el viento aumentaban, comenzó a conjurar la *tribuná* como ella llamaba a los vientos fuertes con lluvia.

— En el nombre del Padre, del Hijo y del Espíritu Santo, yo te conjuro para que no le hagas daño a nadie y te vayas al mar.

Así siguió, por un rato, con una oración bien larga y haciendo cruces con las manos conjurando la lluvia y el viento. ¡Es una gran pena y una gran pérdida que no aprendimos algunas de esas oraciones que ella hacía!

— ¿Eso era una tormenta?

— No mija eso solamente fue una tribuná o una vaguada.

— Sí, ¿y cómo sabes cuándo viene una tormenta? —le insistí porque nunca había visto una tormenta.

— Pues eso lo anuncian por la radio y la televisión y casi siempre uno se prepara con tiempo —me dijo cogiéndome en su falda para explicarme.

— Pero, ¿tú tenías radio antes?

— Cuando lo de San Felipe y San Ciprián casi nadie tenía radio. Uno se enteraba por los *barruntos* de lluvia, o porque los *coquices* (coquíes) dejaban de cantar o porque los rabojuncos se salían del mar. Por eso dicen: "rabojunco en tierra, tormenta en el mar" y también "marinero en tierra, temporal seguro". Además, si los palos de yagrumo viran las hojas, o sea, que lo que se les ve es la parte más blancuzca, la parte de abajo de la hoja, eso quiere decir que viene tormenta. Por esas cosas se dejaba llevar la gente del campo, de la montaña o de la costa si no tenían otra manera de enterarse. Ya para la tormenta Santa Clara (en los años 50's), mucha gente tenía radio que prendíamos por medio de baterías de marca "Everedy" (Ever Ready) que eran tan grandes como el radio mismo. Con eso nos enterábamos sobre las tormentas. Si no teníamos radio, pues los vecinos unos a otros se avisaban —me explicó, como si fuera una maestra, con lujo de detalle.

—Abuela, ¿por qué le tienes tanto miedo a las tormentas? —le inquirí, tratando de averiguar el por qué de aquel miedo a las tormentas o huracanes.

— Válgame por Dios, ni me las menciones —dijo frunciendo el ceño y la boca—. Pues, todo comenzó con la tormenta San Felipe, yo tenía meses de nacida cuando azotó la tormenta. La casita donde vivía mi familia se nos cayó encima con los vientos y la lluvia. Los viejos míos tuvieron que agarrar a todos los muchachos y se fueron a amparar a una barraca que tenían cerca. Al acomodarse y contar cabezas se dieron cuenta que les faltaba la más chiquita, la de meses. Mi viejo que era tan bueno y tan santo salió corriendo debajo de una de las tormentas más terribles en la historia de la *ijla* (Isla) de Puerto Rico. Cuando el Viejo llegó, yo me estaba ahogando debajo de tablas, viento y lluvia. El me salvó de milagro. Creo que por eso desde muy pequeña le cogí terror a las tormentas y mucho amor a mi viejo.

— Hablando de las tormentas y mi viejo, recuerdo que para la tormenta de Santa Clara yo estaba para colmo, con un dolor en el *costao* que me daba en esa época, y con los primeros barruntos de tormenta mi viejo vino del barrio Hato Arriba de San Sebastián hasta el barrio Capá de Moca a rezar por mí, a hacerme unas *ventosas* y a darme unos guarapitos. Como él sabía de letra, también me leyó unas oraciones del evangelio espiritista y todo aquello me mejoró. El siempre me quiso mucho y aunque ya yo tenía unos cuatro o cinco hijos, él todavía velaba por mí. Entonces le dijo a Pedro: "Compai Pedro no se queden aquí, váyanse a la escuelita cerca de Yito Bosques, porque la tormenta que viene es peor que la de San Felipe. Escuche bien… no se oye ni un coquí y cuando los *coquices* no cantan es seguro que viene una tormenta". Ya era de noche, prendió un cigarro y se fue por el camino de piedras que conectaba con la carretera militar 125 de Capá y Hato Arriba. Aquel era un camino largo, de más de veinte leguas, y tenía que pasar por unas curvas peligrosas que llaman las curvas de Los Santos. Yo recé mucho para que no le fuera a caer un palo o un poste de la luz eléctrica encima o para que no le pasara nada por las curvas de Los Santos. Recé para que la *quebrá salá* no creciera, porque si crecía la corriente se podía llevar a mi viejo.

— Casi a media noche nosotros nos tuvimos que ir para la escuelita de Capá. Allí se acomodaron todos los pobres del barrio. De madrugada creíamos que los vientos se iban a llevar la escuela y a nosotros con ella. Allí pasamos aquella terrible tormenta. Al otro día, a eso de medio día, pudimos salir y desde una loma frente a la escuela pudimos ver los ríos crecidos y las casas en el piso, y todo aplanado. Los árboles estaban virados al revés, con las raíces hacia arriba. Pedro aprovechó para ir a ver la casita. Cuando regresó, me dijo que nos habíamos quedado sin casa, sólo quedaban los socos (estantes) y la mitad de algunos setos. Los pocos trastes que teníamos estaban todos mojados y muchos habían salido volando. La talita de viandas que teníamos se perdió, las gallinitas se las llevó el viento o quién sabe qué pasó. El caballito se volvió loco y tuvimos que matarlo. A Pepa, la cabrita, la habíamos dejado debajo de la casa y aunque no sufrió muchos daños, desde entonces no volvió a dar leche y algunos meses después la matamos para vender la carne y el cuero. Al palo de pana lo partió un rayo por la *mitá* y al palo de quenepas lo dejó pelao. Aquello fue terrible, y yo creo que ni los *majes* quedaron vivos. No sabíamos qué íbamos hacer —nos contó tristemente.

— Nos quedamos dos días en la escuelita mientras aparecía ayuda del gobierno municipal y de los Estados Unidos. El gobernador, Don Luis Muñoz Marín y el alcalde de Moca consiguieron ayuda y nos dieron cartón para forrar la casita. Era un cartón verde por fuera y negro por dentro. También nos dieron un vale de treinta pesos (dólares) para comprar algunas cositas de más necesidad.

— Como un mes más tarde Pedro y yo reconstruimos la casita, que no tenía nada más que cuatro setos de tablas de palma, forrados de cartón. Sólo tenía un cuartito de dormitorio, una salita que servía de cuarto y una cocinita con un fogón de piedra. Aquella fue una época mala y empeoró con la maldita tormenta de Santa Clara. Por eso le tengo tanto miedo a las tormentas, hija mía. Por eso cada vez que anuncian vientos o tormentas yo me pongo muy nerviosa y me cae una *canillera* en las piernas —comentó a la vez que se persignaba.

— Mira, las tormentas han existido en Puerto Rico por muchos cientos de años. Vi un programa en la televisión que decía que los indios nativos de aquí le llamaban a las tormentas huracán y hasta tenían un dios al que llamaban huracán. Pa' más decirte, las tormentas son tan destructoras que hasta le han sacado canciones que dicen lo terribles que son. Recuerdo una plena sobre los temporales que dice así:

Temporal

Temporal, temporal,
allá viene el temporal.
Temporal, temporal,
qué nos coge el temporal.
¿Qué será de Puerto Rico
cuando venga el temporal?

— Abuela, esa canción te la había escuchado antes y tienes razón. Las tormentas o los huracanes son muy peligrosos y ahora entiendo el por qué le tienes tanto miedo.

— Mi hija, yo le tengo miedo a cualquier ventolera, pues enseguida pienso que se puede convertir en tormenta tropical o en huracán —dijo persignándose varias veces.

Después de muchos años recuerdo aquella conversación con abuela y pienso que nosotros vimos lo que un huracán puede hacer y el miedo que se siente. Nosotros estuvimos expuestos al huracán Hugo, que hizo estragos en la parte noreste de Puerto Rico. Vimos una de las ráfagas de viento levantar nuestro carro y luego dejarlo caer. No tuvimos electricidad ni agua potable por varios días y una gran cantidad de árboles destruidos, aves muertas, ventanas, techos, postes y semáforos tirados por las calles. Además, las inundaciones destruyeron viviendas, vidas y la agricultura. Todos los servicios públicos y de enseñanza estuvieron también interrumpidos por largo tiempo.

Definitivamente abuela tenía razón. Las tormentas o huracanes son muy peligrosos y, como ella decía, uno tiene que tenerle respeto. Gracias a Dios que abuela no estaba en Puerto Rico cuando el huracán George devastó a la isla y también le llevó parte del techo a su casita.

Capítulo 6

La cocina de Abuela Fela

Todos en la familia sabíamos que la comida de abuela Fela era sabrosa. No sabemos el por qué, pero pienso que la razón de ello era que ella la hacía con amor. Su comida no era sofisticada, pero por alguna razón era especial. Cualquier cosa que ella cocinara le quedaba mejor que a ninguna otra persona de la familia. Ella decía: "El sofrito es el alma de la comida puertorriqueña." Fuera lo que fuera, nosotros disfrutábamos de sus platos. Por ello muchos de nosotros, sus hijos y nietos, buscamos la manera de aprender su secreto en la cocina.

Un verano cuando regresé a la isla y la visité en su casita de Voladoras, aproveché para aprender algunos de sus secretos culinarios.

— Abuela, ¿qué haces? —le solicité para que me enseñara.

— Siomi, unas habichuelitas para el almuerzo.

— ¿Te ayudo? —le insistí, ya con las manos en los ingredientes.

— Sí, ven, así puedes aprender para que luego le ayudes a tu mamá —me dijo, dejándome espacio en la mesa.

— Dime, ¿qué hago?

— Primero te *esplico (explico)*:

Habichuelas al estilo de Abuela Fela

— Yo lavo las habichuelas o los granos que voy a cocinar. Después de lavar las habichuelas las echo en un recipiente con agua. Le echo dos cucharadas de vinagre y un poquito de sal. Las dejo en esa agua por unas horas o de un día pa' otro. Antes de hervirlas las lavo nuevamente. Las hiervo con suficiente agua, y sal al gusto hasta que se ablanden. Esto puede tomar de una a dos horas, dependiendo del tipo de habichuelas o frijoles y si son frescas o viejas. De vez en cuando debes chequiarlas (chequearlas) para estar segura de que no vayan a quemarse. Si las hierves en una olla de presión se cuecen en media hora.

— Mientras se ablandan las habichuelas, vamos haciendo el sofrito, porque eso es lo que verdaderamente le da sabor, ya que el sofrito es el alma de la comida puertorriqueña. Si pruebas las comidas de otros países, no tienen sabor. La comida de los americanos no sabe a na' —dijo con una expresión en la cara que quería decir sin sabor.

Sofrito y habichuelas al estilo de Abuela Fela

"Cortas una cebolla entera o media cebolla en pedacitos y la vas echando y moliendo poco a poco en el pilón o en el "osterizer" (la licuadora). Le echas un poquito de sal y pelas unos cuantos dientes de ajo y los vas moliendo junto con la cebolla. También cortas y mueles estos pimientitos quenepos y un pimiento verde o rojo del país. Vas sacando un poco de lo que tienes en el pilón para que tengas espacio para las otras especias. Ahora mueles o partes en pedacitos pequeños este recaíto del monte, ¡mmm, qué rico huele! Si no tienes recao del monte (del patio) le puedes echar un mazito de cilantrillo o ambos si quieres darle más sabor. Una vez que tienes todos estos ingredientes molidos los echas a la sartén que debe tener un par de cucharones grandes de aceite con achiote. Una vez en la sartén le puedes añadir alcaparras, aceitunas, sazón y adobo Goya o cualquier otra cosita que le quieras poner como cantitos de jamón o tocino. Antes le poníamos pimienta y comino. En estos días ya no usamos el tocino ni comino como antes.

"Mueves el sofrito entre ratitos para que todas las especias queden *sofritas* (sofreídas). Cuando todos los ingredientes están *amartiguaos*, le puedes añadir desde tres cucharadas hasta medio pote de salsa de tomate (salsa Hunt's, Casera, Libby's, Goya o Del Monte). Mueves todo lo que tienes en la sartén por un par de minutos más, apagas la estufa y le echas todo el sofrito a la olla de habichuelas. Tapas la olla de las habichuelas, le subes el fuego y cuando comienzan a hervir bajas el fuego y las dejas cocinar por media hora más o hasta que se espesen y cojan el sabor del sofrito. Le puedes añadir pedacitos de jamón, de papas, de calabaza o de pana antes de ponerle el sofrito para que se ablanden bien y le den el espesor necesario. Con esto ya tienes tus habichuelas guisaditas. A los gandules le puedes echar bollitas de guineo o marota."

— Oye, abuela ¿por qué yo no lloré cuando estaba moliendo la cebolla? En casa siempre lloramos cuando cortamos o molemos cebolla.

— Ah, eso es un secreto, Shoma. Es que yo le pongo un poquito de sal para cortarle el *sumo* que hace que uno llore. Y ese es el secreto. Pero recuerda ese es nuestro secreto y de nadie más —me dijo abuela en voz baja como para que yo creyera que era un verdadero secreto.

— Está bien, güela, no se lo diré a nadie, solamente tú y yo lo sabemos —le aseguré.

— Sí, mi negrita fea, solamente tú y yo lo sabemos —me dijo guiñando un ojo lo que me hizo reír.

— Las habichuelas que hice hoy son marca diablo porque son las más blanditas y le puse unos cantitos de papa para que le dé más sabor y espesor.

— ¡Mmm, qué rico huelen! ¿Puedo probarlas?

— Sí, te voy a echar un poquito aquí en este platito con pan sobao y verás que es lo mejor que se come.

— ¿No tienes pegao?

— No, todavía no se ha terminado de cocinar el arroz. Shomita, parece que te gusta el pegao —insinuó.

— Sí, me encanta especialmente si está bien tostadito —le respondí.

— Seguramente que cuando te cases va a llover.

— ¿Cómo lo sabes? —le insistí.

— Dicen por ahí que cuando a uno le gusta el pegao le va a llover cuando se case.

— Me lo recuerdas cuando me case, porque me encanta el pegao. A Jessika también le gusta mucho el pegao con habichuelas —le comenté.

— A tu mamá le gustaba el pegao con leche —me dijo.

— Sé que le gusta pero nunca la he visto comiendo pegao con leche.

— Quizás porque eso engorda y ella hace años que cuida su dieta —dijo presumiendo saber los secretos de mami.

— Abuela, yo sólo sé que no hay nada mejor que tus habichuelas. Yo no como habichuelas en casa de nadie, ni en mi casa —le aseveré.

— ¿Cómo es posible Shomita?

— Porque no saben igual a las tuyas. Abuelita, las tuyas son las mejores del mundo.

— Hija es que en el sofrito está el secreto. De ahora en adelante tú las puedes hacer después de la demostración que te hice.

— Sí, ya aprendí a hacerlas y ahora puedo ayudarle a mami a cocinarlas.

— Sabes, tu mamá, Socorrito, cocina desde que tenía cuatro añitos.

— ¿De veras abuela?

— Sí, así como lo oyes, y cocina muy bueno. También tu tía Tony cocina muy rico.

— Shomita, mañana voy a hacer garbanzos con mondongo. Te va a gustar y pasao mañana tengo unas habichuelitas blancas las que voy a hacer con calabaza o pana —me dijo mientras las saboreaba anticipando aquel manjar.

— Abuela, a mí me gusta la pana frita y la pana hervida con un bacalao guisadito. ¡Yami!

— Pues yo la hago de muchas maneras. También le pongo pana a las sopas y a las habichuelas blancas.

— ¿Cuándo vas a hacer gandules con bollitas? Esos sí me gustan y más si tienen bollitas de guineo, porque saben a pasteles boricuas.

— *Calma, piojo, que el peine llega*, un día de éstos te preparo un poco de gandul, pues a mí también me encanta. Lo que no te he preparado es un buen sancocho con carnecita de res y muchas vianditas adentro.

— ¡Yami! Hace tiempo que no como salcocho. Me gusta para la cena, especialmente si ha llovido y se ha refrescado la tarde.

— Pues uno de estos días preparo uno y le pongo bollitas de guineo, calabaza, yautía, ñame, papas, carnecita bien blandita y todas las burundangas que encuentre —me prometió.

— ¡Mmm, qué rico! Pero recuerda… no puede faltar un *pancito* caliente de la tienda de don Mingo o un aguacatito —le recordé.

— Bueno, nena, ya dejemos de hablar, que se me pasa la novela.

— Ya sé, la que vimos anoche. ¿Cómo es que se llama la telenovela? —le inquirí.

— Se llama Topacio —me dijo, a la vez que prendía el televisor.

— Oye, no te puedes perder un capítulo… —le comenté.

— No, mi amor, porque esta noche está bien buena —dijo, regocijándose.

Abuela vivía las novelas y peleaba con los protagonistas que hacían el papel de malos. También sufría por los actores que sufrían en las novelas. De las películas, las que más le gustaban eran las mejicanas. Y, nosotros las veíamos con ella.

— Abuela, ¿cuándo hacemos pasteles? —le pregunté unos días más tarde.

— El sábado el compai va a matar un lechón —me dijo— y le voy a decir que me deje un par de libras de carne para hacer unos pastelitos para que le lleves dos o tres a Socorrito, a Jessika y a *Almando*. A ese gringo, ¡cómo le gusta la comida puertorriqueña! —dijo con cariño.

— Sí, a *daddy* le gusta mucho y a Jessika también. Cuando vivíamos allá en Tintillo Gardens, Jessika se levantaba a las seis de la mañana a calentar arroz con habichuelas y pasteles. Ese era su desayuno antes de ir pa' la escuela "Antilles High School" en Fort Buchanan.

— ¡Ave María purísima!, esa sí que es boricua. ¡Así me gusta la gente! —dijo con alborozo.

— Abuela, a mí me gusta el mofongo con carne frita —le expresé.

— Siomi, te diré que casi nunca he preparado mofongo. No sé por qué, pero no lo hago. Aunque la carne frita la hago a cada rato y los tostones también.

— Abuela, yo te digo que a Jami y a Cherif, que son *americanas*, les encanta el mofongo con carne frita.

— Nena, a quién no le gusta el mofongo, especialmente el mofongo relleno con camarones o con langosta y más aún acompañado de un *asopao*. ¡Mmm, qué rico! —dijo, saboreando en seco.

— Sabes, una cosa que no me gusta es el hígado —le dije, con expresión de repelillo.

— Nena, la asadura es muy alimenticia. Eso sí, tienes que examinarla muy bien porque algunas veces tiene parásitos.

— ¡Qué asco! Abuela, no hables de eso —le pedí.

— Lo cierto es que la gandinga que se compra por ahí uno tiene que examinarla muy bien, porque, como te dije, puede tener parásitos.

De esa manera seguimos hablando de distintos platos muy únicos de Puerto Rico. Entonces me prometió que el próximo sábado íbamos a hacer pasteles. Y finalmente cuando llegó el sábado me dijo:

— Hoy vamos a hacer los pasteles.

— ¿Te ayudo con los pasteles?

— Shomita, tú siempre tienes ganas de trabajar, como tu madre, que si no hay trabajo lo inventa.

—Ah, güela, también como tú, que nunca estás quieta. Yo nunca te veo sentada tomándote tu café. Te lo tomas parada y pensando qué es lo próximo que tienes que hacer.

— Hija, la vida me enseñó así, pues cuando trabajo para algunos patronos tengo que ser rápida, y, además, los nervios me tienen de esta manera.

— ¿Abuela, padeces de los nervios?

— Pues sí hija, yo padezco de los nervios. La vida me ha dado muchos cantazos y eso me ha puesto mal de los nervios.

— ¡Tú has sufrido mucho! ¿Por qué no vienes a vivir con nosotros? De esa manera no sufres más —le sugerí.

— Negrita, aquí tengo mi propia casita, mi viejita, mis otros hijos y nietos. Además no hay nada como la casita de uno y esta tierra —dijo con mucho sentimiento.

— ¿Qué tierra?

— ¡Pues, la de Puerto Rico! —contestó.

Allí vivía apegada a una tierra en la que había pasado momentos amargos pero de la que no podía despegarse. Así somos los puertorriqueños, que aunque la pasemos mal no nos queremos despegar de la tierra, y si estamos lejos de ella, siempre soñamos con volver algún día, aunque sea para que nos entierren en ella. Prendió un cigarrillo y comenzó a cantar: *"A mí me pasa lo mismo que a usted, me siento sola lo mismo que usted. Paso las horas llorando lo mismo que usted."*

— ¡*Epria*, abuela, cantas muy bien!

— Esa canción es vieja y me gusta mucho. Creo que se la cantaron a tu mamá en una serenata que le trajeron y el cieguito de Lares la canta.

— ¿Te refieres a José Feliciano?

— Sí, a ese mismo —afirmó.

— Sabes, abuela, yo lo conocí personalmente en la casa de su mamá, en San Sebastián.

— Siomi, no me digas, ¿de veras? —dijo queriendo saber más.

— Sí, y a él le gusta hacer chistes —le revelé.

— Negrita, conociste a uno de los mejores cantantes de Puerto Rico —dijo con orgullo—. Ese sí que se hizo a la fuerza, porque mira que siendo ciego ha conquistado el mundo con su música y cantando. ¡Bendito sea Dios, y todavía nos quejamos! Tanto vago que tenemos en este país y tienen todas sus facultades, y sin embargo ese muchacho ciego se hizo a la fuerza un hombre famoso y estos *ejñemaos* de aquí ¿qué hacen? No sirven pa' na'. Yo admiro a todos esos que hacen algo en la vida a pesar de los contratiempos que ella le dé.

— Shomita, yo creo que tú también vas a ser algo importante en la vida. Tú eres muy laboriosa, organizada y mandona, que hasta a mí me mandas. De todas maneras me gusta estar contigo, y creo que vas a llegar a mucho. Pero recuerda que siempre debes seguir los buenos consejos que te dan tus padres para que triunfes en la vida y seas un ser de bien —me aconsejó.

— Abuela perdona si parece que te mando, ya me conoces. Gracias, por alabarme, no es para tanto.

— Sí, es la *verd*á. *Tú* te pareces a tu madre, que *pega* a cualquier cosa y trabaja sin parar. Mira, ahora mismo ella tiene tres trabajos y se la pasa brincando de un lugar a otro. Yo estoy segura que ella triunfará, como todas esas personas que por su esfuerzo han triunfado. Coge el ejemplo de ella, negrita mía —me exhortó.

— Eso es verdad, abuela, así es mami —le aseveré—, pero tú también eres así.

— A que no adivinas a qué otro artista conocí —le comenté.

— ¿A quién, mija?

— A Sophy Hernández. Ella vivía por allá por la Urbanización Caney en Trujillo Alto, donde nosotros vivíamos cuando yo era más pequeña.

— ¡Chispas!, hija. Esa es pepiniana y estuvo en la escuela con tu mamá. Y también ha pasado por muchos problemas en la vida y ¡mira cómo canta y cuánto ha triunfado! —dijo, muy orgullosa de Sophy—. Esa es otro ejemplo. Como puedes ver, del vago nunca se dice nada.

Apagó el cabo de cigarrillo y dijo:

— Sé muchas canciones que cantan José Feliciano y Sophy Hernández, los dos me fascinan.

Así nos enredábamos las dos, y de una conversación saltábamos a la otra. Yo lo pasaba muy bien con abuelita y aprendí mucho de ella.

— Ya llegó el momento, y ahora sí que te voy a enseñar a hacer pasteles.

— ¡Qué bueno, eso me gusta! —le dije con entusiasmo, porque quería aprender a hacer pasteles de guineos verdes.

Pasteles de masa de guineo (banano verde)

"Para hacer la masa del pastel puertorriqueño, escoges dos o tres gajos de guineos de los más verdes, los mondas y los metes en agua con sal para que la mancha se le vaya un poco y para que no se pongan prietos. Una vez que los hayas mondado, vas sacando los guineos uno a uno del agua y los vas guayando. Le puedes añadir un par de yautías guayadas o yuca para suavizar la masa. Una vez que tienes la masa de la yautía o la yuca y la masa de guineo, le pones tres o cuatro cucharadas grandes de aceite con achiote y un poco de adobo o sal al gusto. La amasas, o sea, lo mezclas todo. Con las manos mueves la masa en todas direcciones.

Por otro lado tienes de dos a tres libras de carne cocinándose, a la que, como ya tú sabes, se le hace un sofrito bien sabroso para terminar de cocinarla. A la carne le puedes añadir pedacitos de papas cortaditos bien pequeñitos y también garbanzos y aceitunas.

Algunas personas le añaden huevos a los pasteles. Yo no le pongo huevos a los que tienen carne; o sea, que solamente le pongo huevos a los que le hago a tu mamá, porque ella es vegetariana. A ella le hago unos pastelitos con huevos, pasas, papas, garbanzos y algunos vegetales o se los hago guanimos."

— ¿Y qué es eso de guanimos, abuela?

— Esos son los pasteles ciegos, que no tienen carne, son de masa solamente —me explicó, y siguió con sus instrucciones:

— De cada hoja de plátano o guineo puedes sacar tres o cuatro pedazos de hoja. Una vez que ya tienes la masa, la carne y las hojas de plátano o guineo *amartiguadas,* comienzas a hacer los pasteles.

— ¿Qué es eso de *amartiguar?*

— Eso es pasarlas por el fuego rápidamente y de esa manera quedan como mongas o flexibles. Así, fíjate… —dijo demostrándome.

— Para comenzar a hacer el pastel, usas dos pedazos de hojas, las pones una encima de la otra para envolver cada pastel. A la hoja que está arriba le pones un poquito de aceite con achiote y lo esparces por el centro de la hoja. Luego pones un poco de la masa encima de esa hoja que tiene el aceite con achiote. Estiras la masa un poco, y escurres un poco de la carne y se la pones encima de la masa. En ese momento le puedes poner encima de la carne algunos pedacitos de pimientos morrones, algunas pasas y, si quieres, algunos pedacitos de huevo hervido o garbanzos.

— Luego comienzas a enrollar la masa con la misma hoja. Doblas la masa hacia la otra punta tratando de cubrir la carne como si fuera un pastelillo de trigo, una empanada o un tamal mejicano. Una vez cubierta la carne con la masa, entonces enrollas los dos pedazos de hojas para que quede envuelta la masa. Doblas las puntas o extremos de las hojas como cuando envuelves un regalo. Haces dos pasteles y entonces los amarras juntos con cabuya o con hollejos de la planta de plátano o guineo. Una vez amarrados los pasteles, los puedes hervir.

— A ver ahora, practica tú con uno pequeñito —me dijo, dándome todos los ingredientes para que yo practicara.

Yo practiqué y el primero no me salió tan bien, pero los demás me quedaron muy lindos. Al rato de haber terminado le dije:

— Abuela, hicimos mucho trabajo hoy y yo estoy cansada, pero quiero probar un pastel antes de acostarme.

— Ya mismo, comelona —me dijo abuela, sonriendo.

Mientras hacíamos los pasteles, ambas habíamos probado de la carne y habíamos picado de lo que había en la casa.

— Te voy a hervir éstos que son chiquitos. Se tarda de media hora a cuarenta y cinco minutos en cocinarlos. Si pones muchos a la vez se puede tardar una hora —me dijo, explicándome cada detalle.

— ¿Todavía tienes que hervirlos? —le pregunté ansiosa por probarlos.

— Claro, Shoma, recuerda que la masa de guineo no está cocinada, solamente la carne.

— Ok. ¿Qué le pones al agua?

— Solamente *sal a ojo,* para que queden sabrositos. ¡Mmmm, no hay nada mejor que un pastelito acabadito de hacer!

— Güela, la verdad es que esto da mucho trabajo, pero vale la pena porque son sabrosos y mucho más con arroz con gandules. ¿Le puedo poner kétchup?

— No, mija, porque entonces los dañas, le quitas el sabor jíbaro, el sabor a hoja —me dijo, muy ceremoniosa.

— Cuando celebre mi cumpleaños voy a pedirte que me hagas pasteles.

— ¿Cuándo es tu cumpleaños, hija?

— El mismo día que el tuyo, el primero de julio.

— Ah, somos cancerianas, por eso nos parecemos en algunas cosas —me aclaró, como que sabía mucho de los signos zodiacales, pero era que veía los programas de Walter Mercado y había aprendido con él sobre el horóscopo y del signo de Cáncer.

— Abuela, *vela,* que cuando yo regrese a New Mexico, voy a hacer pasteles con Jessika, Rosita y mami —le prometí.

— Pienso que Rosita debe saber hacerlos, pues su mamá, Tony, hace unos pasteles riquísimos y unas alcapurrias sabrosas como para lamberse (lamerse) los dedos. Mi pobre hija se la pasaba vendiendo pasteles y alcapurrias por los parques de Nueva *Yor,* con eso hacía unos chavitos extra, porque lo que ganaba su esposo no le alcanzaba para pagar el apartamento y criar los nenes. Y pensar que sus hermanos, por parte de padre, nunca pasaron *vercisitudes* (vicisitudes) como ella.

— ¿De quién hablas, abuela? —le pregunté porque no sabía de quienes hablaba.

— De los hermanos de tu tía, de los que no tengo nada en contra, pero lo tuvieron todo y a tu tía yo no le pude dar todo lo que sus hermanos tuvieron. Yo era sola y su padre nunca le dio nada, ni para sus alimentos —dijo con tristeza.

— Güela, no te pongas triste, tú le has dado mucho amor a titi y eso es lo que importa —le dije para consolarla, pero sin entender aquel rollo.

— Eso es *verdá*, y por eso Tony es una hija y un ser humano tan amoroso, pues siempre anda preocupada por los demás. ¡Tiene un corazón de oro! —expresó con amor.

— Eso es porque aprendió contigo lo que es el verdadero amor —le dije con sinceridad.

— Siempre la he querido con pena a mi muchachita... —dijo con aflicción.

Así era abuela, siempre hablaba de sus hijos como si fueran niños. Algunos días después le pregunté:

— Abue, por qué haces café en colador si tienes una cafetera eléctrica que mami te regaló.

— Shomita, es que el café sabe mucho mejor si se cuela en el colador, especialmente si la tela del colador ya está curá.

— ¿Qué quieres decir con eso?

— Qué preguntona eres, muchachita —me dijo sin perder la paciencia.

— Es que quiero aprender.

— Bueno, *curá* quiere decir que ya el colador se ha usado mucho y la tela se ve bastante prietita, o sea que se le ha dado bastante uso.

— ¿Por eso sabe mejor que en una cafetera eléctrica?

— Claro que sí.

— Por eso no hay mejor café que el tuyo —le manifesté.

— ¿Tú crees, mi negrita linda?

— Sí, güela, tu café es lo mejor que hay —le aseguré.

— Eso mismo dicen los que me compran mis saquitos de café, pero yo creo que es que la tierra de esta parcela es buena para cosechar café —me dijo, muy satisfecha de que su tierra producía buen café.

— ¿A quién le vendes café?

— Le vendo café a los Sanders de Aguadilla y a unos cuantos vecinos —dijo, muy contenta de lo que hacía, de su pequeña empresa.

— Antes, cuando yo tostaba mi café le añadía hidionda o garbanzo. Con eso lo rendía, pero ya por aquí no consigo la hidionda porque con tanta construcción se ha acabado. Por lo menos ahora no tengo que rendir el café tanto. De todas maneras, cuando le añadía hidionda o garbanzos, mi café también sabía rico. No hay nada como un cafecito acabado de tostar y colar y con una lechecita de vaca o de cabra acabada de ordeñar es mucho más sabroso —dijo, saboreando su taza de café.

— ¡Yami! Quizás por eso tu café sabe tan delicioso. Abuela, cuando yo sea grande puedo comprar un terreno grande y podemos sembrar café y hacemos tremendo negocio.

— Hija, ¿dónde estaré yo cuando tú seas grande? —me dijo, quizás pensando que iba a durar poco.

— Ya pronto, quizás en unos diez años podemos tener nuestro negocio. Ya tú verás que lo podremos hacer —le dije, con mucha seguridad.

— Dios te oiga, mi negrita —me dijo pasándome la mano por la cabeza.

— Oye Shoma, cuando regreses a New Mexico, quiero que me le lleves unas vianditas a Socorrito. Quiero enseñarte a hacer una vianda con bacalao, o como le llaman en las *fondas*, "una serenata". De esa manera tú puedes ayudarle a tu madre a hacer una viandita con bacalao, y por el lado le pones unos pedacitos de aguacate y una ensaladita. Pero aún es mejor el bacalao con berenjena.

— Sí, abuela, yo quiero que me enseñes, pero lo que no me atrevo hacer son los tostones, porque creo que me quemo al freírlos.

— Muchachita, es que tienes que freírlos en una olla de hierro bien profunda, y de esa manera no te quemas.

— Ya entiendo, creo que es una buena manera de freírlos. Contigo yo aprendo mucho. Yo me quiero quedar aquí contigo.

— Mi negrita fea, yo quisiera que te quedaras conmigo y me acompañaras, ya que yo estoy sola, pero tu madre te quiere mucho y, además, allá está tu escuela, tu padre *Almando* y tu hermana Jessika que te quieren mucho. Si te quedas aquí, ¿con quién vas a pelear?

— Abuelita, no me molestes…, yo peleo con Jessie, pero nos contentamos al ratito.

— Eso es bueno pero no deben pelear —me dijo, como reprendiéndome.

— Ok, abue, te prometo que no pelearé con mi hermana ni la volveré a aruñar. Ahora quisiera comerme un cantito del dulce de coco del que hiciste ayer.

— Mija, cómete lo último que queda, porque ya vinieron los otros muchachos y acabaron con todo el dulce que hice. Aquí te guardé este cantito, que no es mucho, pero también me quedan unos marrallos de los que compramos el otro día en la tienda y con eso completas.

— ¡Qué buenos, abuela!, ¡mmm, qué ricos! —Saboree aquellos dulces porque no los comía nada más que cuando iba a la isla.

—Abuelita querida, mañana o un día de éstos me enseñas a sembrar el cilantrillo, porque quiero sembrar en mi casa para tenerlo fresquecito. En New Mexico nosotros tenemos un palo de melocotones y uno de manzana. Jessika y yo le echamos agua y abono.

— Mi amor, para sembrar tenemos que esperar que la luna esté en cuarto menguante o en cuarto creciente para que lo que siembres te produzca o te de una buena cosecha. De todas maneras, uno de estos días te enseño. La *verdá* es que te pareces a tu madre, a ella también le gusta sembrar. Ahora vamos a ver la novela de Topacio.

— Sí, creo que mami aprendió de ti —le dije, asegurándole que mami también tenía buena mano (a green thumb) y que aprendió de ella.

Lo menos que se imaginaba mi abuelita querida es que yo también aprendí muy bien lo que me enseñó, porque hoy, en mi patio en North Carolina, tengo un huerto con cilantrillo, tomates, pimientos, pepinillos, calabacines, berenjena, habichuelas, habas, orégano y hasta menta. Además, tengo mi jardín con rosas, orquídeas y muchas otras flores y plantas. Las matas de gandules no se me han dado por el frío que hace en North Carolina, pero no pierdo las esperanzas de poder sembrar de esos gandules que llaman *to' el tiempo*, o sea que se dan todo el año. Abuela decía que tengo buena mano para sembrar, pero creo que ella me da la mano desde el cielo. A veces pienso que la veo entre los pajaritos que abrigo en mi patio.

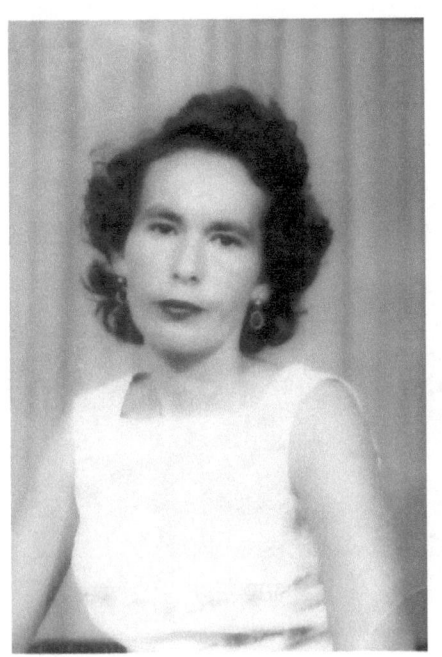

Mayo 1962, San Sebastián, PR

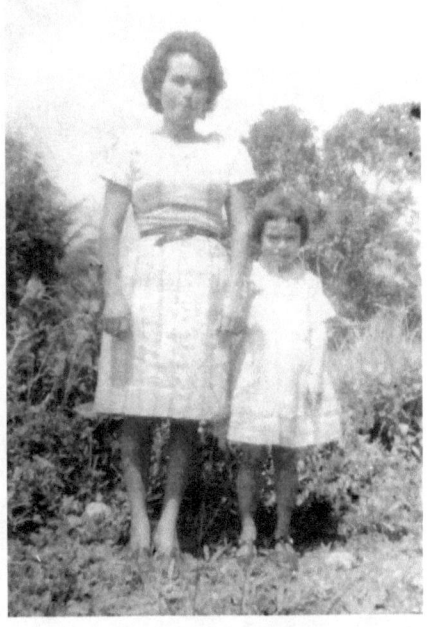

1964 Sal Sipuedes,
San Sebastián, PR

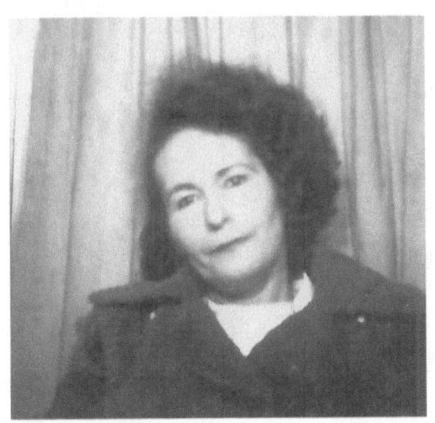

1970 New York

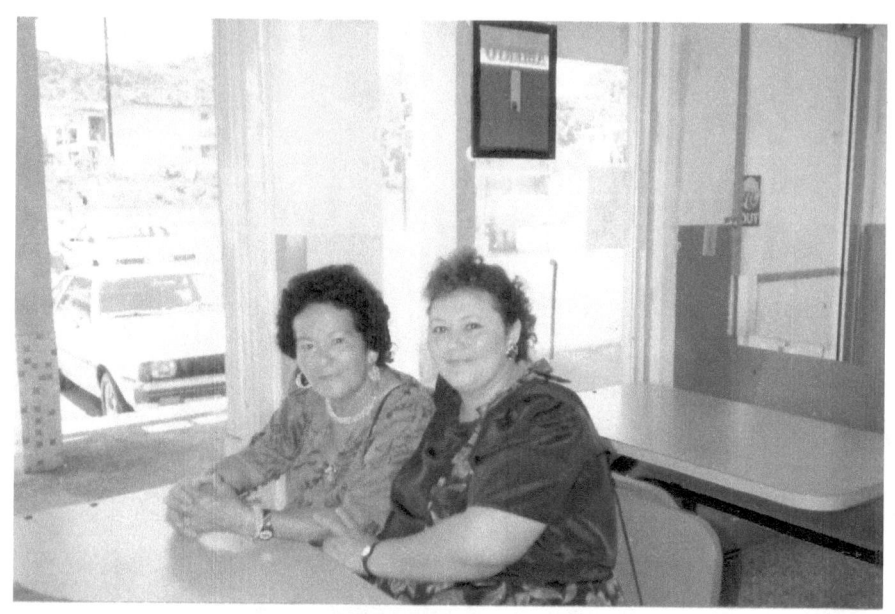

1989 Abuela Fela con Nancy (hija menor), en
restaurante, San Sebastián, PR

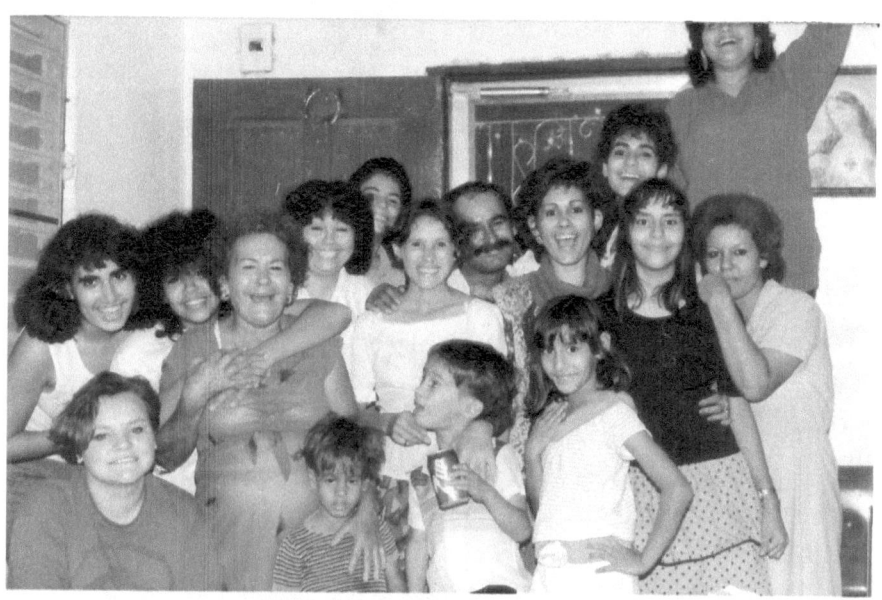

1984 en la casa de Abuela Fela

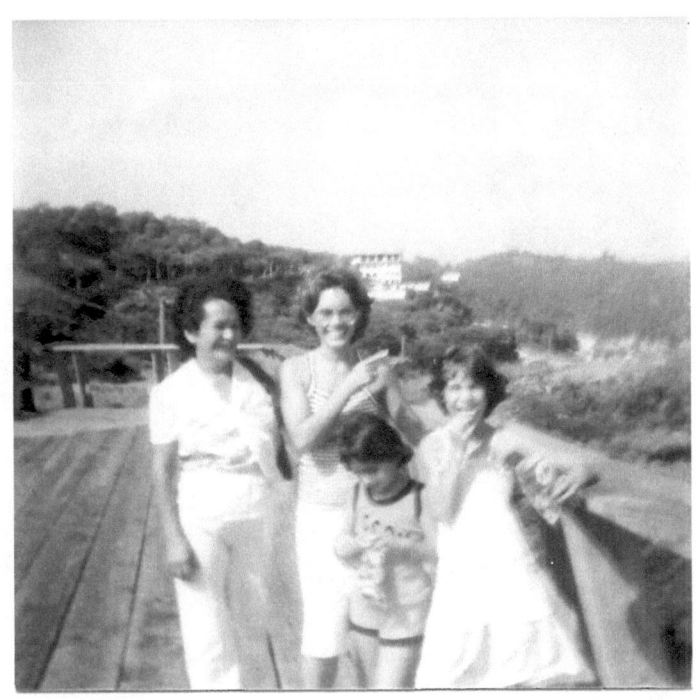

1986 Abuela con Socorro, Xiomara y Jessika
en el mirador de Quebradillas, PR

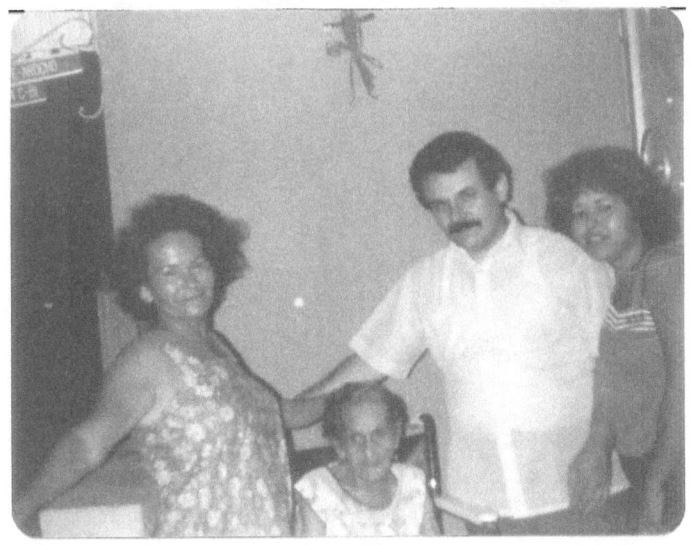

1980 Abuela con mamá Regalada Arocho,
hermano Bienvenido e hija María (Tony)

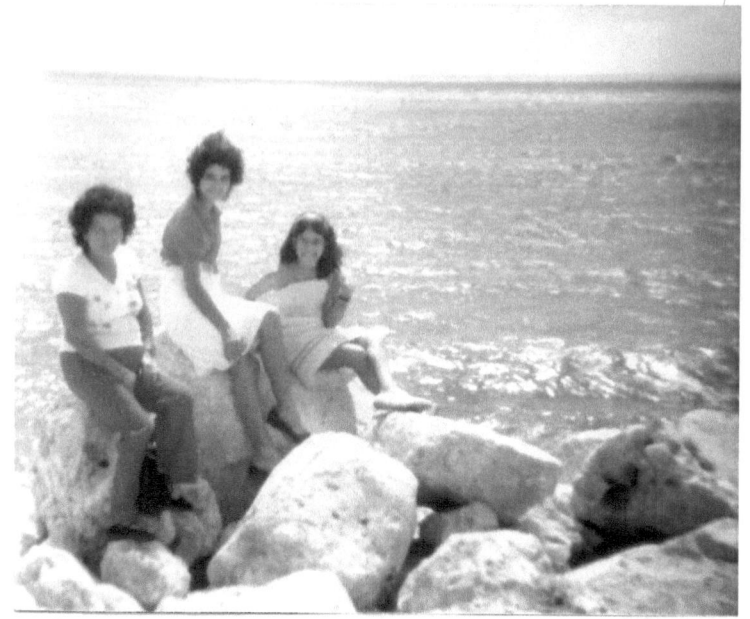

1983 Abuela Fela con nietas Rose y Marilyn en Aguadilla, PR

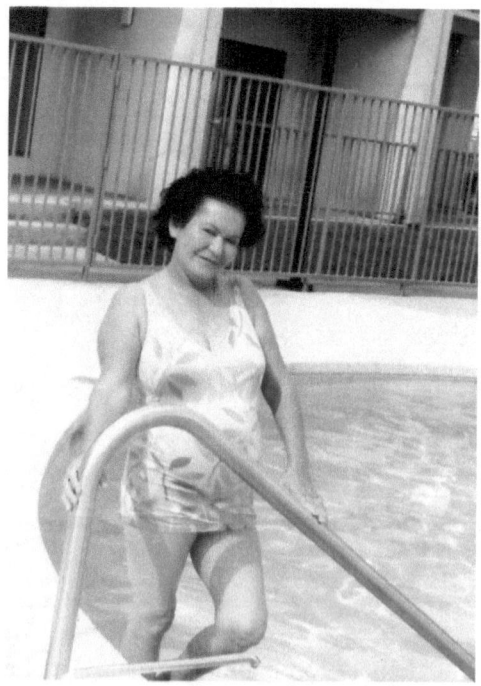

1989 Abuela en un hotel en Arizona

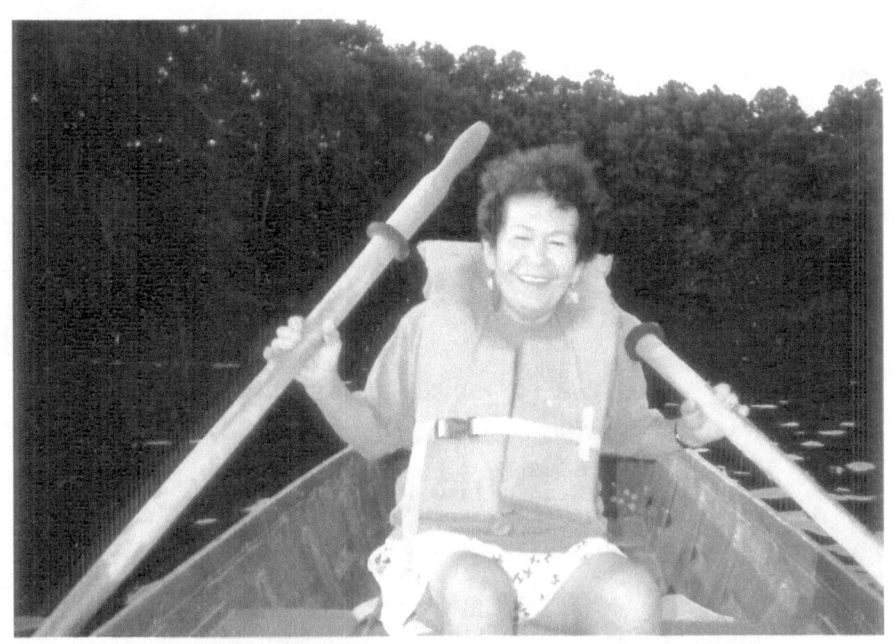

1992 Abuela en Burke Lake, Fairfax, VA

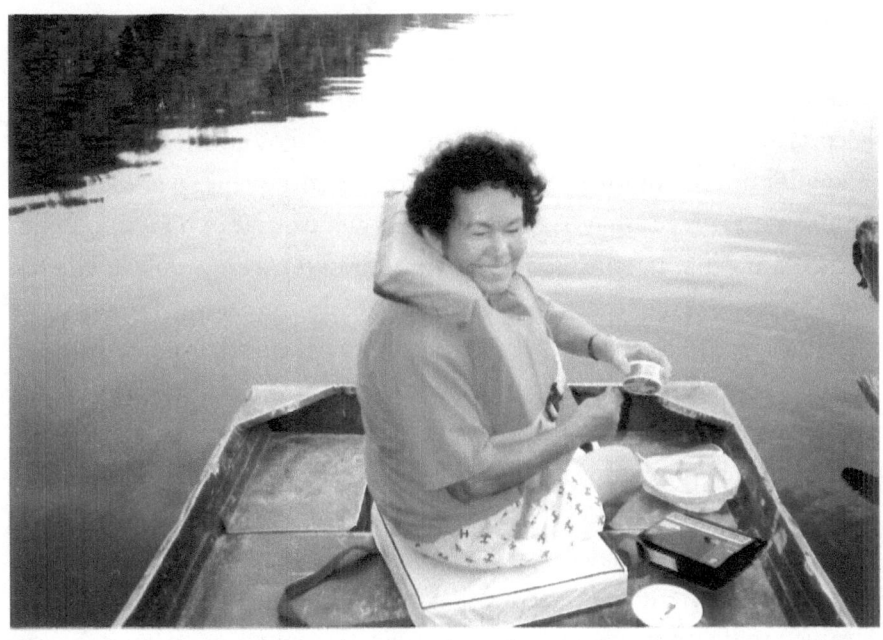

1992 Abuela en Burke Lake, Fairfax, VA

Capítulo 7

Las costumbres y tradiciones de abuela

Un día estábamos varios de los nietos juntos (Rosita, Edwin, Marilyn, Tata, Moly, Gustavo, Jackie, Javi, Nilsa, Xiomi y yo) le pedimos a abuela que nos hablara de las costumbres de ella y su familia allá en el campo de los Barrios Capá, Voladoras, Saltos y Hato Arriba. Se puso a pensar e hizo algunas caras que nos hicieron reír.

— Nenes, ustedes son unos averiguaos pero...

Después de pensar un rato, comenzó su relato:

"En *Navidá* nosotros cumplíamos con la promesa de llevar por el vecindario una parranda dedicada a los reyes magos. Además, hacíamos otras parrandas. La parranda a los reyes era una promesa que la vieja mía le había hecho a los tres reyes magos, y mucha gente en Puerto Rico también le hacía promesas a los reyes magos con tal de que ellos le ayudaran con algún problema. No recuerdo por qué ella le hizo esa promesa a los reyes magos. Quizás para que le curaran a alguno de los hijos o para que la curaran a ella, ya que tuvo muchas enfermedades. Por lo menos la teníamos viva, pues su gemelo murió muy pequeño.

"La promesa consistía en hacer una parranda, pero primero vestíamos de reyes a tres muchachos de la familia o algún ahijado. Cada uno representaba a un rey mago, (Gaspar, Melchor y Baltasar). A cada uno le poníamos una corona de cartulina pintada de color oro. Las sotanas eran de colores vivos, pues una sotana era verde, las otras roja y azul. Mama Galo cargaba en las manos con tres reyes tallados en madera montados en caballos. Eran muy lindos. Recuerdo que yo también tenía unos reyes tallados en madera, montados en sus caballos. Un día un sinvergüenza que pasó por aquí diciendo que él arreglaba santos se los llevó para pintármelos de nuevo, y hasta el sol de hoy nunca aparecieron. Se los robó y sabe Dios por cuánto los vendió más adelante. En aquel tiempo yo era muy pendeja, pero ahora no me fío de nadie."

Todos nos reímos a carcajadas con las cosas que le pasaban a abuela y las palabrotas que soltaba. Ella por su parte ponía cara de enojo consigo misma.

"Continuando con lo que les estaba contando sobre la parranda a los Reyes, los viejos míos, Bonifacio (Facio) Malavé y Regalada (Galo) Arocho, contrataban un grupo de músicos que llevaban guitarras, cuatro, güiro, maracas, palitos, guayos y todos aquellos instrumentos que pudieran producir música. Salíamos temprano en la mañana por las casas de los barrios vecinos a cantar los aguinaldos ya conocidos y otros que se improvisaban en el momento. En las casas nos daban dinero por llevarle la parranda y en algunos sitios nos daban hasta comida o golosinas de *navidá*. Otros nos daban algún traguito de vino, de ron Palo Viejo o de *pitorro*. Se terminaba la parranda con mucha alegría, pero íbamos cansados porque se caminaba todo el día. Algunos un poco *ajumaos* y otros hasta enamoraos. También a veces *enchumbaos* con los nortes de los gandules y otras veces con mucho calor debido al sol candente del trópico."

— Algunos versos y estrofas de villancicos, de aguinaldos y canciones navideñas eran como las que siguen:

Aquí están los Reyes
de Lares, Utuado y San Sebastián.
Vienen a pedirle les den su aguinaldo.

— En los aguinaldos el coro repetía los primeros versos o la primera estrofa después de que el versador cantaba. El versador volvía a cantar y añadía algunos versos, terminaba la estrofa con los versos originales y el coro seguía repitiendo los versos con los que habían comenzado. En la última estrofa o despedida el versador y el coro repetían el verso original a manera de estribillo. También hay variedad en la manera de componer o improvisar los aguinaldos. Eso era parte de la tradición.

También en los aguinaldos usaban lo que llaman el pie *forzao* según yo tengo *entendío*.

Le canto a los Reyes

Le canto a los reyes, le canto a los reyes,
le canto a los reyes con el corazón,
porque son los santos de mi devoción.
Son los que me dan siempre gran inspiración.

Le canto a los reyes, le canto a los reyes,
le canto a los reyes con el corazón,
porque son los santos de mi devoción.
Son los que me dan siempre gran inspiración.

Los tres Santos Reyes

Los tres Santos Reyes, los tres y los tres.
Los tres Santos Reyes, los tres y los tres.
Los saludaremos con divina fe.
Los saludaremos con divina fe.

Los tres Santos Reyes yo los sé contar.
Los tres Santos Reyes yo los sé contar.
Gaspar y Melchor y el Rey Baltasar.
Gaspar y Melchor y el Rey Baltasar.

Llegaron con cautela, la estrella los guía.
Llegaron con cautela, la estrella los guía.
Se sienten los pasos en la noche fría.
Se sienten los pasos en la noche fría.

Señores adiós…doy la despedida
al corazón Santo, dulce de María.
Señores adiós ya yo me despido.
Los tres Santos Reyes, los tres y los tres.

Señores adiós porque ya nos vamos.
Señores adiós porque ya nos vamos.
Todos los presentes pasen un feliz año.
Todos los presentes pasen un feliz año.

Los Reyes de Oriente (De tierras Lejanas)

Los Reyes que llegaron a Belén,
anunciaron la llegada del Mesías.
Nosotros con alegría,
lo anunciamos hoy también.

De tierras lejanas venimos a verte.
Nos sirve de guía la estrella de Oriente.
¡Oh brillante estrella que anuncia la aurora,
no nos falte nunca tu luz bienhechora!

Al recién nacido que es Rey de Reyes
oro le regalo para ornar sus sienes.
Gloria en las alturas al Hijo de Dios,
gloria en las alturas y en la tierra amor...

Se repite

Cantares de Navidad (Traigo un Ramillete)

Navidad que vuelve,
tradición del año.
Unos van alegres
y otros van llorando. (repetir)

Hay quien tiene todo, todo lo que quiere
y sus navidades siempre son alegres.
Hay otros muy pobres que no tienen nada.
Son los que prefieren que nunca llegaran.

Navidad que vuelve,
tradición del año.
Unos van alegres
otros van llorando.

Navidad que vuelve,
vuelve la parranda.
En fiestas de reyes
todo el mundo canta.

Traigo un ramillete, traigo un ramillete,
de un lindo rosal.
Un año que viene y otro que se va.
Un año que viene y otro que se va.

Dime que me quieres,
dime que me quieres,
que me adoras más.
Un año que viene
y otro que se va.
Un año que viene
y otro que se va.

Traigo un ramillete, traigo un ramillete,
de un lindo rosal.
Un año que viene y otro que se va.
Un año que viene y otro que se va.

Vengo del olivo, vengo del olivo
voy pa'l olivar.

Un año que viene y otro que se va.
Un año que viene y otro que se va...

Aguinaldo de las flores (Hermoso Bouquet)

Hermoso bouquet
aquí te traemos
bellísimas flores
del jardín riqueño.

De todas las flores
yo te traigo un ramo,
recíbelo bien
que éste es tu aguinaldo.

Traigo lirios blancos
también azucenas,
las damas de noche
flor de yerba buena.

Entre tantas flores
hoy nos despedimos
como se despiden
el nardo y el lirio.

"Así eran las parrandas y estos son algunos de los cientos de aguinaldos o canciones navideñas que se conocían, y todos los años aparecen nuevos aguinaldos o canciones navideñas. A algunos de los aguinaldos ya conocidos se le añadían otros versos o estrofas inventadas o improvisadas por los trovadores. También se casaban unos con otros. En cada casa se cantaban unos cuantos aguinaldos o canciones ya conocidas y otras improvisadas. En ocasiones, se improvisaban bombas, décimas, seis chorreao o trovas y hasta se hacía controversia. Había risas y alboroto, abrazos y besos, así como poesía del alma y del campo.

"La parranda o promesa de mis padres se sacaba por dos días, sábado y domingo. El dinerito que le daba la gente por llevarle la parranda se usaba para pagarle a los músicos, y lo demás se guardaba para hacer el velorio o rosario a los reyes. El velorio a los reyes se hacía la víspera del día de los reyes, o sea, el cinco de enero, o el seis que era el verdadero día de los reyes. Esa noche los viejos preparaban un altar para los reyes y se conseguían los mejores cantores de rosario. Una de las que cantaba el rosario era la vieja mía, Regalada Arocho Ramos (Galo), que tenía una voz de esas bien altas (como de soprano). Ella cantaba esos rosarios tan bien que todo el mundo se callaba para escucharla. Mi viejo, Facio Malavé, y el sobrino Juan Malavé eran de los otros que cantaban muy bien. Ya de moza, yo también cantaba cuando no se encontraban otros cantores. Se cantaban tres rosarios y entre uno y otro se dejaba tiempo para hablar o saludar a aquellos amigos o conocidos que hacía tiempo que uno no veía. Algunos aprovechaban para tomarse un palito de ron o un vinito, y las parejas para apestillarse. Muchos también se hacían novios en los velorios o rosarios a los reyes.

"Después de los rosarios se repartían golosinas, como queso de bola holandés, que era el favorito, vino Manischewitz, galletitas ciento en boca, galletas de florecitas, galletas *esporsodas* Sultana, café y cualquier otra cosa, dependiendo de lo que se ganara ese año en la parranda o promesa. Algunos de los más atrevidos o borrachones traían su canequita de ron cañita y se daban unas *jiendas* ¡qué para qué te cuento! Al otro día amanecían en las zanjas o en las cunetas todavía con la jumeta. Otros parecían un sapo concho accidentado dando tumbos por el camino o la carretera. Después de comer comenzaban a quemar los *siquitraquis* o a tirar cohetes. Entonces, todo el mundo se alborotaba y comenzaba el baile hasta la madrugada.

"Los rosarios de casa eran muy buenos, y nunca hubo problemas, pues nadie perdió la mano tirando los cohetes ni hubo peleas o borrachos mal hablados. Todo se terminaba en armonía y todo el mundo nos felicitaba por eso. Pero cuando yo era moza yo fui a algunos otros rosarios a los santos reyes que terminaron como el rosario de la aurora. Como no quedaban muy lejos de mi casa nosotros pudimos salir corriendo para nuestra casa sin que nos pasara nada.

"Recuerdo que a mi vieja Galo le gustaba el baile y bailaba de brinquito. En uno de los últimos rosarios a los reyes, estaba bailando un seis chorreao, pero se resbaló en el *soberao* y se cayó. Como era tan flaquita se rompió el huesito del gusto (el coxis) y de allí en adelante no volvió a ser la misma, pues de eso quedó casi paralítica. Después de eso, murió mi viejo y no se volvieron a hacer las parrandas y poco a poco los velorios se fueron eliminando. Cuando ellos murieron yo fui la única que siguió con la tradición. Espero que después que yo me muera alguno de mis hijos siga la tradición, porque fue una promesa de mi vieja y yo quiero que se siga pagando."

Abuela debe estar muy contenta allá en el cielo porque su deseo se cumplió. Mi tía Maribel sigue celebrando el rosario a los tres Santos Reyes y en estos últimos años dicen los periódicos que esta tradición está tomando auge. Aunque para fines de los años 80's abuela nos decía que no era igual que antes, porque esa tradición se estaba acabando. Nos decía: "Por ejemplo, yo solita tengo que cantar o rezar los tres rosarios porque no se consiguen cantaores o a alguien que rece los tres rosarios. Tampoco consigo músicos para sacar la parranda. Lo que hago es que voy de casa en casa con mis tres reyes de madera".

— Abuela, de todas maneras, esa es una tradición bonita. Yo recuerdo otras parrandas como la que tú mencionas, pero eran de máscaras y yo le tenía miedo —le dije.

— Jessika, esas son las parrandas de los Inocentes, que se sacan el día de los Santos Inocentes que es el 28 de diciembre y algunos comienzan a celebrar desde el 26 o el 27 de diciembre. Se juntan músicos y muchos hombres de la *vecindá,* vestidos con trajes de muchos rizos y colores. También se ponen unas máscaras muy bonitas y unos sombreros grandes como unas pavas de alambre con tela de muchos colores pegada al alambre. ¡Es una cosa preciosa! Antes salían a pie llevando aguinaldos y alegría a la gente del campo y del pueblo. Ahora salen montaos en una "picop" o un camión bien grande y por más de dos días. Usan hasta micrófonos y sirenas. Ellos han salido hasta por la televisión. Esas comparsas son famosas por acá por Moca. También están las máscaras de Hatillo, que son famosas, aunque bastante diferentes pero más o menos los mismos días. Esas son tan famosas que las vienen a ver hasta de los *Newyores* (New York). Para mí, las de Moca son las más típicas y bonitas. En Moca la gente se para a lo largo de la carretera militar (carr. 111) para ver las carrozas o comparsas pasar. Lo bueno de todo eso es escuchar cómo cantan, ver cómo bailan y admirar el colorido de sus trajes.

”En mi *juventú*, en la navidad, todo era festividad y música. Teníamos el seis chorreao y los aguinaldos que alegraban y movían corazones y esos mapeyés que se tocaban eran una maravilla. Las coplas improvisadas eran también para morirse. Además, teníamos los versadores ¡que eran algo tremendo!, y autóctonos de aquí como el coquí. Eran los jíbaros de aquí que cantaban con el corazón. Algunos de los trovadores ni siquiera habían ido a la escuela, pero tenían la *habilidá* de versar y rimar como los mejores compositores del mundo. Los del coro tampoco se quedaban atrás, y todo el mundo se acoplaba y respondía de maravilla. ¡Caramba, qué lindo es mi país y la *navidá*, que aunque uno sea pobre no necesita de traje nuevo para gozarla!

”Pero pensándolo bien, aquellos tiempos se han ido acabando, pues con la poca vergüenza y los crímenes ya no es como *antej*. Además, los viejos trovadores y los grandes seguidores de las tradiciones se han ido poco a poco muriendo. Ahí tienes al rey del cuatro, Maso Rivera, y al gran compositor y cantante de la música jíbara Ramito, mejor conocido como el cantor de la montaña. No podemos dejar atrás a Chuíto el de Bayamón, La Calandria, Moralito y otros como ellos que ya se fueron o están por irse para no volver jamás. ¡Ay bendito, quién seguirá con la tradición! ¡Quién se acordará de la mazurca, la bomba, la controversia, la plena, la décima, el mapeyé, el seis chorreao y la danza!”

— Abuela, ¿qué son los asaltos? —preguntó Moly.

— Mi amor, esos son parrandas o trullas parecidas a las de los reyes, pero con otros villancicos o canciones de *Navidá*. Casi siempre te las llevan de noche. Unas veces te lo dejan saber con anticipación y la mayor parte de las veces te las llevan sin avisarte y te toman de sorpresa a cualquier hora de la noche, hasta de madrugada. Por eso le llaman asaltos. Los asaltos no son dedicados a ningún santo, sino que son para darte la sorpresa o para demostrarte la *amistá* o el aprecio que te tienen los que te llevan la trulla o parranda. Muchas veces te la traen a las dos o a las tres de la madrugada, y después de cantar, alborotar y gozar un rato en tu casa, tú te tienes que ir con los que te asaltaron a otra casa. Y así sucesivamente hasta que en la última casa se desayunan con un buen asopao de pollo o de gandules para curar la purga.

— Abuela, y los niños ¿qué hacían? —le preguntó Rosita.

— Los muchachos míos también iban con nosotros a las parrandas, los velorios y todas las fiestas que se hacían en esos días. Siempre había un bautismo o una boda y hasta alguien que se moría. Los muertos se velaban en su propia casa por un par de días. También los muchachos míos salían a brincar espada. Socorrito, que era la mayor, llevaba a José Antonio y a Luis Reinaldo a brincar espada. El día de los Santos Inocentes, Pedro cortaba unos pedazos de palos verdes, los pelaba, les quitaba los nudos y les daba forma de espada. Les pintaba cruces con achiote fresco. Algunas de las cruces quedaban amarillas y otras como anaranjadas o verdes al mezclarse con la mancha del palo verde. Él les ponía otros colores y le daba una vara en forma de espada a cada uno de los muchachos.

”Socorrito los llevaba por las casas del vecindario, y ellos tocaban a las puertas y preguntaban si se podía brincar espada. Si los vecinos no tenían luto, le decían que sí, que podían brincar espada. Ellos comenzaban a dar en el piso con la espada y decían: ¡júa, júa, júa! Algunas veces hasta cantaban algún aguinaldito y la gente le daba un par de chavitos prietos. Después de ir por unas cuantas casas volvían muy contentos con sus chavitos para ir a comprar dulces o un límber. Eso los entretenía y les hacía olvidar la triste *realidá* de que para el día de Reyes no recibirían regalos.

”Durante la *navidá*, algunos de los padrinos de los muchachitos les daban su aguinaldito, otros ni la bendición les echaban. Creo que el único que le daba su aguinaldito era el compai Che (Moisés Román), que le daba medio peso a Socorrito, y una vez su madrina la comai Chun que le regaló una muñeca. Nosotros éramos muy *pobres* y con cinco o seis muchachos no le podíamos comprar regalos. Apenas nos alcanzaba para comer. ¡Qué vida era aquella! De todas maneras nos consolábamos pensando que *no hay mal que dure cien años ni cuerpo que lo resista*.

”El día de los Reyes los nenes ponían una cajita con *yerba* y maíz debajo de la cama y al otro día sólo encontraban dos galletitas de esas que llaman ciento en boca, de florecitas o de María. Alguna que otra vez recibían una bomba y a soplar se ha dicho. Me daba una pena, pero casi nadie en el vecindario recibía regalos. Así que no se notaba mucho. Nosotros les ayudábamos a hacer carritos con latas de leche o con pedazos de madera. Los viejos míos jugaban con los muchachos, pues eran muy buenos abuelos. Socorrito jugaba dominó y barajas con mis viejos y la vieja le hacía trampas para ganarle. Ella gozaba cuando jugaba con sus abuelos.

"Yo les cantaba las canciones para niños y practicaba con ellos los trabalenguas. Pedro les hacía cuentos, adivinanzas, y jugaba con ellos en el batey por las tardecitas. Jugaban a La cebollita, Ambos a dos (Matarile-rile-ro), A la limón (Pase misín), Allá en la fuente, Veo-veo, La gallinita ciega, Arroz con leche y a Doña Ana no está aquí. Cuando Pedro jugaba a Doña Ana no está aquí, los muchachos le preguntaban a Pedro "¿Doña Ana cómo está?" El decía: "Ay, mijijo, que se me fue el periodo". Entonces todos los muchachos se reían a carcajadas. También ellos gozaban jugando al esconder, trepando a palos, volando chiringas, jugando con cocoses (canicas), gallitos, telotero, jacks, brincando cuica, jugando la pelegrina (peregrina), bailando trompos, jugando a Tarzán, o a Annie Oakley. Además, Pedro les hacía zancos y todos caminaban en ellos y se divertían cuando alguno se caía de los zancos.

"Mi hermano Bienvenido y los muchachos míos hacían hondas de una jorqueta y cantos de goma (llantas) y luego ponían la piedra en el centro de la goma, la estiraban y lanzaban la piedra a gran velocidad. Con ellas mataban perdices y otros pájaros. ¡Nacarile del Oriente!, que con esas hondas y las flechas tuvimos unos cuantos accidentes. También les gustaba bañarse en las quebradas y tirarse por una jalda en un *tirigüive (tirigüibi)*."

— Ja, Ja, abuela, ¿qué es un tirigüive? —preguntó Xiomara.

— El tirigüive (tirigüibi) se saca de la palma real. Es como una yagua, pero que está muy nueva y no se ha convertido todavía en yagua.

— Mira, nena —le dijo "daddy" Armando que estaba allí de visita— eso es como un "sled" o trineo, pero autóctono de Puerto Rico.

Todos nos reímos.

— ¿Qué hacías tú cuando eras niña? —le preguntó Marita.

Se quedó pensando y le preguntó:

— ¿Para qué quieres saber?

— Quiero comparar los juegos de tu época con los de ahora. Por ejemplo, ahora nosotros jugamos el "Shake it morena", pero ese no existía antes, ¿verdad? —le preguntó Marita—. Por eso quiero saber qué juegos se jugaban en aquella época o cómo era la vida en el campo.

"Pues, ese juego no lo teníamos. Teníamos otros juegos. Jugábamos al aire libre. Yo corría por el campo, me bañaba en las quebradas, me bañaba bajo la lluvia, y ¡era libre! Jugábamos al esconder, a Doña Ana no está aquí, a La cebollita, a A la limón (Pase misín), al Hijo del conde; jugábamos con trompos, brincábamos cuica y hablábamos en jeringonza. De aquella época lo más que me gustaba era que cuando teníamos un ratito de descanso aprovechábamos y nos bañábamos en las quebradas, corríamos a caballo, nos mecíamos en las jamacas y en los columpios que eran hechos de una goma de carro y una soga, o un canto de palo y soga. También nos mecíamos en la burra que era nuestro sube y baja. La burra se hacía cruzando un palo largo sobre una *jorqueta* o estante a manera de un sube y baja. También caminábamos en zancos, aunque ese era un juego peligroso porque si uno se caía se podía romper un brazo o una pierna.

"Por las noches cogíamos los cucubanos o corríamos detrás de ellos. Como no había luz eléctrica, los cucubanos se podían ver mejor que hoy. Después de un día de lluvia aparecían cientos de ellos y nosotros gozábamos verlos volar con su luz particular. También trepábamos a palos y nos llevábamos las chinas del vecino, las guayabas, los nísperos y los mangoses (mangos). Además, nos trepábamos en los palos de guamá, maricao, pomarrosas y hasta en los de mamey para escoger los mejores. También chupábamos mucha caña, ¡mmm, qué rica! Pero ahora no la puedo chupar porque no tengo dientes y, además, tengo diabetes."

— Los dientes que uso ahora me los compró Socorrito y también los que tuve antes, pero se me rompieron. Estos los tengo que cuidar mucho.

— Abuela, ¿por qué no tienes tus dientes? — le preguntó Edwin.

— Hijo, ¿por qué crees que no tengo dientes?

Algunos de nosotros tratamos de adivinar, pero no acertamos. Entonces abuela dijo:

— Porque he sido una fumadora desde los diez años y eso me dañó los dientes. Me los tuvieron que sacar todos porque estaban muy feos y dañados. Ahora tengo dientes postizos, mira…

Se sacó los dientes postizos un poco hacia fuera de la boca. Todos cogimos miedo y por eso creo que ninguno o casi ninguno de los veintidós nietos fumamos.

"En aquella época mis abuelos tenían finca de tabaco, de arroz, de café y otros frutos menores allá por el barrio Saltos de San Sebastián, por el Sector Agapito Rosado. Nosotros teníamos que ayudar con la *recogía* de café y todo el proceso hasta pilarlo. También bregábamos con casi todo el proceso de la cosecha del arroz y el tabaco. Aunque hacíamos muchas maldades y nos reíamos mucho, también trabajábamos desde que éramos unos chiquillos. En casa de mi vieja yo tenía que ayudar a lavar ropa, a limpiar, a buscar malojillo y yerba para los conejos, las cabras y las vacas. También cargaba agua en la cabeza, y quizás por eso me quedé bajita."

— ¿De veras? —preguntó Nilsa.

— Sí, porque si uno carga con cosas pesadas en la cabeza desde chiquito, uno no crece —dijo abuela, muy convencida de lo que decía.

— Por eso Javi y yo somos un poco más altos porque nunca hemos cargado con baldes ni latas de un pozo —comentó Nilsa.

— Quizás por eso Jessika y yo también somos altas, porque no hemos cargado con cosas pesadas —dijo Xiomara.

— Ya ves, ese es un ejemplo. En cambio, tu mamá se quedó bajita porque cargaba muchas latas de agua en la cabeza o calabazos en una *jorqueta*.

— En casa todos somos bajitos, —comentó Tata.

Todos nos reímos y creo que algunos pensaron en sus padres, si eran altos o bajitos.

Como hacía mucho calor en ese momento, pensé en un helado o un límber de coco, por lo que le pregunté:

— Abuela, ¿no comían límber?

— No Jesi, en mi época casi ni se conocían las neveras, solamente los ricos tenían nevera y quizás podían hacer límber o comprar mantecado. Los *límbers* los conocí después que mis hijos nacieron. Lo que yo recuerdo es que mi hermano Félix y yo le cogíamos hojas de tabaco a mi abuelo, Cheo Arocho, para fumárnoslas. Otras veces masticábamos el tabaco. Por eso nos enviciamos desde los diez años, y hasta el día de hoy los dos fumamos. Quizás ya Félix dejó el cigarrillo, no lo sé.

"En cuanto a la escuela, a mí me mandaron a la escuela por un tiempito nada más. La maestra nos enseñó a cantar la canción del "ABC" en *inglej*. También la de pollito chicken, gallina hen y mi escuelita. A mí me gustaba mi maestra, pero los viejos me sacaron de la escuela para que cuidara al resto de los muchachos y para que ayudara con el lavao, planchao y cocinao. También le ayudaba a los viejos a cuidar las cabras, los cerdos, las vacas, las guineas, las gallinas, los guimos y los perros. Siempre estábamos ocupados, y trabajo no faltaba. Como no me mandaron a la escuela, por eso soy una bruta, y lo único que sé es firmar mi nombre y leer y escribir los números."

— No te preocupes, abuela, yo te voy ayudar a aprender a leer y a escribir, pues nunca es tarde para aprender —le dijo Xiomara.

— Negrita, te diré que alguna gente ha venido a enseñarme, porque el municipio tiene un programa para enseñar a los adultos, pero los que ponen de maestros no vienen cuando deben venir. Lo que hacen es robarse los chavos del programa y no le enseñan a uno. Vienen, están unos minutos, le dejan a uno una asignación y se van enseguida para verse con las novias o los novios. De esa manera uno no aprende, y como no hay quien los vele, pues hacen lo que les da la gana. Te puedo decir que aquí no conozco a una persona que haya aprendido o se haya graduado de ese programa. Como no los supervisan, por eso el mismo ha fracasado. Como tú sabes, *el ojo del amo engorda al caballo.*

De todas maneras, cuando abuela venía a visitarnos le enseñábamos a leer y a escribir. Aprendió un poco más, pero no había continuidad ya que no volvía por meses o años. No se quería quedar por mucho tiempo porque tenía miedo de que le robaran en su casita, que se le perdiera la cosecha de las cositas que sembraba o quería irse a cuidar a sus nietos, los que ella prácticamente crió.

"Por otro lado, siguiendo con el cuento, yo tenía que cuidar a los hermanos porque la vieja, la bisabuela de ustedes, no daba abasto con tantos muchachos y, además de eso, ella era comadrona. A cualquier hora del día o de la noche la venían a buscar para que asistiera a alguna mujer que iba a parir. Allá se iba ella montada a caballo y con su maletín de comadrona como toda una generala o una enfermera. A veces los partos eran difíciles, especialmente si las criaturas nacían con defectos, con un rabo o como un sapo. Si había uno de esos partos casi siempre la familia se quedaba callada, porque si lo divulgaban, se les llenaba la casa de noveleros y chismosos del barrio, y hasta quizás lo decían como el Clarín."

En aquel momento no entendíamos lo que abuela nos estaba contando porque éramos pequeños, solamente teníamos entre seis y diez años. Por lo tanto, como no entendí aquello que ella dijo, no le di importancia. Pero todavía hoy en día no entiendo a qué se refería abuela cuando nos describía aquellos partos. No sé si eran cuentos o una realidad.

"Como les dije antes, aunque mis abuelos estaban en buena posición económica, mis viejos eran pobres y era una tradición de los pobres que alguno de los hijos tenía que salir a trabajar para ayudar con los gastos de la familia. Por eso antes de los doce años yo tuve que irme a trabajar a las casas de los más acomodados del barrio para ayudar con los gastos de la familia, que seguía creciendo. Los demás hermanos iban a la escuela, aunque tampoco fueron por mucho tiempo, pues en cuanto crecieron se fueron pa' Nueva *Yor* a buscar un mejor estar. Mientras ellos estaban en la escuela yo era la única que trabajaba dentro y fuera de la casa de mis viejos."

— Mi niñez se me fue muy rápido, yo era la mula de carga —dijo con nostalgia.

"Bueno, siguiendo con lo de antes, aunque mis abuelos estaban en mejor posición económica, fueron perdiendo sus cosechas, sus tierras y, por alguna razón que no recuerdo, cuando murieron los abuelos, los hermanos de mi vieja, Regalada Arocho Ramos, se quedaron con lo que quedaba y a ella no le dieron de la herencia. Mis viejos cargados de hijos se tuvieron que mudar para Moca a vivir de *arrimaos* con la familia de don Funda Román. La familia Román tenía muchas cuerdas de terreno con caña. Gracias a ello, mi viejo José Bonifacio Malavé Rivera trabajó por muchos años en la zafra de caña con la familia Román. También gracias a la familia Román mi viejo, a su edad, pudo recibir su Seguro Social.

"Cuando se acababa la zafra de caña, para el tiempo muerto, *papa* (papá) cogía café, abonaba o desyerbaba. Mi viejo trabajaba mucho, y aquella fue una época muy dura y muy triste. El viejo dormía en un petate, la vieja en una jamaca y nosotros dormíamos dentro de un saco o en colchonetas en el piso.

"Como te dije antes, en cuanto a las comidas, tomábamos leche fresca de las vacas o las cabras, y comíamos requesón, mantequilla y quesito de hojas que la vieja hacía. Bebíamos café fresco, comíamos coco, palmillo de las palmas, arroz, habichuelas, gandules, viandas, aguacates, guineos, plátanos, yucas, batatas, bacalao, arencas, guabinas, chágaras, camarones, buruquenas, anguilas, dajao, huevos, alguna carne, muchas frutas y algunos vegetales. Todo era fresquecito, las viandas acabadas de sacar de la tierra, los vegetales *acabaos* de coger de las matas. El pescao y la carne también eran fresquecitos. Como no había nevera, todo era fresquecito. Nosotros también ayudábamos con la siembra, con la cosecha de tabaco y con todo tipo de trabajo del campo."

Todos nos miramos porque nos dio pena saber que abuela había tenido que trabajar tanto cuando era una chiquilla como nosotros, pero a la misma vez tuvo tiempo para disfrutar del campo y del aire libre. En ese momento Gustavo interrumpió y dijo:

— Abuela, Armando tiene un sapo en el pecho.

— Sí, es verdad, le hicieron una operación —señaló Jackie— y le pusieron un sapo en el pecho.

— Ustedes son bobos, se creen todo lo que le dicen —comentó Tata.

Todos rieron y le pidieron a "daddy" que hiciera que el sapo se moviera. *Daddy* Armando movió los músculos del pecho y allí se volvió un alboroto y se acabó la conversación con abuela, que ya estaba cansada de contarnos sobre sus costumbres y le hacía falta tomarse un cafecito y fumarse su cigarrillito.

Capítulo 8

La opinión de abuela Fela sobre los hombres

A veces he escuchado los cuentos sobre abuela y la familia, sobre todo esos que son un tabú y aquellos que algunos dicen en voz baja y otros con pena. Un día, cuando ella me peinaba el pelo, que era muy largo, aproveché para preguntarle:

— ¿Cuántas veces te casaste?

Ella paró, dejó de peinarme y me dijo:

— Dos.

Yo había escuchado que se había casado varias veces. Como observó que me quedé callada, cambió su respuesta y me dijo:

— Me casé una sola vez, con José Rivera Reyes. El era mucho más joven que yo y hace como veinte años que me divorcié de él. Nunca antes me casé bien casada —dijo con mucha pena—. El fue el único que se casó conmigo. Mis hijos me celebraron la boda con una fiesta, allá en Nueva *Yor*. Me casé con mi traje blanco y él con gabán. Yo lo quería mucho y él me decía "Chichi". El manco, como muchos le llamábamos, me hizo muy feliz por un buen tiempo. Pero la mala suerte me *fuetió* nuevamente. La pobreza, su mamá, las malas juntillas y muchas otras cosas lo alejaron de mi vida. Volvió en algunas ocasiones después de divorciarnos. La última vez que vino se llevó el resto de su ropa. Yo me sentía muy enferma y no pudimos hablar mucho. Desde entonces no lo he vuelto a ver. El otro hombre en mi vida fue Pedro Hernández Almán, el padrastro de tu mamá, de María y de Rochi. Aunque no nos casamos, él me dio tres hijos y me ayudó a criar mis otros tres hijos. Fue un buen esposo y un padre excelente. De él me quedé viuda y desamparada otra vez y mis hijos se quedaron sin padre. Esos son los que cuento como mis maridos.

No entendí cómo tuvo los otros hijos, pero era un tema que no quise seguir abordando ya que parecía que era muy triste para ella hablar de aquel pasado. Yo quería respetar su silencio y sus secretos. Al terminar de peinarme me dijo:

—Antes de que te cuenten, te diré que sí tuve otros maridos, pero no me duraron mucho. Me traicionaron, y sólo quisieron acostarse conmigo y dejarme *preñá*. Yo sé que tengo mucha culpa porque he creído en los hombres o he sido débil con ellos y me avergüenzo de algunos pecados o secretos que llevo aquí en mi alma, pero que mejor no se los cuento a ustedes porque son muy jovencitas para escucharlos o entenderlos. Además creo que algunos me los llevaré conmigo a la tumba.

Sabes, hija, piensa bien en el hombre que escojas, porque casi todos están cortados por la misma medida. Como dicen, "algunos hombres son como los perros hueveros, si no se comen el huevo por lo menos lo huelen". Y la *verdá* es que no sé por qué Dios hizo una *retrajila* (retahíla) de hombres tan sinvergüenzas, y, peor aún, los puso a casi todos aquí en Puerto Rico. Sabes, en mi caso, a veces pienso que *"los hombres me hicieron como ellos querían que yo fuera"*, como decía aquella poeta puertorriqueña, Julia de Burgos.

— Ah, sí, mami tiene una foto y algunos libros de Julia de Burgos —le dije— y algunos versos de ese poema me los aprendí y van así:

Yo misma fui mi ruta

Yo quise ser como los hombres quisieron que yo fuese:
un intento de vida;
un juego al escondite con mi ser.
Pero yo estaba hecha de presentes;
cuando ya los heraldos me anunciaban
en el regio desfile de los troncos viejos,
se me torció el deseo de seguir a los hombres,
y el homenaje se quedó esperándome.

— Lo cierto es que ese verso es un poquito distinto al mío, pero yo me lo aprendí así y a mí me queda mejor como te lo dije.

— ¡Eres algo serio, abuelita!

— Jesi, a mí me encanta esa poeta y aunque no sé leer, yo escuchaba algunas veces sus poemas por *el* radio. Así me aprendí muchas canciones y poemas, escuchando *la* radio. Sé de memoria otros poemas que me encantan, pues en Puerto Rico lo que es la música y la poesía existen por montones. Mucha de la música y los poemas describen lo que nos pasa a nosotros los seres humanos. Hay otro poema que me gusta y no sé de quién es, creo que es de un poeta cubano, que aunque no es puertorriqueño es del país hermano, rico en cultura también. Parte de ese poema dice así:

Poema del renunciamiento

Pasarás por mi vida sin saber que pasaste.
Pasarás en silencio por mi amor y, al pasar,
fingiré una sonrisa, como un dulce contraste
del dolor de quererte... y jamás lo sabrás.

Quizás pases con otro que te diga al oído
esas frases que nadie como yo te dirá;
y, ahogando para siempre mi amor inadvertido,
te amaré más que nunca... y jamás lo sabrás.

Y si un día una lágrima denuncia mi tormento,
—el tormento infinito que te debo ocultar—
te diré sonriente: "No es nada... Ha sido el viento".
Me enjugaré la lágrima... ¡y jamás lo sabrás![3]

---

3   Poema Del Renunciamiento del cubano José Angel Buesa, 1910-1982. A Buesa se le conocía como el poeta romántico con tono melancólico. Quizás la abuela lo recordaba porque el poeta fue muy popular en la época de la abuela. Además era un poeta muy conocido en Puerto Rico y siempre ha habido un gran intercambio del arte y la cultura entre las dos islas hermanas llamadas "de un pájaro las dos alas".

— ¡Qué lindo es ese poema, quiero aprendérmelo! A mí también me encanta la poesía y la música —le comenté.

— Quizás lo sacaste de tu padre.

— Quizás es cierto, pues él tiene esa habilidad para cantar y tocar guitarra, y también para pintar.

— Oye, abuela, eso que comentabas sobre los hombres yo lo entiendo muy bien. Mami también tuvo que divorciarse y tres de mis tías (titi Tony, titi Yudy, y titi Nancy) se han tenido que divorciar por lo malo que le han salido los esposos.

— Eso es cierto, y en el caso de tu madre, por lo menos ella pudo salir de las garras de ese tunante. Porque mi hija es una santa y las que tu padre le hizo; mira que tenerla a ella encinta y a otra mujer *preñá* a la misma vez. Como te digo, *de cualquier malla sale un ratón* —dijo muy enojada.

— Mi abuelita, tu siempre con tus dichos.

— Nena, es que los dichos o los refranes hablan de la realidad de la vida, y yo los uso sin pensar.

— Hablando de tu padre, te cuento que un día vino aquí como un loco y llorando a pedirme que intercediera para que tu mamá no se divorciara de él. Yo le dije, "mijito, eso fue lo que tú mismo te buscaste. No tiene perdón de Dios que montaras en el carro a tu amante junto con Socorro, que es tu esposa. Mucho menos, que preñaras a tu esposa cuando sabías que tenías a la amante *preñá*". También le dije: "qué te creías, que *la ibas a seguir cogiendo de mangó bajito y pasando el macho con ella*. Mijito, déjate de *julepe*, pues mucho te ha aguantado. Es mejor que esté sola que mal *acompañá*" —repitió abuela, enfurecida.

— Peor aún, después de que Socorro tuvo a Shomita, la amante de tu padre llamaba a la casa para hablar con él. Además, tenía una en cada esquina incluyendo a una que iba a mandar para España con el dinero de tu otra abuela. Eso que tu mamá lo investigó a tiempo y le *paró el caballito*. También en las navidades la dejaba sola todas las noches porque se la pasaba parrandeando. Peor fue que en una despedida de año tu papá estuvo en una fiesta mientras tu mamá se amaneció contigo en el hospital. Al otro día, que era día de año nuevo tuvieron una discusión y tu papá le pegó en la cara a tu mamá y ella le respondió igualmente por haberla maltratado despues de haberse amanecido con ustedes por días.

— La *verdá* es que Socorro aguantó mucho —dijo, bastante alterada.

En ese momento abuela *se puso como ají bravo* porque aquello sí que le molestaba. Prosiguió diciendo:

— Pero todo se paga en esta vida, pues mira hasta donde ha llegado tu madre, que hasta doctora se hizo mientras tu padre, el chancletero ese, por ahí ha estado soltando y cogiendo mujeres y dejando que otro le críe sus hijas, porque ya tiene cinco chancletas con ustedes dos. También se ha casado como cuatro o cinco veces. Ese es otro que, como dicen por ahí, es buchipluma maj' na'. ¡Ay, si me coge con los cascos calientes lo voy a poner en su sitio!

Me quedé callada, pues me dolía escuchar aquellos comentarios sobre mi padre, pero abuela tenía razón.

— Oye, Jesi, no te cases con un puertorriqueño, porque todos son unos machistas, unos vividores y muchos le pegan a las mujeres, las abandonan y son mujeriegos, *porque el que no tiene dinga, tiene mandinga.* Todititos están cortaos por la misma medida. Así mismo te digo que las mujeres de aquí son mujeres muy buenas, laboriosas, cuidan bien a sus hijos y son mujeres de la casa, por lo menos las de antes eran así. Aún así, piensa tú, hay muy pocas mujeres que digan que los esposos no se las *aigan* pegao —dijo furiosa y como si estuviera montada en una tarima.

— Pero, abuela, eso pasa en todas partes. Eso pasa en Estados Unidos, en Méjico, en Colombia en Panamá; en fin, en todas partes —le dije tratando de aclarar que eso pasa en todas partes del mundo.

— Ah sí, yo sólo sé de los de aquí y son muchos —me contestó abuela, todavía muy disgustada.

Hasta cierto punto, Abuela tenía razón, y ahora recuerdo sus consejos y no estaba lejos de la verdad. Ella sabía de eso por los golpes que le había dado la vida. Su experiencia con los hombres la habían dejado marcada para siempre y esto le permitía emitir su opinión sobre el machismo y la manera de ser del hombre puertorriqueño. ¡Cuándo iba a pensar que yo también pasaría por la experiencia triste de tener que divorciarme! Me casé con un puertorriqueño y en menos de seis meses de casada mi esposo se fue de la casa, y al cumplir un año de casada me tuve que divorciar. Me casé con un norteamericano y también me tuve que divorciar. Como decía abuela, "uno no aprende por cabeza ajena".

Capítulo 9

Abuela Fela, su vida y sus hijos

Muchos dicen que la abuela en sus tiempos era muy buena moza, de ojos negros y pícaros. Era de alma soñadora. Era hermosa, ingenua y sana como una niña. Era pequeña de estatura y tenía un andar sandunguero, de pelo negro y ondeado, y no era morena ni blanca, sino simplemente una hembra puertorriqueña.

También era una fiera, que se atrevía a picar con un machete a cualquiera que se le enfrentara. Defendía a sus hijos como una leona. Por sus hijos daba su vida. Según sus propios cuentos y los de sus hermanos de niña trepaba a palos, masticaba tabaco y, como dice el dicho, "tiraba piedra y velaba al guardia". A la misma vez era un ángel y servía a los demás con amor y sin esperar nada a cambio. Trabajaba como una esclava. Lavó, planchó y llegó a cortar caña y trabajó en todo lo que se refiere a la zafra de la caña. Ligó cemento, empañetó casas y recogió café por los campos de Moca, San Sebastián, Lares y Las Marías. A los diez o doce años ya limpiaba las casas de los que estaban mejor acomodados económicamente de San Sebastián, Moca y Aguadilla. A los 15 años iba a limpiar las casas de los militares de la Base Ramey en Aguadilla.

Un verano en que abuela Fela nos visitó cuando vivíamos en Albuquerque le indagué queriendo conocer un poco más de su vida y la familia:

— ¿Me puedes contar algo de tus hijos y de la niñez de mami?

— Mijija, es una historia tan larga…

— Sí, yo entiendo, pero me vas contando poco a poco. Tú estarás aquí por un mes. Cuando te canses, cantamos o salimos por ahí o sacamos tiempo para ver las novelas mejicanas. Ya te tenemos un paseo, pues el sábado te vamos a llevar al "tramway".

— ¿Qué es eso? —preguntó, un poco desconfiada.

— Eso es un funicular o teleférico que se compone de vagones que suben por unos cables en el aire hasta la montaña Sandía —le expliqué.

— ¡Válgame Jesi, eso suena peligroso!

— No, no es peligroso. Es algo bien seguro, lo único es que cuando va bajando a uno le da como un *gulillito*.

— Eso que dices me da más miedo —me dijo, haciendo unos gestos de desconfianza muy particulares de ella.

— Na', abuela, tú eres muy valiente.

— ¿Tú crees?

— Claro que sí, abuela —le confirmé.

Después de un rato de haber hablado de los lugares que íbamos a visitar y todos los planes que teníamos para ese mes, me dijo:

— Para empezar a contarte de mi vida y de mis hijos... Ay *caray*, ¿cómo empiezo, nena?

— Quizás puedes comenzar diciéndome algo de tus padres y luego de tu primer hijo o hija.

"A ver, te cuento que en casa de mis padres era muy difícil vivir. En una ocasión se nos cayó la casita encima y a duras penas pudieron clavar algunas vigas y socos para aguantarla de pie por un tiempito más. Por lo tanto, era imposible vivir con unos diez u once muchachos. Algunos de ellos se murieron chiquitos. A mi viejita le dio septicemia y estuvo grave. También se puso mal de la mente por un tiempo y tuvo un pasmo y miles de otras cosas. Pobrecita, era tan flaca y le daban unas fatigas terribles. Por eso, y aunque yo no era la mayor, me sacaron de la escuela para que cuidara a mis hermanos y ayudara con los quehaceres de la casa. Después que mi vieja mejoró tuve que irme a trabajar de sirvienta cuando tenía entre diez y doce años. Por eso a los catorce años yo me fui a vivir con Eufemio (Cancio) Bosques que era mucho mayor que yo, pero tenía casa y se había enamorado de mí. Yo era una nena, así como tú (dijo con pena). Al poco tiempo me quedé encinta, pero tuve mala suerte. Antes de tener la primera hijita parece que él se envenenó con un pescao, una yuca o sabe Dios de qué murió. No recuerdo bien, porque yo era una nena. Sus hermanas me botaron de la casa y yo era tan ignorante que no reclamé nada y me fui nuevamente a casa de mis padres y encinta.

"Cuando apenas tenía entre quince y dieciséis años tuve mi primera hijita, y poco tiempo después de tener la nena se me enfermó. No sabía qué hacer pues me quedé sin esposo y con la nena gravemente enferma. Como no podía hacer otra cosa, me fui a buscar trabajo de sirvienta. Fui a la Base Ramey y trabajé unos meses pero me quedaba lejos. No tenía quien cuidara mi nena ni tampoco tenía chavos para la guagua pública. Después de buscar algo más cerca conseguí trabajo con doña Gloria Vargas en San Sebastián. Le expliqué que tenía mi nena enferma y que no tenía quien me la cuidara. Ella me dijo que me la trajera conmigo. Yo vivía en Moca y trabajaba en San Sebastián. Ellos, viendo mi situación, como no tenían hijos me pidieron la nena en adopción. Ellos me dijeron que la podía seguir cuidando y a la misma vez les podía ayudar con los quehaceres de la casa. Firmé unos papeles sin saber lo que firmaba, pues yo no sabía leer ni escribir."

— Abuela, no entiendo cómo fue posible que tú firmaras los papeles de adopción cuando tú eras menor de edad, pues tú eras una niña de quince años —le dije, con mucha pena.

— Hija, qué te puedo decir, porque ellos eran mis jefes y yo solamente hice una cruz y no recuerdo si pude escribir mi nombre —me dijo, mirándome por encima de los espejuelos con un poco de vergüenza.

— Ah, hiciste lo mismo que hacía la gente en Puerto Rico cuando votaba en las elecciones, una cruz debajo de la pava[4] —le dije, para darle a entender que otras personas más o menos habían hecho lo que ella hizo.

— Así más o menos —dijo con pena.

"Pues, como la nena tenía raquitismo (tuberculosis infantil) yo sabía

---

4   La pava es un sombrero hecho de paja que utilizaba el obrero del campo en Puerto Rico y se utilizó como el símbolo del partido popular demócrata llamado Estado Libre Asociado de Puerto Rico (ELA). En los años 50's como había mucho analfabetismo, a la gente se orientó para que al ejercer el derecho al voto solamente pusieran una cruz debajo de la pava (sombrero) o bajo el símbolo del partido de su preferencia.

que no se curaría si seguía conmigo. Por lo tanto, allá yo hacía las cosas de la casa y atendía a mi reinita a la misma vez. Ellos la llevaron a los mejores médicos, pues estaban en buena posición, y eso ayudó a que la nena mejorara. Yo la cuidaba y la alimentaba como a una princesa. También jugaba mucho con ella, le hacía gadejos (le enrizaba el pelo) y la paseaba por la plaza del pueblo como si fuera una princesa. Yo seguía trabajando y cuidando a mi nena, pero resulta que un día cuando fui a trabajar a la casa de doña Gloria me encontré con la sorpresa de que ellos se habían mudado para Nueva *Yor*[5] sin decirme nada, y no los volví a ver jamás, ni a ellos ni a mi primera hijita, a mi reinita. De eso hace más de cuarenta y cinco años. Yo casi toda la vida me la pasé buscando a mi hijita Minerva y nunca la encontré.

Abuela, tan ingenua, creyó en la palabra de que podría cuidar a su hija mientras trabajaba con los padres adoptivos. Ellos, sin dejárselo saber, se mudaron a New York una vez que la niña mejoró y podía viajar. Mientras tanto abuela trató de encontrar a su hija. Le pidió a sus hermanos que residían en New York que trataran de averiguar algo sobre su nena, pero ellos tampoco la encontraron. A principios de los años 70's, cuando ella regresó a New York, la buscó como el que busca una aguja en un pajar y por ende no la encontró.

En una conversación que tuve con mi madre Socorro, le pedí que me contara un poco más de aquella historia de la primera hija de abuela.

— Cuéntame ¿cómo tú supiste de tu hermana, aquella que abuela dio en adopción?

— Hija, ese siempre ha sido un tema muy triste no sólo para mi madre sino también para mí —me contestó mami muy triste.

"Por alguna razón muy poderosa y que no puedo explicar con simples palabras, yo también estuve buscando el paradero de mi hermana. Un día que le estaba contando a Carmen Ramos, una de las tías de tu papá, sobre el asunto de mi hermana y su adopción ella me dijo que llegó a conocer a Gloria Vargas y conocía al abogado Tino Vargas, hermano

---

5   En el transcurso de estar escribiendo este libro hemos encontrado records en Ancestry.com de que Minerva Vargas viajó junto a la familia Vargas de PR a NY el 30 de agosto de 1945 en el barco George Washington-Steem Ship. Ella tenía aproximadamente dos añitos al momento del viaje.

de ella. Me explicó dónde estaba su bufete. En varias ocasiones pensé ir allá para investigar algo, pero por alguna razón que no entiendo no fui. Sin embargo, cuando fui a casarme con tu papá en 1969 fui a ese mismo abogado para que me hiciera un afidávit. Mientras esperaba, con mucha cautela miré las fotos que tenía en su escritorio y allí vi fotos mías. Aquellas fotos no podían ser mías, pues él no me conocía, y me dije, tienen que ser las de mi hermana, no puede haber otra explicación. No pensé mucho y le pregunté:

— Y Gloria su hermana, ¿cómo está?

— Ah, la pobre ha sufrido tanto, le mataron a la hija —me dijo.

— ¿A Minerva? —le pregunté.

— Sí, fue un caso de violencia doméstica, sólo tenía veintiún años —me contestó.

— Lo siento —le dije—. No me salió otra palabra.

— Estas son fotos de ella —me dijo, señalándome las fotos en su escritorio.

"En las fotos, mi hermana tendría entre catorce y quince años. Me quedé anonadada, sin saber qué decir. Aquellas fotos parecía que me las habían tomado a mí a esa edad. Hoy me arrepiento de haber sido tan tonta y no haber llevado a mi madre a ver aquellas fotos. ¡Cuántas estupideces comete uno en la vida! No sé porqué pude estar todos estos años sin hablar del asunto con mi madre. Todo era un tabú y no quería herirla más de lo que ya estaba. Hoy, sin embargo, recapacito y sé que aquello le hubiera dado un alivio a su pena. También aquel pudo ser el momento apropiado para decirle al abogado Vargas que Minerva era mi hermana, pero salí de su oficina un poco confundida y muy triste. A los pocos días hablé con algunos de mis hermanos y les conté lo que había descubierto, pero les pedí que no le dijeran nada a tu abuela. Todos sabían lo que significaba aquello para nuestra madre. Allí quedó aquello como un secreto dentro de otro secreto.

"Pasado algún tiempo, le comenté a doña Sarah sobre el asunto de mi madre y mi hermana. Ella me dijo: "¡Eso parece increíble! Lo que me cuentas no lo puedo creer, porque me recuerda un incidente telefónico que tuve con Tino hace unos años atrás. Una tarde que de pura casualidad no tuve que trabajar por la tarde, estaba yo haciendo los planes para las clases del día siguiente cuando entró una llamada de una mujer llorando y preguntando por Tino, que necesitaba hablar con Tino, que era urgente. Yo pensé que la llamada se había cruzado, pues tú sabes que las líneas telefónicas de aquí siempre están cruzadas. Yo le dije a la señora que parecía que estaba equivocada o se habían cruzado las líneas, pero que quizás yo le podía ayudar. Le pregunté que a qué Tino se refería, y ella me dijo: 'Tino Vargas, el abogado. Por favor dígale que me llame, que es una emergencia'. Rápidamente me dio los datos y el teléfono de ella".

"Como este pueblo es tan chico y todo el mundo se conoce, inmediatamente llamé al teléfono del bufete de Tino y le dije lo que había pasado y que si era a él a quien aquella señora buscaba. El me dijo que sí que debió ser su hermana. Yo le dije que por favor la llamara porque parecía que la señora estaba desesperada, que algo grave le había pasado. El tomó la información y me dio las gracias. Allí quedó todo y no volví a pensar en aquel incidente hasta ahora que tú mencionas la historia de Fela y tu hermanita.

";Mira qué cosa más rara! Quizás aquella llamada no entró de pura casualidad sino por una razón poderosa, porque tú vivías en ese tiempo con nosotros. Esto me comprueba una vez más que los espíritus se tratan de comunicar con nosotros de alguna manera y nosotros no estamos alertas ni aptos para descifrar los mensajes que recibimos. Como son las cosas del mundo, pues si yo hubiese comentado aquel incidente contigo o tú me hubieras contado antes lo de tu mamá y esa niña, quizás nosotros te hubiésemos ayudado a hablar con Tino."

"Esa conversación con doña Sarah me dejó pensando, ¿cómo era posible que aquella llamada llegara a su casa? Eso no lo puedo entender. En aquel momento le echamos la culpa a "nuestra telefónica" con la que siempre teníamos problemas. El tiempo pasó, me casé, luego ayudé a tu papá con sus estudios universitarios. Simultáneamente, yo tenía dos trabajos. Paralelamente perdí a mi primer bebé. Además me eché la responsabilidad de cuidar a mis tres hermanas pequeñas ya que mami Fela se había ido para Nueva York y ellas se quedaron a vivir conmigo por un tiempo en lo que mami regresaba o las mandaba a buscar. Luego nacieron ustedes con las que pasé mucho trabajo porque siempre estaban enfermas con asma y alergias a las leches y al trigo. Posteriormente comenzaron mis problemas maritales, por lo tanto tenía demasiado con qué lidiar. Consecuentemente, dejé aquel asunto de mi hermana allá guardado en mis archivos arcaicos.

"Cuando mi madre se fue a New York para ayudar a mi hermana Tony con su primer bebé, también se fue con la esperanza de buscar a su hija Minerva allá en Nueva York, la ciudad de los rascacielos. Al ver que mami Fela buscaba por todos lados a su otra hija, uno de mis hermanos le contó que yo me había enterado que la hijita que ella tanto buscaba había muerto cuando tenía veintiún años. Mi madre sufrió y calló en silencio y nunca me dijo nada. No fue hasta hace poco (unos 20 años más tarde) que me enteré que uno de mis hermanos se lo había dicho y que por lo tanto ya ella lo sabía. Mi pobre madre, se lo callaba todo, no hablaba de sus sentimientos conmigo, ni yo me atrevía a hablar con ella abiertamente como lo hago con ustedes. Era otra época, eso fue lo que nos enseñó la cultura de familia. Conmigo no se atrevía platicar de su vida pasada ni de sus penas, me tenía un respeto tan grande, que a veces no se sabía quién era la madre si ella o yo.

"Yo me arrepiento de que durante mi adolescencia le critiqué muchas veces su vida pasada, el que hubiera tenido tantos hombres en su vida, pero con el paso de los años me di cuenta que yo no era quien para hacer eso, ya que ella sólo fue una víctima más del machismo puertorriqueño, de un Puerto Rico pobre y desesperado y sobre todo de una familia que no le dio el valor que ella se merecía. En su casa la sacaron del primer grado de la escuela elemental para que cuidara a los demás hermanos, los que en aquel tiempo creo que eran unos once niños. Algunos murieron pero de los que vivieron, todos fueron a la escuela menos ella. Ella fue la sirvienta de la familia y con todo y eso cuando salía a trabajar fuera, siempre venía con alguna camisita o zapatos para sus hermanos. Algunos de mis tíos me han contado que ella era la que los vestía. Ahora entiendo qué clase de vida ha tenido mi madre y entiendo que no soy quien para criticarla."

Esa saga de abuela y de mami me impresionó. Espero que eso no pase entre nosotras, que no haya secretos y que podamos hablar con sinceridad. Por tal razón algún tiempo después quise seguir aprendiendo más sobre los secretos, la vida y los hijos de abuela:

— ¿Cómo conociste a abuelo Marcos? —le pregunté—. Anda, cuéntame.

— Jessika, como te decía antes, después que se llevaron a mi nena, pasaron muchos años en que solamente me dedicaba a bordar, a tejer, a hacer rejilla y a trabajar como sirvienta en distintas casas hasta que pude volver a conseguir trabajo en la Base Militar Ramey de Aguadilla. Allá me trataban bien. Muchas de las esposas de los militares me querían traer con ellos para Estados Unidos, pero yo no me atrevía viajar, era muy jíbara y además no me quería ir muy lejos de los viejos. Si me hubiera venido para los Estados, mi vida hubiera sido muy distinta —dijo abuela con melancolía.

"Cuando ya tenía veinte años, y un día en que visitaba a unos amigos allá frente a la playa en Aguadilla, vi de lejos a un muchacho muy guapo, "un pollo". El estaba haciendo ejercicios y corriendo por la playa. El me vio recostada en la baranda del balcón y me saludó, yo le saludé y hablamos por un rato. Al irse él me preguntó si yo volvería a estar por allí. Le dije que posiblemente. El próximo domingo lo vi nuevamente y volvimos a hablar. Entonces me preguntó dónde yo vivía y al poco tiempo se apareció por casa de mis padres y me visitó varias veces, se portó bien chévere conmigo y mi familia. Nos enamoramos y me fui a vivir con él. Tu abuelo y yo vivíamos en un cuartito pequeño y éramos muy felices, yo lo adoraba y creo que él a mí también. El fue el primer amor de mi vida. Era un chango, un Cantinflas, hacía chistes y era un hombre alegre, le encantaba bailar e imitar a Cantinflas. Fuimos muy felices, pero aquella *felicidá* duró poco. Al poco tiempo me quedé encinta. El decidió irse a Nueva *Yor* a trabajar porque ahora tendría que mantener a una hija.

"Como a los siete meses de Socorrito haber nacido, él me mandó a buscar. Allá fui con la nena bajo una tormenta de nieve que nos desviaron y no llegué el día que debí haber llegado. Aquello para mí fue la muerte. Figúrate, aquello fue a fines del 1948[6] que las cosas no eran como ahora. Aquellos aviones parecía que iban a caerse, pues eran aviones que habían usado para la Segunda Guerra Mundial."

— Abuela, ¿cómo sabes que habían sido usados en la guerra?

— La *verdá* que no sé, pero eso parecía, porque estaban todos *estartalaos* y sonaban como una *metralleta*.

"Por fin a los dos días llegué al apartamento en Brooklyn. Allá una señora me atendió y yo no le entendía ni papa. La señora me quitó la nena, me le buscó leche y me ayudó a cambiarla, pero yo no le entendía. Marcos no estaba allí, yo asustada no pude dormir porque creía que me iban a quitar la nena. Yo me mataba si me volvía a pasar lo mismo con mi segunda nena. Aunque yo todavía le daba el pecho a la nena, ya casi no daba leche por lo que le llevé una botella a la señora para que me diera un poquito más. Todo esto por señas. Al otro día llegó tu abuelo preguntándome cómo había llegado hasta el apartamento, que él creía que yo estaba todavía en la Isla. El trató de acomodarme y se volvió loco con la muchachita y la bailaba de un lado para otro y se la quería enseñar a todo el mundo. Inmediatamente nos compró abrigos y ropa de invierno porque hacía un frío pelú ya que era cerca de *navidá*. Sus hermanos, Nano y Lile vinieron a vernos y velaban por nosotras.

"No pasó un mes cuando Marcos comenzó a llegar de madrugada, todo borracho y pintado de lápiz de labio. Algunas veces no llegaba hasta dos o tres días después. Yo no tenía con quien hablar, no podía trabajar por no dejar la nena con gente extraña, además todavía le daba el pecho a la nena. Tampoco sabía hablar *inglej*. En una ocasión encontré retratos de Marcos con mujeres a brazo echao. Peor era que venía con mujeres al apartamentito y seguían la juerga bebiendo, bailando y brujeando. Un día cuando lo confronté me dijo que así era la vida allí. También me dijo que tenía otra mujer que le decía que me quitara la nena que ella la criaba. No pude resistir aquel descaro y lloré por varios días.

"Unas cuantas veces sus hermanos Nano y Lile vinieron a vernos

---

6 En Ancestry.com, pude encontrar la lista de los pasajeros de la línea aérea Panamerican del 5 de diciembre de 1948. Allí se encuentra el nombre de abuela: Felipa Malavé viajando con infante Socorro Esther Velázquez.

y me encontraron llorando por lo que le sugirieron a Marcos que me mandara para Puerto Rico, que yo me iba a morir allí de nostalgia y congoja. Ellos siempre nos venían a ver y a saber de la nena. Lile y Nano me ayudaron mucho. A los cuatro meses de haber estado en Nueva *Yor*, Marcos me sacó el pasaje y me mandó a la Isla, así volví nuevamente a casa de mis viejos. Yo no sé qué era peor, si allá en Nueva *Yor* o en casa de mis viejos, pues la situación económica de ellos se había empeorado. Marcos me mandó unos tres giritos de quince pesos por tres meses, luego dejó de mandarle dinero a la nena. Me tuve que ir a trabajar y a dejar a la nena cuidando con doña Nana, allá en el pueblo de Moca.

"Al mes de haber regresado de New *Yor* Socorrito cumplió los doce meses de nacida por lo que aproveché para ir con ella a casa de su abuela paterna, doña Justa Valentín. Subimos el cerro de Aguadilla, velé que no viniera el tren por la vía y crucé corriendo con mi muchachita. Llegué con la lengua saliéndoseme después de subir la cuesta y brincar la vía del tren. Luego de hablar un rato y jugar con la nena, doña Justa me dijo que Marcos se iba a casar y que iba a ser padre otra vez. Esa noticia me destruyó por completo, pues lo quise como a nadie he querido. ¿Cómo era posible que en tan poco tiempo fuera a casarse? No lo podía entender, pues Socorrito apenas había cumplido un añito y solamente hacía un mes que yo había llegado de Nueva *Yor*. Aquella noticia fue como una puñalada en mi corazón. De regreso a la casa me puse a cavilar, eso quiere decir que era verdad, que mientras yo estaba con él en Nueva *Yor* él estaba saliendo con otra y la tenía encinta. Fui llorando todo el camino. Llegué a casa de mis viejos y me metí en una jamaca a mecerme como una tonta dándole vueltas en mi mente a aquella noticia. Me deprimí mucho con aquella noticia, supe que la nena y yo lo habíamos perdido para siempre. Lo seguí queriendo por mucho, mucho tiempo. Pero tuve que seguir adelante con mi corazón destrozado. No me quedaba otro remedio que seguir luchando por mi nena. Esta no la iba a perder y tenía que luchar por ella con uñas y dientes.

"Aunque tanto él como su familia sabían dónde yo vivía, no volví a saber más de él. Pasaron meses y no recibía nada para la nena por lo que tuve que reportarlo a la corte dejándole saber que mi esposo no le mandaba nada para los alimentos de nuestra hija. Ellos lo localizaron y le exigieron que le pasara algo para los alimentos de Socorrito. Pero él decía que estaba sin trabajo. Eso lo puedo creer, porque su trabajo y su vida eran jugar, beber y *mujereguiar*. Como la corte le exigió que le pasara los alimentos a la nena, Marcos solamente le pasó un par de chavitos unas tres veces y no volvió jamás a mandarle ni un chavo prieto y no volvimos a saber de él tampoco.

"Pensé que si él no era padre para buscarla y pasarle los alimentos a la nena, pues él lo pagaría algún día. De todas maneras, creo que no era el primer hijo que dejaba votao. Pero lo que más me apena es que él no vio crecer a Socorrito, que no le vio salir sus primeros dientes, que no aprendió con él a decir la palabra papá, que no la arrulló cuando estuvo enfermita, que no la vio ir a la escuela por primera vez, que no le dio el cariño de padre que ella se merecía. Pero sabes qué es lo peor, que ni siquiera en este momento, cuando ella está en los cincuenta años, él no sabe la fecha de su nacimiento ni nunca le ha celebrado un cumpleaños. Es más, nunca en su vida le ha enviado una tarjetita de cumpleaños. Si no hubiera sido por Pedro que en paz descanse, se hubiera criado como una huérfana de padre. Hija, qué más puedo decir, pues lo mismo le pasó a María y a José.

"Cuando me estaba curando un poco del dolor de haber perdido a Marcos para siempre, fue cuando fui a casa de mi hermana a ayudarle con los nenes en lo que ella daba *a luz*. Allí fue que el sinvergüenza de mi cuñado me violó. De allí nació mi querida hijita. Aquellos días fueron terribles y ahora tenía dos hijas y sin marido. ¿Qué haría para mantenerlas si ninguno le pasaba nada? Trabajaba cuando podía conseguir a alguien que me las cuidara. Tampoco podía dejar cuidando a la nena cerca de donde vivía mi hermana porque ella buscaba la manera de molestármela, quizás porque se parece mucho a su padre. En aquella época tampoco existía ayuda de servicios sociales ni cupones, pues eso era a principios de los 50's.

"Más tarde, cuando ya estaba echando palante con mis nenas, conocí a Manuel, que era un hombre fanfarrón y parejero que venía por el vecindario en un caballo como un rey. Me enamoró y me ofreció villas y castillas. Yo como una pajuata le creí. Me dejó preñá de mi tercer hijo, José Antonio (Rochi). Una amiga me aconsejó que lo abortara pero yo no tenía corazón para eso, mejor comía tierra que tratar de abortar. Yo esperaba que su padre me ayudara a mantenerlo, pero no fue así, no volví a verlo jamás en la vida. Ese fue otro desgraciado, hijo de yegua, que nunca me le dio ni una latita de leche al nene. Ese otro sinvergüenza nunca trabajó y siempre estuvo más pelao que un chucho. Yo creo que nunca dio un tajo y es vago de *nación*. Rochi lo buscó por mucho tiempo y aunque por fin lo encontró, ya para qué, pues a ese quien me lo crió fue Pedro y fue el único padre que él conoció. Aunque Rochi lo encontró, el sinvergüenza de su padre ni caso le hizo a mi muchacho.

"Volviendo atrás, en ese tiempo que tuve a Rochi yo estaba desesperada, pues con tres muchachos no podía seguir sin trabajar. Fue entonces que me fui a coger café mientras la vieja me cuidaba a Socorrito, a María y a José de meses. Como era por unas horas y tempranito en la mañana, ella podía cuidármelos. Pues también ella cuidaba a Bienvenido, mi hermano más pequeño que le llevaba un par de años a Socorrito.

"Recuerdo que los tres bebían leche en la misma botella, una botella de coca cola o de malta india porque usábamos la misma botella y el mismo biberón para todos. A José yo lo alimentaba solamente con el pecho. Mi padre, tu bisabuelo, me le hizo un *coy* a cada una de las nenas para que durmieran y José Antonio que estaba de meses dormía conmigo en un catre. Como el catre estaba tan viejo, algunas veces ya no resistía dormir allí y me dormía en una *jamaca* o en el piso *pelao*.

"Cuando María tenía como tres añitos, aunque yo no quería nada del padre de mi nena, fui a la corte para que el desgraciado ese le pasara los alimentos a la nena. El muy sinvergüenza le pidió a la corte que le dieran la nena a él, que él podía llevársela a vivir a su casa. Lo que él pretendía era no pasarle nada a la nena. Por lo tanto se valió de artimañas para quitármela. En aquellos tiempos la ley no protegía a las mujeres por lo que me quitaron la nena diciendo que yo no tenía con qué mantenerla. Aquello me partió el corazón, me sentí con las manos atadas. Yo sabía que mi hermana no podría querer a la nena porque era hija mía y del desgraciado de su marido. Sabía que ellos la maltratarían. En los tribunales no vieron aquello, pues los que mandan en las cortes son hombres y todos están cortaos por la misma medida. Peor fue que las veces que fui a ver a mi nena no me dejaban verla, no me abrían la puerta. Pero yo tuve fe de que Papa Dios me ayudaría algún día para quitársela de alguna manera. No iba a perder mi nena como perdí la primera.

"Después de un tiempo me junté a vivir con Pedro Hernández Almán, el tenía un cuartito cerca de la casita de mis viejos. Poco tiempo después de irme a vivir con él, nos mudamos para el barrio Cuchillas de Moca. Allá don Funda Román, quien tenía muchas cuerdas de caña, nos dio una casita para que la viviéramos como *arrimaos* mientras Pedro le cortaba la caña y le velaba las fincas. La casita estaba cerca de una quebrada y en medio de un cañaveral. Allí fui con Socorrito, José Antonio y mi esposo Pedro. Recuerdo que Pedro Blanco, un chofer de carro público del barrio, nos llevó en su carro público con la poquita mudanza que teníamos.

"A los pocos días de mudarnos para Cuchillas traté de recobrar a mi hijita, la que me había quitado su padre. Tuve que ir con un machete y dispuesta a todo. Recuerdo que mi viejo Facio me acompañó para evitar una desgracia, porque yo iba a jugarme el todo por el todo. Ahora tenía un hogar para mi nena, así que me la tenían que dar. Después de tremenda pelea con ellos, pude sacar a mi muchachita. Cuando *chequié* la nena, estaba llena de llagas y piojos. Pensé que nadie la bañaba, que no le peinaban su pelito como yo lo hacía, que nadie le cambiaba el pañal y que nadie la mimaba como yo. Recuerdo que cuando llegamos a la casa donde vivíamos ella se metió detrás de unos sacos de semillas de palma como si tuviera miedo de ver gente, pues allá la trataban como a un animalito.

"Luego supe que le tiraban la comida en el piso para que ella comiera lo que pudiera, ¡desgraciados! La trataban como a un animal. Una de mis cuñadas y los vecinos del padre de la nena, saben esta historia del maltrato que le daban a mi nena. Tuve que afeitarle la cabeza para curarle aquella piojera y llaguera. Después de lavarle la cabeza con medicina para los piojos se la volví a lavar con *cundiamor*. La cuidamos como si acabara de nacer. ¡Ay mi muchachita, sabe Dios los maltratos por los que pasó en esos tres meses que estuvo en esa casa de criminales!" En ese momento abuela dio una vuelta y se puso a llorar recordando aquel momento. La tratamos de consolar y pasados algunos días, volvió a contarnos el resto de la historia:

— Pues como te decía, ya bastante curada la piojera, le comenzamos a enseñar a hablar porque casi no hablaba y ya tenía tres añitos y medio. Lo que yo le había enseñado antes de ir a esa casa se le había olvidado por lo que tuvimos que volver a enseñarle lo que se le había olvidado.

"Por otro lado, como Pedro trabajaba duro y sudaba la gota gorda en aquellos cañaverales, pues yo no tenía que trabajar fuera. Yo cuidaba de mis muchachitos. A Pedro, bien temprano en la mañana, yo le preparaba un buen desayuno con sorullos de maíz, avena, marota, arepas, almojábanas, o un par de huevos pasaos por agua con pan sobao. Por la mañana temprano pasaba por el barrio un panadero con un saco de pan fresco. El panadero me dejaba un bollo de pan para el desayuno y para acompañar el café fresquecito, acabao de colar. También le preparaba una fiambrera llenita de comida y un termo de café para que se lo llevara para su almuerzo, o algunas veces yo le llevaba la fiambrera a donde él estuviera trabajando. Además de dedicarme a cuidar bien a Pedro y a mis nenes, también sembraba algunas cositas, como tomates, repollo, cilantro, yuca, ñame, yautía, malanga, guineos, plátanos, habas, gandules y muchas otras cosas.

"Muchas veces Pedro traía frutas como mamey, pomarrosas, parchas, guanábanas, guineos, chinas, toronjas, papayas y *mangoses*. Ambos atendíamos las gallinitas, y un par de lechones y cabras que nos daban leche fresca y carne. Como vivíamos cerca de una quebrada, los alimentábamos muy bien con el malojillo que crecía a la orilla de la quebrá. Cortábamos aquellas cepas de malojillo bien verdecito y las cabras y los cerdos se ponían pimpos.

"Aunque Pedro casi me doblaba la edad, de él tuve tres hijos: a Rey, a Judy y a Mary. El primero fue Luis Reinaldo, ese cabezón nació criao, pesó nueve libras cuando nació. Casi me muero en el parto. La vieja mía fue mi comadrona y *se vio fea* tratando de sacarme al muchacho. Pedro me ayudó a hacerle el *coy* donde el nene dormía. El estaba loco con su muchachito. Desde muy temprano le tuve que dar atol de plátano o yautía porque ese muchacho era un comelón.

"Poco tiempo después de Rey haber nacido, yo estaba cogiendo algunas guajanas preciosas cerca de la casa para que Socorrito y los otros nenes jugaran. En ese momento nos vinieron a avisar que había un fuego terrible en las cañas. Nos tuvimos que ir huyendo para la casa de uno de los vecinos. Todos creímos que aquél sería nuestro final, que íbamos a morir achicharraos. Pedro y los otros trabajadores bregaron como héroes y nos salvaron de aquel fuego infernal, sentíamos el calor y vimos las llamas que se levantaban frente a la cara de nosotros. Gracias a la bravura de Pedro y los otros trabajadores no nos quemamos en aquel fuego descomunal.

"Por otro lado, los sábados Pedro mataba cerdos, vacas o cabras para hacer unos pesitos *extra*. Nos levantábamos como a las seis de la mañana a prepararnos para ayudarle. Pedro le metía un par de cuchilladas por el pescuezo y el cerdo se desangraba. Ahí moría y él comenzaba a cortar pedazos y los echaba en un baño de aluminio bien grande. Algunas veces Socorrito, quien tenía como cuatro o cinco años, le ayudaba aguantando la lata o la cacerola para coger la sangre que salía a borbotones del pescuezo del puerco. Quizás esa impresión del cerdo gritando y Socorrito cogiendo la sangre hizo que como a los catorce años dejara de comer carne, y se hizo vegetariana hasta el día de hoy.

"Prosiguiendo te cuento que ya para las ocho de la mañana, Pedro se tomaba un café y se iba a repartir la carne. Casi siempre le quedaban a deber la carne hasta el fin de mes que era cuando los obreros cobraban.

"Socorrito y yo nos íbamos a la quebrada que estaba cerca con una petaca o una lata en el cuadril a lavar las tripas para luego hacer butifarra, longanizas y morcillas con la sangre que habíamos recogido. Las morcillas que hacíamos y las longanizas, las dejábamos colgando para curarlas. Lo mismo hacíamos con la carne. Como no teníamos nevera, la salábamos con mucha sal en grano y la colgábamos para que se secara y se conservara.

"En una ocasión, pa' mala suerte, la puerca que matamos estaba *preñá* y encontramos unos tres cerditos en el vientre. Eso desconsoló a la muchacha que lloró por unos cuantos días. Otro día que Pedro degolló una cabra para vender el cuero y la carne, la cabeza salió brincando y fue a caer en la quebrada donde estaban los muchachitos bañándose y ¡aquello fue un pánico qué para qué te cuento! ¡Salieron del charco gritando como alma que lleva el diablo!

"Por otro lado, como los muchachos comían bien estaban muy saludables, ya que yo les hacía mucha vianda con bacalao, vegetales, aguacates, huevos, pescao, camarones, carne, requesón y mantequilla fresca. También les preparaba cremas con leche fresca de vaca o de cabra y les daba frutas de varias clases. Pedro hacía una mazamorra sabrosa. Cuando hacía la mazamorra le decía a los muchachos que no podían tirarse un peíto porque se dañaba. Entonces ellos se reían y se aguantaban para no tirarse un peíto porque a ellos les encantaba la mazamorra. La mazamorra y el dulce de coco eran los dulces que nosotros hacíamos y eran de los pocos dulces que podíamos darle, porque no había chavos para comprarle dulces. De vez en cuando compraban un conito con gofio, un tontón o un "Mary Jane" que eran a dos por chavo. Los conitos de gofio eran los que más le gustaban porque algunas veces traían premios.

"El viejo mío de vez en cuando les traía marrallos, pilones de ajonjolí, galletas de casco o cucas. Pedro hacía lo mismo cuando iba al pueblo. Pedro también los tenía acostumbrados a darle la ñapa de lo que el comía. Así que ellos siempre esperaban que él les diera la ñapa de la mistura.

"Cuando yo iba al pueblo de Aguadilla para hacer alguna diligencia, o al médico no dejaba de ir a la Farmacia Ferrari de Aguadilla o a una fonda a tomarme una Chinita Pal, una *"Olcolony"*, (Oldcolony), una Uvita, una malta India o una batida de vainilla y un "sanwish" (sándwich) de jamón y queso. Eso era la gloria, era mi regalo. Si iba con uno de los nenes, compartía la *mitá* porque no podía comprar uno para mí y otro para el nene. Si Socorrito iba conmigo a la Farmacia Ferrari, mientras ella se tomaba la *mitá* de la batida o el refresco, ella se embelesaba mirando a un cuadro bien grande que tenían *enfrente* (al frente) del mostrador del cafetín. El cuadro tenía unas bailarinas bailando en hielo. Aquello le parecía ¡tan lindo pero tan imposible! Ella se daba vueltas en los *estuls* (stools) o taburetes que eran rojos. Y al dar la vuelta volvía a encontrarse con el cuadro que cogía toda la pared de *enfrente*. Ella soñaba que algún día podría bailar en hielo como aquellas bailarinas del cuadro."

—Abuela, quizás por eso mami nos puso a tomar clases de patinar en el hielo. Ella también aprendió un poco, pero al principio daba un paso para adelante y otro para atrás y todos nos reíamos viéndola patinar en el hielo —le comenté recordando aquellos primeros pasos en el hielo allá en Gallup y en Albuquerque.

— Bueno, ahí tienes, cuando uno aprende las cosas después de viejo, no se tienen los mismos resultados —dijo abuela aplicándolo a la realidad.

”Un día estaba en el pueblo de Moca haciendo varias diligencias y cuando me monté en el carro público me empecé a sentir muy mal y sentía un temblor y como *electricidá* por todo el cuerpo. Creo que perdí el conocimiento. La gente se asustó y según me contaron luego, no sabían quién yo era. El chofer del carro no sabía qué hacer. Se dieron cuenta que yo tenía un ataque y me llevaron al hospital público que no estaba muy lejos. Nadie sabía mi nombre ni dónde vivía, porque después que el carro público te dejaba en un punto tú tenías que caminar mucho tiempo tierra adentro. Allí me dejaron en el hospital hasta el otro día. Por lo menos allí tenían mi *recor* y me pudieron atender. Nunca me dijeron qué yo tenía, solamente que era un ataque. Por otro lado, Pedro se estaba volviendo loco, desesperado, porque no sabía qué me pasaba ni tampoco dónde estaba. Como él tenía a los muchachitos y no teníamos carro, ni teléfono, no sabía qué hacer. Entonces al otro día fletó un carro y se fue para el pueblo a ver si me encontraba. Le dijeron que fuera al hospital y efectivamente cuando él llegó me estaban dando de alta. El se echó a llorar y a la vez estaba enojado porque con la pobreza no teníamos mejor vida. Esa fue la primera vez que me dio un ataque, que yo recuerde. No fue hasta cuando yo tenía como cuarenta y ocho años que en Mayagüez me dijeron que yo padecía de ataques epilépticos, pues ya me daban frecuentemente. Desde los veinte años me daban y ningún médico me dijo lo que tenía ni me daban medicinas. Esos ataques me debilitaban y me caía en cualquier sitio y botaba espuma por la boca y me torcía todita. De todas maneras mi Dios me protegió de golpearme al caer y me protegió durante mis embarazos porque nunca me dio un ataque cuando estuve encinta. La *verdá* es que mi Dios ha sido tan misericordioso conmigo y nos ha cuidado tanto a mis hijos como a mí.

"También te cuento que después de vivir un tiempo en el barrio Cuchillas de Moca, nos mudamos al mismo centro del pueblo de Moca. No me acuerdo por qué nos mudamos al pueblo. Quizás después de que me dieron otros ataques, Pedro quería vivir cerca del hospital y del doctor Montes que era el que me curaba los ataques. Aunque ahora estábamos cerca de los médicos, recuerdo que por debajo de la casa pasaba un caño y que a cada rato aparecían culebrones y se enrollaban en los socos de la casita. También recuerdo que por las noches teníamos que prender los faroles de la calle dándole un cantazo. Además recuerdo que un día vimos un avión que volaba por el área y se le cayó una goma (llanta). No sé si el avión se estrelló más adelante o no, pues no me acuerdo, han pasado muchos años. Pero sí recuerdo muy clarito que en aquellos días, a Pedro le gustaba una panameña que vivía en el vecindario. Yo me puse muy celosa, pero *enseguida le paré el caballito a los dos.*"

— ¡Abuela, tú eres tremenda! —le expresé.

— Mijita, lo cierto es que *el ojo del amo engorda al caballo* y *el que tiene tienda que la atienda o la venda* —dijo aplicando otros de sus dichos los que de cierta manera decían una verdad.

— Eso es verdad abuela, esos dichos son muy apropiados —le dije porque siempre me sorprendía lo bien que los aplicaba.

"Al rato de vivir en el pueblo pudimos bautizar a los nenes en la iglesia del mismo pueblo. Como no teníamos para comprarle los avíos, yo compré tela y les hice los trajecitos en estopilla para llevarlos a bautizar. Todos parecían angelitos con sus gorritos y avíos blancos. Unos años después volvimos a mudarnos, esta vez pal' barrio Capá, al mismo lugar donde vivíamos cuando nos juntamos. Al lado estaba la casita de los viejos míos. Hicimos una casita de tablas de palma, con un cuarto dormitorio, una salita que también usábamos como dormitorio y la cocinita con un fogón que tenía cuatro piedras y leña o carbón en el centro para cocinar. Todavía no podíamos tener un anafre, ese vino después.

"No te imaginas la pobreza en que vivíamos. Teníamos un pilón para moler café que al virarlo lo usábamos como banco. Las tazas eran hechas de cocos secos y los mismos servían también como vasos. Las cucharas y los platos que usábamos eran hechos de higüera, pues teníamos un palo de higüera al lado de la casa del que podíamos usar sus frutas para hacer platos, cucharas y vasijas. Además usábamos algunas de las higüeras más grandes como calabazos o como ditas. Primero le sacábamos la tripa (lo que tenía adentro) y luego las poníamos a curar para poderlas usar como calabazos. Aquellos palos de higüera eran santos, nos ayudaron con aquella pelambrera tan grande. ¡Hija, para qué te cuento!, si aquellos años de los cuarentas y cincuentas eran de gran pobreza y nosotros estábamos en la *prángana* como dicen. En aquellos años no existía eso de la PRERA ni del mantengo. A mí no me dieron esas ayudas hasta muchos años después que Pedro murió. Gracias al gobernador Don Luis Muñoz Marín que vino a salvarnos de aquella pobreza echando *palante* a la isla.

”En aquella época tan mala, Pedro jugaba gallos los sábados por la tarde o los domingos para ganarse un par de chavitos más. Tenía un gallo que le llamaba el gallo bolo, otro era el gallo manilo y otro el gallo inglés. Creo que eran de una clase en especial y por eso los llamaba así. El los alimentaba muy bien, les afilaba las espuelas, los recortaba y les cuidaba la cresta. Algunas veces los gallos ganaban y él los volvía a preparar para otra pelea. Otras veces perdían y los que perdían, si estaban muy acabaos, los acabábamos de matar y los cocinábamos en sopas o en fricasé.

”En la semana, yo atendía a los muchachos, lavaba y planchaba ropa para la familia Román y los Vargas. Socorrito que era la más grandecita trabajaba los sábados en casa de su padrino el compai Che Román y le pagaban una peseta por día. Ella guardaba su pesetita para comprarse cositas y decía que cuando fuera grande le compraría una casita a Pedro. Cuando se rompió una mano bañándose en una quebrada y huyéndole a una buruquena, había juntado unas cuatro pesetas. Le dolió más el no poder ir a trabajar para ganarse sus chavitos que la rotura del brazo.

”A los diez años se fue a vivir a casa del señor Vera y su esposa. Allá les trabajaba y también estaba más cerca de la escuela. Era mejor porque así no tenía que caminar por la carretera de piedra. Allá recogía las calabazas, lavaba pisos, baños y hacía todo tipo de limpieza. Como todavía era una niña, lo que le pagaban era dos pesetas a la semana. Un día me le dijeron que no la querían más porque le había pegado piojos a la nieta de ellos. Eso no fue *verdá* porque a ella nunca le dio piojos ni lombrices. A todos los otros muchachos míos, les dio piojos, menos a ella ni a José. Esos dos no eran dulce para los piojos. Pobrecita mi muchachita, vino un día con sus trapitos *enliaos* en una falda y llorando. Le dije, mija no te preocupes, *donde a uno le cierran una puerta, el Señor le abre cien.* Después de eso, ella comenzó ayudando a comai Loly, y a María Román. Las dos vivían cerca y ella les ayudaba con la limpieza de la casa o con los niños. Otras veces ayudaba a la familia Vargas. Nunca le faltaba quien la buscara para trabajar porque aunque era muy jovencita era muy trabajadora y seria.

"Pedro era muy buen hombre, él le enseñó mucho a Socorrito, él la llevaba con él a las casas de los ricos del barrio y la presentaba como su hija. La llevaba para que ella tuviera ambiciones en el futuro y viera que no todo tenía que ser pobreza. El la cuidaba tanto como a sus propios hijos. Él como yo, teníamos muchas esperanzas de que ella iba a ser algo grande en el futuro. El fue el que la llevó al hospital de Aguadilla cuando ella se rompió la mano. La montó en un caballo y salieron a todo galope para el hospital. Ella también lo quería mucho y lo llamaba papa, él prácticamente la crió y le dio amor y mucha disciplina. El también fue el que le enseñó a bregar y a atizonar las carboneras. También le enseñó a montar a caballo, a ordeñar las vacas y las cabras. Ella lo quería tanto que en la escuela se cambió el apellido por su propia cuenta y se puso Hernández, que era el apellido de Pedro. Eso lo hizo por un tiempo, hasta que él murió.

"Pedro trabajaba en la caña durante la zafra y también cogía café después del acabe de la caña. Durante el tiempo muerto, también arreglaba casas, talaba y abonaba terrenos para la siembra de la caña. Entre otras muchas cosas, mataba y asaba lechones, hacía carbón para venderlo y sembraba en la hortaliza. Era un hombre muy bueno y trabajador, pero bebía ron y de vez en cuando venía a pelear a la casa, todo por la bebida. El pobre, algunas veces se desquitaba con unos cuantos palos de ron, pues tenía que bregar con los fuegos de caña y aquel trabajo era duro, yo lo sé porque también corté y bregué con la caña. Y si le picaba el *picapica* llegaba grave a casa."

Abuela se quedaba pensativa entre ratos como tratando de ver la película que llevaba allí en los archivos de su mente. Por esto le pregunté:

— ¿Abuelita y cuando se acababa la zafra, qué hacían?

"Cuando se acababa la zafra la central Plata y Coloso lloraban y lloraban por horas. Así como el tizne que tiraban durante la zafra, aquel llanto se nos metía en el alma, aquél era el anuncio del tiempo muerto. Aquél llanto era el anuncio de una época difícil para los peones y sus familias, ¡ay bendito, el tan mentao tiempo muerto!

"Pero como te dije antes, Pedro, así como también mi viejo Facio Malavé se las buscaban durante ese tiempo, ya fuera desyerbando, abonando, pintando o arreglando casas, cogiendo café, haciendo carbón para venderlo, vendiendo cositas de la hortaliza, yendo los sábados a la plaza del mercado a vender un lechoncito, una vaca, un caballo o un cuero de cabra para sacar un par de pesos hasta que pasara aquel tiempo muerto.

"Así pasaron los años y cuando parecía que estábamos saliendo adelante, Pedro se enfermó y estuvo un mes hospitalizado en el Distrito de Aguadilla. Allí le dijeron que tenía hidropesía y después de estar allí por un mes, me dijeron que me lo llevara a la casa que ya ellos no podían hacer nada por él. En esa época no había eso de "el fondo", ni cupones, ni Servicios Sociales *ni tío sácame del río*. Lo único que teníamos era la talita pero a mí no me daba tiempo para bregar con ella porque tenía que bregar con los muchachos, con los animalitos y estar *diendo* al hospital a ver a Pedro. A la misma vez lavaba y planchaba para ganarme unos chavitos para mantener la familia.

"Después de un mes en el hospital de Aguadilla, me desahuciaron a Pedro. Me lo traje para la casa pero yo estaba segura que él se sanaría, que aquellos medicuchos eran unos mata perros, pues me lo desahuciaron. Yo no perdí la fe y me lo llevé para el hospital de San Sebastián. Allá lo admitieron y enseguida le metieron cuchilla y le sacaron unos cuantos baldes de agua que tenía acumulada en el cuerpo. En pocos días le dieron de alta y le mandaron algunas medicinas. La hija de Tomás Márquez, que era enfermera venía a curarle la herida de la operación. En una ocasión hubo una semana de lluvia y no pudimos cambiarle los vendajes. La herida y la cama empezaron a coger gusanos. Al ver aquello, tuve que dejar el lavao y el planchao que le hacía a los vecinos ricos para dedicarme a Pedro solamente.

"Pasaron unos cuantos meses y aunque Pedro había mejorado de todas maneras no había podido ir a trabajar por lo que ya no teníamos nada de comida en la casa ni dinero para comprar. La vieja mía me traía un poquito de arroz con habichuelas o alguna viandita y eso yo se lo repartía a los muchachos y a Pedro. Yo con los nervios y el embarazo no comía. Me mantenía solamente con traguitos de café. Tuve que vender la vaquita y el chongo que ya parecían un esqueleto. Para mí, primero eran mis muchachitos y Pedro. Lo poco que había de comida era para ellos y Pedro. Como la situación se empeoró y yo no podía dejar a Pedro ni a los nenes morirse de hambre, con la barriga en la boca me fui con Socorrito a pedir limosna por los barrios de Capá y Hato Arriba. Me acuerdo como ahora, que me daba una vergüenza pero no me quedaba otro remedio que contarle mi desesperación a todas las personas a quienes le iba a pedir para que me ayudaran con algo. En la casa de una señora Vargas me dieron un chavo prieto, eso fue todo, ¡qué señora tan maseta! Por eso los muchachos del barrio le decían "la vieja de las patas largas".

"Seguimos caminando bajo un sol que picaba y más adelante, cerca de la pluma pública de la carretera militar me senté a descansar y a llorar. Me sentí mareada y el calor me sofocó. Creí que en ese momento iba a abortar, pero Socorrito me dio un poquito de agua y unas galletitas que le habían dado en una de las casas. Ella me consoló y me dijo, "mama no te preocupes que *no hay mal que dure cien años ni cuerpo que lo resista*". Sólo le pedí al Señor que me llevara o que me diera fuerzas para seguir. Que si me llevaba que no abandonara a mis hijitos del alma. En la pluma pública, me eché un poco de agua por la cara y el cuello para quitarme el calor. Seguí por el camino hasta Hato Arriba. De esa manera me dieron unos cinco centavos de aquí y otros de allá hasta que junté unos pesitos para pasar unos días.

"El padre de Socorrito no le pasaba nada, el de María menos y el de José menísimo. Pero como dicen que *Dios aprieta pero no ahoga*, poco a poco Pedro se fue mejorando. Poco tiempo después, gracias a la misericordia de Dios, Pedro mejoró por completo y volvió a trabajar. Entonces nació Judith. Nació como una lombriz de tierra, flaca y llorando mucho. Pobre muchachita, desde que estaba en el vientre estaba sufriendo, porque aquella fue la época más mala de nosotros. Ella vino en un momento malo, tanto así que desde chiquita le dieron muchas enfermedades y siempre fue muy remilgosa. Eso quizás se debía al hambre y a las penas que pasamos mientras Pedro estaba enfermo y yo encinta. En esa época estuvimos pasando muchas *vercisitudes* (vicisitudes). Por eso siempre le tenía pena a mi muchachita que era la más *revejía* de todos.

”Algún tiempo después a los nenes me les dio lombrices y tuve que darle *lombrifuga* para matárselas. Las lombrices le salían hasta por la nariz. Aquello fue asqueroso, pero se las maté toditas. También les dí *sarsosa* por si les quedaba algún parásito. Quizás todo eso pasó debido a lo que habíamos pasado y la falta de buena alimentación o quien sabe si del agua o el caminar descalzos. Después de unos cuantos purgantes de *lombrifuga y sarsosa,* se le curaron y al igual las cosas fueron mejorando.

”Por la gracia de Dios y creo que con la ayuda de los americanos, después de esos problemas de salud de los muchachos, comenzó un programa de lechería donde en un ranchón (estructura de zinc y madera) como un comedor escolar le daban desayuno a los niños pobres del barrio o la *comunidá.* Aunque no estuvieran en la escuela, tenían derecho a ir a desayunar para ayudarles con su nutrición. Los míos iban a desayunar a ese comedor. Allí le daban avena, farina, harina de maíz, revoltillo de huevos, pan, leche, queso, mantequilla de maní, ciruelas, jugo, frutas y un montón de cosas más. Además de que yo les di el pecho (de mamar) a mis nenes, también los alimentos que me le dieron en las lecherías le ayudaron a que se acabaran de criar más saludables. También cuando conseguía algunos pesitos, les compraba la Emulsión de Scott de aceite de hígado de bacalao. Esa emulsión era santa, era barata y les servía como vitamina. Cuando ya estaban más grandecitos les daba otra vitamina que se llamaba Tónico Wate On (Wate On Tonic). Esta era otra vitamina que les daba apetito a los muchachos y los hacía crecer sanos y fuertes. Siempre estuve buscando lo mejor para mis muchachitos.

”Un día, cuando Socorrito estaba en primer grado de la escuela elemental, la tuve que dejar cuidando a los otros muchachos mientras yo iba al pueblo de Moca pa' una cita con el doctor Montes que era el mejor doctor que he conocido. Ese sí sabía de medicina. Él era el que me curaba los ataques epilépticos desde que yo tenía como veinte años. Ese día que fui a ver al Doctor Montes, Socorrito como niña al fin, se trajo pa' la casa a su amiguita Quique, la hija de doña Vita y don Juan Plaza. Las dos se pusieron a cocinar y como el fogón era alto, se treparon en una lata de galletas Sultana para alcanzarlo. De momento se le viró el sofrito encima a la amiguita de ella y a un perrito que estaba debajo del fogón. ¡Ay madre santísima! Se volvió una gritería y Socorrito llamó a casa de los viejos míos. Ellos salieron rápido con la muchachita para el hospital de Moca y de allí para el hospital de Distrito de Aguadilla. A la pobre amiguita tuvieron que hospitalizarla y tuvo que faltar a la escuela por mucho tiempo. Eso nunca se me olvida, pues me sentí culpable de que le pasara eso a esa muchachita. Por obra de Dios Socorrito no se quemó. Pero ella lloró y rezó por su amiguita y aún todavía se siente culpable de que su amiguita se quemara.

"Por otro lado, cuando Socorrito tenía unos diez años, mi hermano Jandino que había emigrado para Brooklyn, se encontró con Marcos en la calle y se saludaron. Mi hermano le contó que la nena era bien linda que se parecía a él y que era muy estudiosa. Consiguió su dirección y me la mandó. Socorrito le escribió y así comenzaron a comunicarse. Ella no lo conocía, nunca lo había visto, ni siquiera tenía un retrato de él. Había visto algún retrato porque yo siempre la llevaba a casa de su abuela, doña Justa y a casa de su tía Segunda. Un año después, él le mandó el pasaje para que ella fuera a verlo a Nueva *Yor*, pues él no tenía pantalones para viajar en un avión y venir a verla. Según él le tiene miedo a los aviones. Tan macho que es para coger mujeres y largarlas y para emborracharse y pelear con cualquiera y no se atreve montarse en un avión para venir a ver a su primera hija.

"Socorrito no pudo hacer el viaje porque se nos enfermó con la tosferina y le devolvió el pasaje a su padre. Pedro se amanecía con ella levantándola para arriba porque la muchachita se quedaba sin respiración. Desde que le devolvimos el pasaje al padre de Socorrito, ya no volvimos a saber de él. Cuando ella le devolvió el pasaje, creo que le escribió diciéndole que no le volviera a escribir, imagínate, cosas de muchachos. Dos años después de que Socorrito le devolvió el pasaje a su padre, murió Pedro que en paz descanse. Figúrate, duró unos diez años después de que los médicos del distrito me lo desahuciaron. El día que Pedro murió, Maribel que era la más pequeña cumplía ese día dos meses de nacida. Esa fue otra que nació de nueve o diez libras.

"Pienso que Pedro se murió de la picada de un animal que le picó cuando venía para la casa. El me dijo que algo le había picado en el camino a la casa pero no le dio importancia. O pudo ser un ataque al corazón.

"La noche que él murió, por la tarde había estado en casa de su hermano Juan Hernández. Juan era el hermano con quien mejor él se llevaba de los tres hermanos que tenía. Los otros dos eran Clemente y Jorge. Parece como si hubiera ido a despedirse de Juan, o quien sabe qué pasó por allá, pero al otro día Pedro amaneció muerto. Esa noche cuando regresó de ver a Juan, le hizo un chiste a los nenes que Socorrito se rió tanto que se fue por el boquete de un trapo de sillón roto que teníamos, pues él sabía hacer chistes y casi nos moríamos de la risa con sus chistes. Reinaldo que era chiquito dormía con él en la salita. Por la mañana cuando me levanté para hacerle el café, llamé a Pedro y al no responderme, fui a la camita y al moverlo me di cuenta que estaba muerto abrazando al nene. Para más desgracia no teníamos dinero para el entierro, pero el municipio y algunos vecinos nos ayudaron con los gastos.

"La maestra de Socorrito, Miss Juanita Cruz nos visitó cuando estábamos velando a Pedro (que en paz descanse) y por primera vez se dio cuenta de nuestra pobreza. Ese año fue el primer y único año que en la escuela le dieron los zapatos a Socorrito. La Señorita Cruz fue a la escuela y les contó que vivíamos en una pobreza extrema y le consiguió los zapatos que daba la escuela por medio peso. Aquella era una excelente maestra y una santa, siempre se preocupaba por sus estudiantes. Como Socorrito siempre iba bien limpiecita y con sus trajecitos almidonados y sus zapatitos limpiecitos, pues los maestros no pensaban que era tan pobre. Pero era que yo le arreglaba los trajecitos que la comai Loly Román me regalaba para las nenas. Sus hijas eran más grandes que las mías y entonces cuando se le quedaban los trajecitos, ella me los daba para las mías. Yo los arreglaba, los almidonaba y los planchaba y cuando ellas se los ponían parecía que tenían cancanes de tan tostaditos que quedaban.

"Socorrito caminaba descalza por toda la carretera de piedra, no se ponía los zapatos hasta que llegaba a la pluma pública de la carretera militar (carr. 125) cerca de Lalo Aquino. En ese punto se lavaba los pies y se ponía sus zapatos. En otros momentos seguía descalza hasta cerca de la escuela. De esa manera no gastaba tanto los zapatos. Cuando Pedro estaba vivo, los domingos, él le brillaba los zapatos con betún y eso hacía que se vieran como nuevos. Cuando se le estaba gastando la suela, le ponía un canto de cartón por dentro para que le duraran un poco más. A Tony y a Socorrito yo les hacía trenzas, un rabo de caballo o les hacia moños los que le aseguraba con pinches y se veían muy lindas, como princesas.

"Como un año después de la muerte de Pedro que en paz descanse, a mí me dieron ochocientos pesos por un golpe que un palo de mangó le dio a Rochi. El árbol lo estaban cortando los trabajadores de Fuentes Fluviales pero el muchacho se metió debajo de un gancho a coger un mangó para traérmelo. El tronco del árbol se viró y le cayó encima y casi lo mata, pues él era pequeño y casi le *desbarató* la cabeza. Le cogieron puntos por dondequiera. Estuvo en el hospital por como un mes. Un abogado me luchó el caso y me le dieron ochocientos pesos."

— Abuela, ¿más na' que eso te dieron? —le pregunté sorprendida.

— Mija, ¿qué sé yo de leyes? A mi to' el mundo me ha cogío de soquete porque no sé de letra. Aquí también lo que pasa es que los abogados se venden con las compañías y es más lo que sacan para ellos que lo que le toca a uno —dijo atinando.

— Bendito abuela, yo creo que me voy a estudiar leyes para defender a toda la gente como tú —dijo Choma que estaba escuchando la historia de abuelita.

— Hija, eso es lo que necesitamos abogadas, mujeres con sentimiento, que verdaderamente defiendan a los pobres desamparados —dijo en tono feminista.

"Como te iba diciendo, con algo más que tenía guardadito pude comprar un ranchito de casa. Así compré la casita de Sal Sipuedes y nos mudamos del Barrio Capá de Moca para el sector Sal Sipuedes de San Sebastián. Nos tuvimos que mudar de Capá porque el terreno donde teníamos la casita no era de nosotros. Según la familia de Jorge, el hermano de Pedro, el terreno pertenecía a Jorge. Como nunca entendí qué había pasado que Pedro no había heredado aquel terrenito, pues me tuve que ir de la casita. La casita de Capá no la pude vender, pues nadie me la iba a comprar si el terrenito no era mío.

"Nos mudamos para nuestra nueva casita, la que era mejorcita que la que teníamos en Capá pero por debajo de la casita pasaba un caño que cuando crecía, el agua casi se metía dentro de la casa. Algunas veces la corriente era tan fuerte que la casa se *remeneaba*. Gracias a Dios que la casita tenía socos bien altos y fuertes. El bache era tan terrible que nos íbamos hasta las rodillas. Quizás por eso le llamaban Sal Sipuedes y no me di cuenta que *cuando el río suena es porque agua trae.*"

— ¿Qué quieres decir con eso, abuela?

— Creo que por eso la estaban vendiendo. Porque estaba situada en un caño y un fangal —dijo medio molesta.

"En la casita no teníamos agua y teníamos que ir a una pluma pública que quedaba cerca de la familia Serrano los que llegaron a ser mis compadres, (padrinos de Maribel). Algunas veces usábamos la *mitá* del agua para lavarnos los pies después de salir de aquel *lapachero*. En todas las casitas que tuvimos habíamos tenido que usar mosquiteros, pero en la casita de Sal Sipuedes tuvimos que usarlos mucho más porque teníamos aquel caño cerca de la casa. Aquello era un criadero de mosquitos. Aquella fue otra de nuestras pruebas, porque las pruebas mías eran las de mis hijos también.

"Por lo menos ahora teníamos una pluma pública o grifo con agua del que se suplía de agua todo el vecindario. Allá en Capá teníamos que ir a un pozo y subir unas cuestas grandísimas con latas, calabazos, o baldes llenos de agua. Para buscar agua también usábamos las latas de manteca de veinticinco cuartillos o latas de galletas Sultana, de las que vaciaban en la tienda de don Yito Bosques. Para ir al Pozo de Lina, como le llamaban a éste, teníamos que pasar por un sumidero y un cercao de vacas y toros fajones que pertenecían a la familia Román. De todas maneras siempre viviré agradecida de la familia Román por habernos permitido usar el pozo que estaba en sus terrenos, ya que por esa razón nunca nos faltó el agua. La familia Román ayudó a muchos de los pobres de los barrios Capá, Rocha y Cuchillas y a la economía de los pueblos de Moca y San Sebastián.

"En Sal Sipuedes por primera vez tuvimos luz eléctrica, pero no teníamos agua ni un baño como ahora, sino una letrina. En la barriada me conocían como "la viuda" porque hacía poco que Pedro había muerto. Los nenes iban a ver televisión a casa de Laurita, una amiguita de Socorro. Ellos vivían frente a la carretera de Javilla y eran de los pocos que tenían televisión. Allá se iban los muchachos del barrio a ver los programas y las novelas de aquella época. A casi todo el mundo le gustaban las novelas donde aparecía Braulio Castillo, que era un pollo. A mí me gustaba escuchar las novelas por la radio, especialmente si el actor era Raúl Carbonell porque tenía una voz de la que todas las mujeres se enamoraban. En aquellos días la novela que tenía a todos embelesados era El derecho de nacer. Aquella fue una novela triste pero bien buena."

— Abuela, una pregunta, ¿y a mami, qué le gustaba? —le insistí.

— A Socorrito lo que le gustaba era leer, ella se leía todo lo que encontraba.

"Algunas veces como a las nueve de la noche escuchaba un programa de radio que era como una novela sobre vampiros y el *Escorlan Yar* (Scotland Yard). Eran detectives que siempre estaban persiguiendo al hombre vampiro, pero nunca lo podían atrapar. También se leía los libros de la escuela y se leía todas las novelas de Corín Tellado porque esa escritora escribía novelas románticas. Y mira qué casualidad que mi hija lleva el mismo nombre de esa escritora. Esa escritora vendía los libros como pan caliente y en esa época Socorrito intercambiaba los libros con sus amigas, lo mismo que hacía con las cómicas (comics) que las intercambiaba con Din, mi hermano. También recuerdo que cuando vivíamos en Capá de Moca, frente a la casa pasaba una biblioteca ambulante y Socorro cogía algunos libros prestados. Al mes siguiente los devolvía y pedía otros prestados. Ella devoraba los libros. Ella le leía a los nenes y hasta a mi me leía, entonces yo me memorizaba algunos cuentos y luego se los contaba a los más chiquitos. Recuerdo un cuento que ella me leyó que se llama En el fondo del caño hay un negrito que trata sobre un nene que vio su reflejo en el Caño de Martín Peña. El nene se ahogó por ir a coger su reflejo creyendo que era otro nene. Ese me dio mucha pena y se lo hacía a mis nenes y todos terminábamos llorando.

"Cuando nos mudamos para Sal Sipuedes, a los nenes los puse en la escuelita de Javilla. Socorro me pidió que la dejara en la escuela a que ella iba, la Segunda Unidad de Hato Arriba, para terminar su sexto grado para no cambiar a *mitá* de año escolar y poder graduarse de allá. Como yo sabía que era muy estudiosa la dejé, pero tenía que viajar en guagua pública y eso me daba miedo, pues solamente tenía once añitos.

"El tiempo pasó rápido y ella se graduó del sexto grado y pasó a estudiar el séptimo grado a la escuela Narciso Rabell Cabrero cerca del centro del pueblo de San Sebastián. Yo estaba muy orgullosa de ella. Nunca me daban quejas de ella ni de las otras nenas, pero de los varones ni se diga. La maestra de ellos, Miss Aurora Méndez, me daba quejas a cada rato y un día vino a visitarme a la casa. Quizás como vio lo mal que vivíamos me dijo que le avisara si quería mandar a Socorro a trabajar con las cuñadas de ella. Yo le dije que Socorro estaba trabajando en casa de la señora Serrano, pero que si algo pasaba que yo la mandaba a donde ella. Así era Socorrito, trabajaba con la señora Serrano después que salía de la escuela y también los sábados. Esa familia vivía cerca del puente del Río Culebrinas, allá le daban techo y algún dinerito a la semana a Socorro. Eso le ayudaba para comprarse el uniforme de la escuela y para comprarse una piragua o un mabí de vez en cuando. Ella caminaba de Sal Sipuedes a la escuela del Pepino, que eran muchos kilómetros de caminata, pero al quedarse a dormir en casa de la señora Serrano, estaba más cerca de la escuela.

"Socorro tenía una amiguita que era mayor que ella y siempre me la cuidaba y la ayudaba con las asignaciones. Se llama María y le decían Chía. Era una muchacha muy buena y la queríamos mucho. Poco tiempo después Socorro dejó de trabajar en casa de la señora Serrano. Nuevamente las cosas se volvieron a poner feas porque yo no tenía trabajo ya que se había acabado el trabajo de hacer rejilla y bordado.

"Como me cayó la macacoa de nuevo, pensé que Socorrito era la única que me podía ayudar. Así que con dolor en el alma le dije que ella tenía que dejar la escuela, porque me tenía que ayudar quedándose con los muchachos mientras yo me iba a trabajar de sirvienta o ella se tenía que ir a trabajar a tiempo completo. Ella me rogó que no la sacara de la escuela, que ella haría cualquier cosa para seguir en la escuela y trabajar a la misma vez. Le dije pues vete a ver si puedes conseguir algún trabajito con los Méndez y así lo hizo. Comenzó a trabajar los sábados en casa de uno de ellos, los domingos con otro de ellos y los días de semana por las tardes trabajaba con doña Sarah. La pobre muchacha, no tuvo vida de adolescente, se la pasaba estudiando y trabajando. Mira, todavía lo hace, se la pasa hasta la madrugada estudiando para hacerse doctora.

"Todos los muchachos del barrio estaban enamoraos de ella, pero ella no les hacía caso, para ella los estudios era lo más importante. Hubo un muchacho a quien ella no le hizo caso y él le mandó una carta insultándola, pero fue tan bruto y tan racista que le puso en la carta: "el negro por justa ley debe andar con una tuza limpiándole el culo al buey."

— Pero abuela, cómo puede ser posible que una persona sea tan bruta, que escriba eso y a mami que es tan especial y tan delicada — comentó Xiomara muy enfadada.

—Así como lo oyes mijita. Yo me di cuenta que algo estaba pasando y me puse en vela. Ella escondió la carta entre el cinturón y el vestido. Cuando fue a acostarse, se olvidó de la carta y se le cayó al piso. Con mucha cautela cogí la nota y se la di a María para que me la leyera. Cuando me enteré de lo que decía me fui a casa del sinvergüenza ese y lo puse como *a chupa é china*, lo insulté tanto a él como a su madre que nunca salía de su casa para no ponerse más prieta. Le dije hasta del mal que iba a morir. También le dije: *¿y tu abuela 'onde ejtá, en la cocina ejcondía porque ej prieta de a verdá?* El jabao aquel se escondió y no se atrevió volver a mirarnos. Yo como estaba tan *encojoná* le hablé a todas mis muchachas y les dije que nadie tenía derecho a burlarse de ellas ni a rebajarlas. Que si alguien se atrevía a decirle algo que las ofendiera, que me lo dijeran inmediatamente, que yo lo resolvería enseguida y a mi manera. Aquel pendejo *jabao*, se creía que era mierda y no se equivocaba, sabe Dios si se quedó para vestir santos, porque no creo que consiguiera mujer tratando a las mujeres de esa manera y menos siendo tan racista.

—Aunque no lo creas, aquí todavía existe el racismo, eso sí que menos que en otros países.

— Qué bueno abuela, que tú lo pusiste en su sitio a ese tipo racista y bruto —le dije indignada.

— Hubo otro muchachito, Wilfredo (Pin) que desde que tenía cómo doce años estuvo muy enamoradito de Socorrito. Él era el único que le gustaba a ella, pero para ella la escuela y el trabajo iban por encima de todo. Creo que ese fue el primer muchachito de quien ella se gustó, pero creo que nunca se lo dijo aunque él sí le dijo que estaba enamorado de ella.

— ¿Cómo lo sabes abuela? —le preguntó Xiomara que estaba lavando platos mientras abuela contaba sus historias.

— Ah pues, porque yo no soy boba —dijo muy segura de sí misma. Todos nos reímos.

— Yo tengo mucha malicia. Yo le rebusqué un libro que ella le había prestado a él y encontré una cartita. Supe que era una cartita de amor porque estaba bien dobladita como hacían los muchachos enamorados de entonces. Volví a pedirle a María que me la leyera, porque ya ella estaba adelantada en la escuela. En la carta le decía que la quería. Yo lo llamé y le dije: con que tú estás enamorao de Socorrito. Pues si es así, aquí frente a tí le voy a dar una carga para que se deje de estar correspondiéndote. El me pidió que por favor no hiciera eso, que ella no tenía la culpa, que ella no le había contestado la carta que fue él que se atrevió a escribirle a ella, que lo perdonara que él no volvería a molestarla.

— Pero abuela Fela, ¿cómo tú le hiciste eso a mami? —le pregunté.

— Pues hija, yo era bruta, pero la *verdá* es que si no me pongo fuerte, ¿qué hubiera sido de mis hijos? Yo era el padre y la madre a la vez.

— Ahora yo voy a relajar a mami, ya sabemos uno de sus secretos, ¿verdad, Choma? —le dije a Choma guiñando un ojo.

—Sí, mira, ella estaba enamorada a los trece o catorce años —dijo la Choma gozosa de saber uno de los secretos de mami.

— Ustedes no se atrevan a hacerle bromas a su mamá que no les cuento nada más —nos dijo sentenciándonos.

—Ok, abuela no lo haremos —le contestamos.

— Déjame terminarte el cuento, ¡el pobre muchacho!, cuando tenía como dieciséis años se mató en un accidente de carro, allá en unas curvas de la carretera vieja entre Hato Arriba y la Central Plata de San Sebastián (carr. 125) —dijo con pena.

Esa misma noche aprovechamos para preguntarle a mami sobre el cuento de aquel muchacho que le gustaba a ella. Ella contestó:

— Sí es cierto. A mí me gustaba él, era algo platónico, nunca se lo dije. Yo solamente recortaba las etiquetas del jabón Camay que decían 'Pink', le quitaba la [k] y me quedaba con la parte que decía 'Pin', como le llamaban a él. Ese nombre lo metía entre las rendijas de las tablas de la casa, allí escondía mi secreto de amor. Niñas, no quiero recordar esas tonterías de muchachos, yo tenía solamente unos trece o catorce años —dijo mami mientras se mofaba de sus tonterías de adolescente.

Xiomara y yo nos reímos a carcajadas de las bobadas que mami hizo cuando se enamoró por primera vez. Ahora es distinto. Yo comenté que Xiomara con cuatro años se enamoró de Bimbo, un niño de Caguas. También comenté que yo me enamoré a los ocho años de uno de mis maestros de la escuela de verano. El tenía veinte años.

— Hija eso no se puede permitir —dijo abuela amonestándonos.

— Abuela, yo sé, eso fue un amor platónico, —le dije— cosa de niños como dice mami. Todos nos reímos...

Unos días más tarde le hicimos más preguntas y ella continuó su historia diciendo:

"Déjenme contarles la historia completa. Pin era sobrino de Caco, el padre de Nancy. Nancy fue la última hija que tuve. Resulta que mientras vivía en Sal Sipuedes, yo tenía como treinta y dos años, que aunque tenía una *retrajila (retahíla)* de muchachos todavía estaba joven y Caco que vivía unas casas más arriba, se enamoró de mí. Después de mucha lucha, le correspondí. De esa relación secreta me quedé encinta nuevamente. Cuando él se enteró que yo estaba encinta, se quería casar conmigo y yo no quise casarme con él. Yo casi no comía para que no se me notara la barriga pues no quería que Socorro ni los otros muchachos se enteraran. Ya para esa época Socorro había comenzado en el octavo grado y la habían puesto en el grupo escogido con todos los muchachitos ricos e inteligentes del pueblo. Yo no quería darle esa vergüenza. Yo sabía que a ella le dolía que yo tuviera tantos hijos y de padres diferentes. ¡Mas no es tanto!, pude esconder la barriga bastante. Socorro se había ido a vivir a casa de don Raúl y doña Sarah, por eso no había notado mi barriga. Ella había dejado de trabajar en dos de las casas para quedarse trabajando en un solo sitio todo el tiempo. De esa manera se iba con ellos para la escuela, porque doña Sarah era maestra, también podía atender mejor a sus estudios, seguir trabajando y ganar un poquito más.

"Cuando me puse de parto, la comai Hilda fue a buscar a Socorro para que se quedara con los nenes. Le dijo que yo estaba en el hospital. Ella le preguntó qué me pasaba y la comai le tuvo que decir. Ella no podía creer lo que le dijo la vecina. A los dos días llegué yo con la chispa de muchachita que parecía un renacuajo de alcantarilla. Nancy nació de cinco libras cuando ya yo había tenido dos hijos de más de nueve libras. Socorro no me quería hablar, estaba muy enojada, pues a ella le daba vergüenza que yo tuviera tantos hijos y ninguno tenía padre y ella tenía razón.

"Cuando Caco vio la nena se volvió loco, pues él nunca había tenido hijos. Como yo no quise casarme con él, se bebió un veneno para suicidarse y quería que yo bebiera del mismo veneno. Yo le dije que estaba loco que yo tenía mis muchachitos y quién me los iba a criar si ellos no tenían a nadie. El se tomó el veneno, pero pudieron salvarlo. De todas maneras murió algún tiempo después. Por eso Nancy tampoco conoció a su padre. Como te dije antes, dos esposos pero varios amores. Por eso les aconsejo a todas mis hijas y nietas que no sean tan débiles ni tan tontas como yo, que se espabilen con los hombres y que se cuiden porque solamente toma un minuto para una mujer quedarse preñá. Yo no sabía evitar los hijos, ahora no, ahora hay de todo para evitarlos. También la educación es importante, ya ven que con toda la pobreza que tuvimos, Socorro salió adelante, eso fue porque estudió mucho, mucho. También Tony y Maribel han podido salir adelante porque siguieron estudiando o saben más de un idioma.

"Les cuento también que después de varios años me aconsejaron que fuera a luchar el Seguro Social para Nancy porque su padre había muerto. Cuando tratamos de luchar el Seguro Social para ella, no se lo dieron porque ya alguien lo había cobrado. Mira si la desgracia es tanta, que una de las primas cobró el Seguro Social que le pertenecía a mi hijita Nancy. Sico, uno de los hermanos de Caco hizo pasar a su hija como que era la hija de Caco y cobró el Seguro Social como si fuera Nancy. Ya te digo que *el que nace para bicicleta, del cielo le bajan las maniguetas*. Yo todavía no entiendo cómo fue posible que el Seguro Social que es una oficina federal le diera todos los beneficios a una persona que estaba falsificando los papeles. Por eso tampoco mi pobre muchacha recibió nada de su padre. Como vez, sola y a pulmón los he criado a todos."

— Pero abuelita, ¿cómo es posible que no hicieran una investigación y pusieran preso a ese hombre por haber cobrado el Seguro Social que no le pertenecía? —le pregunté indignada.

— Hija, lo que pasó es que yo no pude poner un abogado porque los que busqué para que me llevaran el caso no lo quisieron hacer, no se quisieron meter con los federales —dijo muy contrariada pensando en lo que había pasado.

Como la ví tan molesta y triste, le dije:

—Abuelita, no te preocupes, ya Dios se encargará de esos maleantes, ya no vale la pena preocuparse por eso, eso pasó tantos años atrás… —le dije para consolarla un poco—. Olvídalo y háblame de otras cosas.

Aquellos recuerdos la enojaron mucho y decidí hablar de otras cosas y jugar a "veo-veo". Luego jugamos cartas (barajas). Eso le gustaba a abuela y nos hacía trampas, pero la más que hacía trampas era Xiomi a quien le gusta jugar cartas tanto como a la abuela. No fue hasta después de varios días que seguimos con la narración de abuela:

"Cuando a Socorro la pusieron en el grupo adelantado (lo que aquí llaman gifted), una de las personas con quien ella trabajaba se enojó mucho porque ya no iba a trabajar más con ella. Socorro le explicó que iba a necesitar el tiempo para sus estudios. La señora un poco incrédula le dijo que ese grupo era para los niños que sabían mucho y mi hija le contestó que ella tenía muy buenas notas y la señora no se lo creyó. El esposo de la señora le gritó "hija de puta" y le trató de tirar el carro encima mientras ella esperaba un carro público para ir al pueblo. Eso le dolió a mi hijita, y lo que hizo fue no volver a dirigirle la palabra por mucho tiempo. No fue hasta que tú naciste que esa gente le volvió a hablar a Socorrito y ella los perdonó. Con el tiempo fueron muy amables con ella y con ustedes.

"Antes de que tu madre terminara el noveno grado, yo decidí

mudarme para Moca nuevamente porque el trabajo de la aguja se había escaseado. Yo había conseguido una casita en una parcela en el Barrio Voladoras. La casita estaba en malas condiciones pero tenía un poco de terreno y allí yo podría hacer mi talita y hasta vender de lo que cosechara. Con eso y algún otro trabajito me ayudaría para criar a los muchachitos. Socorro se quiso quedar viviendo en casa de doña Sarah y don Raúl quienes han sido como padres para ella. Ella iba por la mañana a la escuela y les ayudaba por las tardes porque estaba en aquél programa que llaman "interlocking". También les trabajaba todo el sábado y los domingos venía a casa. Siempre venía llena de paquetes, con cosas para los muchachos y para mí. Le decíamos "la vieja de las bolsas". Ella cargaba con cosas para todos, ropa usada que le regalaban o cosas que compraba con lo poquito que ganaba. Siempre me daba del dinerito que ganaba que eran unos dieciocho pesos a la semana o al mes, no me acuerdo bien.

"Mientras tanto, yo trabajaba en las cañas para la época de la zafra y en el tiempo muerto cogía café, limpiaba casas, lavaba y planchaba ropa para los vecinos ricos y hasta para la comadre Augusta. También comencé a sembrar en mi parcelita. Sembré ñames, yautía, malanga, guineos, chayotes, plátanos, un palo de panapén y uno de pana de pepita, café americano, papaya, diez palos de aguacate, toronjas, chinas, unos palos de mangó bobo y otros de mangotines, parcha, culantro del monte, pimientos, tomates, berenjenas, gandules, unas cepas de caña y todo lo que encontraba. Tenía algunas *yerbas* medicinales como *yerba* buena, *yerba* bruja, malva, llantén, ruda, salvia, altamisa, anamú, tuatúa (túa túa), menta y otras más. Algunas veces le preparaba baños a los muchachos o familiares con algunas de esas *yerbas*. Otras veces le hacía guarapos y pociones para los catarros con otras de las yerbas. Para aflojarle el pecho usaba alcanfor, "Vicks vaporu", y alcoholado con ruda. Algunas otras yerbas las usaba para hacer un *sajumerio* (sahumerio), o sea, para despojar la casa de los malos espíritus.

"Como ya todos los vecinos me conocían, comenzaron a traerme los muchachitos del barrio para que le curara los empachos y los orzuelos. También algunos vecinos venían a que les leyera las cartas por lo que algunos me regalaban un pesito o me regalaban cualquier cosita como una gallina, un pollito o hasta comida. Yo lo hacía de gratis pero algunos me querían pagar algo por los consejos que yo les daba o por las curaciones que les hacía.

"Del café que cosechaba le vendía parte a la compañía de los Sanders. Con lo que ganaba planchando o limpiando casas compré un lechoncito y unas gallinitas. Alimentaba el lechoncito con tripa de pana hervida y mandaba a los muchachos a buscar cojitre (cohitre) para alimentar bien a mi cerdito para que se pusiera bien gordito. Poco después me aprobaron el Seguro Social para los tres nenes de Pedro. A mí no me daban nada porque nunca nos casamos ni tampoco a los otros nenes que no eran de Pedro. Poco antes de él morir habíamos hablado de casarnos, pero no se dio.

"Como yo era nueva en el vecindario y estaba sola con mis nenes, algunos hombres trataron de propasarse conmigo. Uno de ellos fue Payo, un vecino que tenía mujer e hijos, pero quería que le correspondiera. Como yo no le correspondí, un día se juntó con las hijas y me cayeron encima y me dieron una carga. Los nenes míos aunque eran chiquitos comenzaron a gritar. Los dos varones míos al ver lo que me estaban haciendo, le cayeron a *pedrá* limpia a aquellos sinvergüenzas. Aunque yo puse de mi parte, mis hijos también me ayudaron a librarme de las garras de aquellos bribones. Los reporté a la policía y no me volvieron a molestar. Y como *Dios castiga sin vara y sin fuete*, a los pocos años ese hombre se mudó para Nueva *Yor* y allá murió quemao en un fuego que él mismo provocó en un apartamento.

"Otro que me hizo la vida imposible fue Tuco, un borrachón y medio loco que teníamos en el barrio. Aquel desgraciado las cogió conmigo. Pasaba frente a mi casa insultándome con malas palabras. A veces se metía en mi parcelita y me cortaba la luz y me dañaba la tubería del agua. El me quería asustar pa' que me fuera del barrio o no sé qué demonios quería. Un día me pegó con un tubo y de esa lo metieron preso. Cuando salió de la cárcel vino a molestar de nuevo pero ya yo había aprendido a defenderme y mis muchachos ya habían crecido. Por lo tanto, lo enfrenté con un machete y mis muchachos agarraron palos y tubos por lo que aquel bribón salió *juyendo* de mi batey y no volvió a estorbarme. Un tiempo después el Tuco andaba muy borracho y un carro lo mató en la militar.

"En otra ocasión me metieron presa por unas horas y mis muchachitos se tuvieron que quedar solos. Yo me quería volver loca pues no tenía a quien pedirle que buscara a mis viejos para que éstos fueran a cuidar a mis nenes. Pero la misericordia de Dios fue tan grande que un primo por parte de los Arocho, me fió y pude salir en unas horas. No tuve que volver hasta que se viera el juicio el que se resolvió a mi favor.

"Pero peor fue que la esposa de ese primo comenzó a regar por el barrio que su esposo dio la fianza porque yo estaba enamorada de él. Unos meses después apareció la señora a pedirme perdón y a decirme que me había levantado un falso testimonio y que por eso estaba grave de un tétano que le dio. Se había *espetao* un clavo y de allí se le desarrolló un tétano y se vio si las *enlía* o no. Ella me dijo que fue un castigo de Dios por haberme levantado un falso testimonio a mí y a su esposo. Por eso te digo que lo que yo no puedo resolver se lo dejo a mi Padre Celestial que todo lo puede."

— Abuelita de mi alma, cómo es posible que te hayan pasado tantas cosas malas __le dije a mi abuelita con un nudo en la garganta porque cada cosa que me revelaba era inconcebible.

— Mi hija, esto es poco, si te contara todas las otras cosas que me han pasado, no terminaríamos nunca. Bah, mucho es lo que falta por contarte...

"Para seguir contándote algo más, en esos años los viejos míos hacía tiempo que vivían en Hato Arriba de San Sebastián y de vez en cuando yo iba a las sesiones espiritistas que ellos hacían. Allá iban los hermanos Pancho y Miguel los que eran vecinos de los viejos míos. Después de algún tiempo de hablarme y enamorarme, Miguel vino a vivir conmigo y me ayudaba con algo, pero no mucho. Vivimos un tiempo juntos, pero eso no le gustaba a mis hijos y menos a Socorro que ya iba para la *hi eschool* (high school). Vivíamos muy apretaos porque solamente teníamos dos cuartitos dormitorios. Poco tiempo después dejé a Miguel, le dije que cogiera sus motetes y se fuera, pues me di cuenta que aquello no le convenía a mis hijos ni a mí. Me dio pena porque de todas maneras *él no rompía ni un plato.*

"Por otra parte, Socorro siempre visitaba a su abuela paterna, doña Justa y a sus tías en Aguadilla. Aunque su padre no se comunicaba con ella y ella no sabía de él, yo la había enseñado a querer y a procurar a su familia. Hasta el viejo mío la llevó algunas veces a visitar a su abuela paterna Justa Valentín Muñiz y a su abuelo Juan Velázquez Méndez. Creo que existe algún retrato de mi viejo Facio con su gran pava allá en el cerro que queda frente a la plaza de Aguadilla donde vivía doña Justa. Ese retrato es de alguna ocasión que él llevó a Socorrito a visitar a su abuela. Ese viejo mío adoraba a esa nena. El fue el que le enseñó a leer y a escribir con el Evangelio espiritista, que era el único libro que existía en casa de mis viejos. Ahora recuerdo que los católicos intentaron quitarle el Evangelio a mi viejo, pero gracias a Dios que no se lo pudieron quitar, porque de lo contrario la nena no hubiera tenido con que practicar la lectura.

"En el 1962 ya ella tenía 14 años cuando una de sus tías le sugirió que fuera a conocer a su padre. Ella le escribió a su padre y así hicieron los arreglos para que ella fuera a Nueva *Yor* con su primo Junito que iba en ese verano para allá. Por fin a los catorce años Socorrito conoció a su padre. El tenía un hijo y dos hijas más. Según ella fue muy bien aceptada por sus hermanos, la esposa y la familia de su padre. Allá pasó el verano compartiendo y saliendo para todos lados con ellos. Cuando ella regresó del viaje por esa *ciudá* tan grande, se volvió a enfrentar a la *realidá* de la pobreza en que vivíamos.

"Tuve que fletar un carro para ir a buscarla al aeropuerto de San Juan, y el viejo mío me acompañó. Cuando regresábamos del aeropuerto todos nos enfermamos y tuvimos que parar en el hospital de Arecibo. Como a las 4:00 de la madrugada nos tuvieron que atender a mi viejo Facio, al chofer y a mí. Gracias a Dios que Socorro no se enfermó. Peor fue cuando ella regresó de su segundo viaje a Brooklyn. Ella ya tenía dieciséis años y esa noche después que llegamos del aeropuerto de San Juan, ella tuvo que dormir dentro de un saco de papas, pues solamente teníamos una cama de dos plazas donde yo dormía con algunos de los muchachos. El viejo, Judy y Socorro durmieron en el piso dentro de un saco de papas porque ni colchonetas teníamos.

"Eso me hace recordar que un día Socorrito vino de la escuela y estaba un poco *achongá*. Le pregunté, ¿nena qué te pasa? y se echó a llorar. ¿Pero hija qué te pasa? Después de llorar un rato me dijo que habían estado leyendo un libro que se llama *Misericordia* y otro que creo que se llama *El Lazarillo (El Lazarillo de Tormes)*. Dijo que los discutieron en su clase y hablaron de la pobreza de aquella gente en los libros. Ella se sintió mal porque le dio pena que aquella gente pasara por tanta miseria y porque también le recordaba nuestra pobreza que era casi igual a la de los libros. Me dijo que en la escuela no sabían la miseria en que vivíamos. Le di un abrazo y le dije: ¡nena no te preocupes que nosotros vamos a salir adelante, ya lo verás! Ten fe y estudia mucho que es lo único que nos va a sacar de esta pobreza. Por lo menos tenemos algo para comer y un techo que nos cobija de las tormentas y la intemperie. Los nombres de esos libros se quedaron aquí en mi mente porque ella me leyó algunas partes y porque esos libros impresionaron mucho a mi muchachita."

— ¡Hay bendito, abuela, yo no sabía que tú habías sido tan pobre! ¡Ahora nosotros tenemos tanto! —le dije analizando la situación de abuela en aquella época y lo mucho que mami y "daddy" Armando han podido lograr.

— Así es mijita, el saber usar lo poco que uno tenga y la educación es lo que deja, porque mira como yo vivo todavía, pobremente.

Lo cierto es que abuela Fela no decía que lo que mami y mi papá le mandaban religiosamente cada mes ella se lo daba a algunos de los otros hijos y no le sobraba para ella, por eso ella no podía progresar. Tampoco hablaba de lo mucho que gastaba comprando cigarrillos.

— Pero abuelita ven a vivir con nosotros —le insistí.

— No mi hija, ya te he dicho, el Puerto Rico mentao me llama.

Otro día cuando íbamos en el carro con abuela a visitar a unos amigos de la familia en El Paso, Texas, y de visita a Juárez, México volvimos a hacerle preguntas para no aburrirnos en aquel viaje tan largo.

___Abuela, ¿Cómo escogiste los nombres de tus hijos?

___Algunos los saqué del *Almanaque Bristol*. Ese era el que casi todo el mundo consultaba para escoger los nombres de los hijos. Los nombres de los últimos muchachos, los escogió Socorro porque no le gustaban los nombres del *Almanaque Bristol*. Imagínate, el nombre que aparecía para Luis Reinaldo el día que él nació era Luis Rey de Francia y para Judith, era Francisca o Columna.

Todos nos reímos de lo que Abuela nos contó sobre el *Almanaque Bristol* y seguimos hablando por un rato sobre los nombres de algunos familiares.

— Abuela, cuéntanos cómo fue que hiciste tu casita de cemento —le pedí.

— Pues negrita, te cuento que a los dos años de haber comprado mi casita en Voladoras, el gobernador de Puerto Rico, don Luis Ferré ganó las elecciones con el partido republicano, los que querían ser el estado cincuenta y uno (51) de los "Nueva Yores".

— ¡Chispas, abuela, qué eres un caso! Quieres decir el Estado 51 de los Estados Unidos —le aclaré.

— Eso mismo debe ser mijita.

— El gobernador de los republicanos era Don Luis Ferré quien siempre ha sido un hombre muy bueno. El nos dio el título de *propiedá* de la parcela en la que ahora vivimos y por solamente un dólar.

"Eso fue lo mejor que pudo pasar en aquella época. Hasta que yo sepa, ya no reparten tantas parcelas en la *ijla* como antes. Aunque yo había comprado la casita de madera, el terreno no estaba registrado a mi nombre. Por eso al entregarnos el título de propiedad de la parcela fue como una bendición del cielo, porque ahora yo soy dueña de mi parcelita y solamente por un pesito. Aunque no sabía leer ni escribir, busqué quien me ayudara a llenar todos los documentos y a hacer todas las diligencias para poder adquirir mi parcelita. Eso era lo único que podía dejarle a mis hijos para un futuro.

"Despúes de recibir el título de *propiedá* comenzó un programa que se llamaba la Ayuda Mutua. Eso fue un programa que con ayuda del Municipio y del gobierno de los Estados Unidos le daban la oportunidad a que los vecinos se juntaran a construir sus propias casas. El plan era de construir las casitas de las parcelas en cemento. Esto era para mejorar la situación y para que las tormentas no se las llevaran, porque Puerto Rico recibe muchas tormentas. Además las lluvias dañan las casas de madera y el comején y la polilla se comen la madera. Por eso las casas no duran mucho. El municipio nos prestaba el dinero para los materiales y entre todos los vecinos construíamos una casita a la vez.

”Una vez construida la casita teníamos que pagarle al gobierno municipal poco a poco por los materiales que nos habían dado. Eso me cogió años para pagarlo, no fue hasta hace poco que *tu papá* y Socorro terminaron de pagar mi deuda. Como yo no tenía esposo que me representara, tuve que ir yo a ligar cemento, a cargar con baldes de cemento, bloques y varillas de hierro. Hice de todo, aprendí a tirar el piso y la torta de las casas. En ese tiempo dejaba a Judy que me velara a los otros muchachos cuando venían de la escuela en lo que yo llegaba muy cansada y hecha leña, pues trabajaba como cualquier hombre, y hasta más que algunos de ellos porque algunos eran *ejñemao*s y no servían pa' na'. Es más, algunos parecían lavanderas sin tabaco, habla que habla, pero nada de trabajar y así hay muchos aquí.

”Como no tenía pantalones para trabajar con hombres y para trepar por las escaleras o los andamios, pues cosí unas faldas por el medio y me hice mis propios pantalones. Recuerdo que como yo era la única mujer tuve que hacer las veces de macho. Los capataces y los vecinos me gritaban como a un macho. Uno me gritaba: "Oye Fela, trepa por la escalera y tráeme un balde de agua para ligar el cemento". Ahí voy respondía. Otro me decía: "Oiga Felipa tráigame un par de bloques". Sí señor, ahí voy. "Comai Fela, ayúdeme con esta arena, la tenemos que ligar con aquel cemento. Tráigame ese saco. Vamos, páseme los clavos de cemento. No esos no, los de cemento". "¿Estos largos?" "Sí esos mismos". Así yo pasaba el día, corriendo pa' un lao y pa' otro y cargando con tablas, sacos de cemento, piedra, varillas, agua, baldes de liga, empañetando paredes y clavando tablas. El mayordomo de obra me decía: "Doña Felipa coja un descanso que se nos va a espaldar". "Sí, creo que estoy cansada", le decía. Terminaba el día muerta, *espaldá* y con las manos *pelás* de bregar con cemento y las otras cosas de construcción. Los dolores de espalda ni se diga lo mucho que me molestaban. Pero de todas maneras aprendí mucho de construcción. Además, esa fue la única manera de construir mi casita de cemento que me protegiera de los huracanes."

— A la hora que regresaba, hacía la comida, bregaba con los muchachos y también lavaba y bregaba con el lechoncito.

— Abuela, ¿cómo se llamaba tu cerdito?

— Oye, nena, tu siempre con tu ñeñeñé e interrumpiendo —le dije a Xiomi.

— Déjala, eso no es na', se llamaba Chonchito.

— ¡Qué lindo! —dijo Xiomi con vocecita de nena ñoña.

"Volviendo a lo de antes, me dolía mucho la espalda cuando llegaba de la construcción y Judy me pasaba Bengay, aceite de culebra o alcoholado que yo tenía preparado con ruda. Yo sufría tener que dejar los nenes solos por un rato, pero no había otra manera. Dios me dio fuerzas. Yo no veía la santa hora en que pudiéramos construir mi casita. Cuando llegó aquel día en que comenzamos a construirla, yo estaba feliz y trabajé como una negra esclava, pero logré tener mi casita de cemento. Ahora podría estar segura, no me la llevaría una tormenta y mira gracias a Dios todavía la tengo."

Podemos entender cuando abuela dice que hizo las veces de macho. Ella era una generala y luchadora, sacaba fuerzas de donde no tenía para salir adelante y no dejar a sus hijos morir de hambre o sin techo.

"La casita solamente tenía dos cuartitos dormitorios y una salita que servía de cocina. Más luego yo le hice una cocinita de madera con las tablas que le saqué a la casita que tenía antes. Socorro me compró unos muebles baratitos y unas camitas literas para que hubiera más espacio y pudiera acomodar a los muchachos mucho mejor. Eran cinco muchachos porque María se había ido con su padre y la tía a vivir a Nueva *Yor* y Socorro vivía con doña Sarah y don Raúl en San Sebastián.

"Una vez que terminamos la casita le puse el agua, compré una estufita de gas fluido. Me fui a trabajar en la zafra de caña mientras los muchachitos iban a la escuela. Ya a las seis de la mañana me iba en un *picop* que venía recogiendo la gente para trabajar en el corte de caña. Algunas veces me llevaba a Rochi o a Rey que eran los varones. Ellos me ayudaban a amarrar los mazos de caña. También María me ayudó algunas veces a hacer mazos de caña. Yo regresaba a la casa llena de pelos de caña que eran como alfileres que se metían en mi piel y sentía picor por todo el cuerpo."

En ese momento abuela se puso a llorar recordando aquellos días y dijo entre sollozos: "Todavía no sé como sobreviví aquella vida, todo lo hacía por mis hijos. Sé que cuando yo no podía más el Señor me daba su mano dándome un numerito de bolipul o cargándome en sus brazos. También para *Navidá* uno que otro de mis hermanos me mandaban un par de pesitos desde *Nueva Yor*. Además Socorrito me daba un par de pesitos de lo poco que ganaba." Para ahogar su pena sacó un cigarrillo y salió afuera a fumárselo...

— ¿Abuela, cuándo se fue titi Tony para Nueva York con su padre? —le pregunté otro día.

— Pues, cuando ella tenía como diez años el jinchao y mi hermana, *ni tontos ni perezosos*, vieron la *oportunidá* de que la muchachita ya podía hacer cosas y me pidieron que se la mandara para allá. Según ellos para que aprendiera *inglej*. Todavía vivíamos en Sal Sipuedes. Yo se la dejé ir por un tiempo a ver cómo le iba, pero le dije que cualquier cosa que no le gustara que me lo dejara saber. La *espuelié* bien, le dije que no se atreviera sentarse en la falda de ningún hombre y que tuviera cuidado con los machos.

Lo que abuela nunca se enteró fue de que dos miembros de la familia de titi trataron de abusar de ella. De esto nos enteramos después de abuela haber muerto. Si abuela se hubiera enterado en vida, los hubiera ido a picar con un machete como para pasteles. De todas maneras esperamos que esos desgraciados algún día paguen por tal atrocidad.

Semanas después de haber tenido la conversación anterior con abuela, ella prosiguió con el recuento de su vida:

"Como año y medio después Socorro fue a conocer a su padre y ella le pidió que la llevara a visitar a mi hermana y a su hermanita. En esa visita, Socorro se enteró de que María se había tratado de suicidar. También que se había caído de unos columpios y que había estado en el hospital por un tiempo porque se dio un golpe tremendo y hasta le tuvieron que poner tornillos en un *mujlo* (muslo). Ellos nunca me informaron de eso.

"Socorro se dio cuenta que a María la estaban explotando poniéndola a guallar guineos hasta la madrugada para hacer pasteles. Su padre y mi hermana tenían una pizzería y vendían pasteles en la misma pizzería. Ellos la tenían a la pobre muchachita para que les ayudara a hacer su capital. Con razón la pobre muchachita que solamente tenía doce años se quería suicidar y quien sabe por qué otra razón. Maldita la hora cuando yo le creí a ese desgraciado. Cuando Socorro me escribió diciéndome que teníamos que traernos a la muchacha para Puerto Rico, yo enseguida empecé a buscar chavos prestaos para traérmela. En esos días, Marcos le dijo a Socorro que iba a jugar unos números y que si quería que él le jugara un numerito. Ella le dijo que le jugara los tres seis (666) y que le pusiera una peseta. El número se dio esa noche, ella se ganó ciento veinticinco pesos. Marcos se pegó con algo más y el tío que la había escuchado también se pegó y con mucho más. Socorro cogió los ciento veinticinco pesos y le compró el pasaje a su hermanita María y le dijo a mi hermana que ella regresaría, que solamente venía a verme por unos días en el verano. Así nos pudimos traer a la muchachita. Acá la pusimos en la escuela y siguió palante poco a poco."

Abuela tuvo que regresar a Moca y como seis meses después seguimos con el relato. Le hice un pequeño resumen y ella prosiguió su narración:

"Al pasar los años las nenas seguían en la escuela pero los varones se salieron. Me daban mucha candela, pues sin un padre que los reprendiera no era fácil criar varones. Maribel estaba haciendo muy bien en la escuela, le dieron una beca de cuarenta y cinco dólares, eso me hizo sentir orgullosa de ella. María y Judy también estaban haciendo bien, pero Nancy que era la más chiquita siempre fue una chiva loca. Las otras la velaban y la cuidaban de que no se peleara en la escuela porque siempre estaba buscando bulla. María y Judy velaban a los otros en lo que yo llegaba de cortar caña, limpiar casas o cualquier otro trabajito que hacía en esa época.

"Socorro seguía en casa de don Raúl y doña Sarah y venía a verme los fines de semana. Ella se graduó de noveno grado y fue a la fiestecita con un trajecito que le prestó su amiga Patricia, una de las muchachas que trabajaba con una de las cuñadas de doña Sarah. Socorro no tenía un trajecito apropiado para ir a una fiestecita. También el vestido que usó para el baile de cuarto año fue uno que le había regalado Sarita, la hija de doña Sarah porque mi muchachita ni yo teníamos para comprar uno nuevo. Ella solamente se pudo comprar el traje para la graduación, pero para la fiestecita de la noche no nos alcanzó. A la fiestecita de cuarto año la llevó la Señora Aida Medina, una amiga de doña Sarah. Aunque yo no conozco a esa señora, le pido a mi Dios que la bendiga siempre, porque yo no tenía los medios para llevar a mi muchachita."

— Cuando Socorro estaba en la *ji eschool* (high school) yo fui para averiguar si ella tenía novio, pero las maestras me dijeron que era una muchachita seria y no le conocían novio. Tú sabes, en Puerto Rico casi todas las muchachitas empiezan a tener novio temprano.

— Abuela, pero cómo le hiciste eso a mami, le daría vergüenza que tú fueras a averiguar si tenía novio.

— Eso se usa en Puerto Rico mijita y si no se usa, pues yo quería saber en qué andaba mi hija, que aunque doña Sarah me la cuidaba, yo también quería saber cómo estaba haciendo en la escuela y si andaba con algún pretendiente. De todas maneras de ella no tenía ninguna sospecha porque a ella todos los vecinos la trataban como una persona vieja, ya que ella saludaba a toda la gente mayor y tenía conversaciones con ellos como si fuera una persona vieja. Era una muchachita con un espíritu viejo. Quizás lo que decía mi viejo era *verdá*, él decía que ella era la reencarnación de Juana de Arco.

— Mami, ¿tú crees que eso es verdad, que tú eres la reencarnación de Juana de Arco? —le pregunté con curiosidad a mami Socorro.

— Cuando era pequeña me lo creía. Tanto me lo dijeron en las sesiones espiritistas que llegué a creérmelo —contestó mami mofándose de ella misma.

Allí nos enredamos todas en una conversación que duró horas porque hablamos de las creencias espiritistas, las supersticiones de la familia y por ende de los puertorriqueños.

Abuela hablaba ligero y empataba una cosa con la otra. Lo mismo hacía cuando dictaba cartas. Como no sabía escribir, nosotros (los nietos, los hijos o algunas vecinas) le hacíamos las cartas para los hermanos que estaban en New York, para mami Socorro cuando estaba en Estados Unidos o cuando nos visitaba acá y le quería escribir a sus hijos en PR. Abuela nos dictaba la carta y no habíamos terminado de escribir las primeras oraciones cuando ya ella había dictado la carta completa. Lo mismo pasa cuando nos hace sus relatos o narraciones.

Unos cuantos meses después, cerca de navidad le pedimos que siguiera con su relato y nos dijo:

"Cuando María Antonia tenía como catorce años, su padre se había mudado nuevamente para Puerto Rico. El tenían arrendada una gasolinera y vivía en una casa en Capá. Entonces, el *jinchao* de su padre vino a buscar a María para que les trabajara como sirvienta. Ella le dijo que ella quería seguir estudiando, que si le compraba los uniformes. El sinvergüenza se negó a comprarle los uniformes para la escuela. Pero a su otra hija le pagó la universidad, le compró carro, le hizo una boda allá en el Club Rotario de San Sebastián, y le regaló un solar. También a los otros hijos y a los nietos le ha hecho grandes regalos. A una de las nietas hasta le regaló un terreno o una casa. Pero a mi hija la incluía en la planilla de hacienda como dependiente, mas sin embargo, a la pobre nunca le dio nada, ni siquiera le echó la bendición. Tampoco a los hijos de ella que son nietos de él.

"Mi pobre muchachita como su padre no la quiso ayudar y yo no pude comprarle los uniformes, cuando se graduó de noveno grado tuvo que dejar la escuela. Entonces Socorro se la llevó para los Méndez donde ella trabajaba. Allí trabajó con una de las familias, que por cierto fueron muy buenos con ella. Allá aprovechó para estudiar de noche para terminar el cuarto año de la escuela superior. Al tiempo tuvo que dejar de ir a la escuela porque se le hacía difícil ir al pueblo de noche y no conseguía quien la llevara.

"Socorro seguía estudiando y trabajando y cuando estaba haciendo una práctica de oficina, allá donde iban a hacer la urbanización cerca de los Méndez, uno de los ingenieros se trató de propasar con ella y ella tuvo que dejar la práctica porque el ingeniero le ponía revistas feas (pornográficas) en su escritorio. Entonces se fue a practicar a otra oficina donde le daban información y le facilitaban contraceptivos a las mujeres. Allí aprendió mucho y ella venía a contarme lo que aprendía. A los dieciséis años ella volvió a visitar a su padre y a sus hermanos. Allá pasó todo un verano. Conoció mejor a la familia por parte de padre y visitó a mis hermanos Félix, Jandino, Yeyo, Bienvenido y Toño los que vivían en el Bronx y en Brooklyn. Ese verano hasta trabajó en una fábrica de carteras. Juntó un dinerito y lo guardó para su graduación de cuarto año. Me enteré que allá en Nueva *Yor* conoció un muchacho y que se gustaban pero no llegaron a nada porque *una golondrina no hace verano.*

"Cuando Socorrito iba a Aguadilla los fines de semana a casa de su abuela paterna, de allí iba a la playa del Crash Boat y también salía a bailar con una de sus tías. Así conoció a varios militares que se querían hacer novios de ella, pero ella nunca les hizo caso porque era muy arisca. Creo que en Aguadilla salió con un muchacho, pero él era mucho mayor que ella, por lo que ella le tenía miedo aunque estaba muy entusiasmada con él. Me dijo que por muchos años lo quiso, pensó en él y soñaba casi todas las noches con él pero que ella sólo tenía dieciséis años y él veinticinco. Me dijo que él era un muchacho de mundo mientras ella se consideraba muy niña todavía por lo que no llegaron a nada.

"Los muchachos siguieron creciendo y yo corriendo detrás de ellos porque los varones eran traviesos. El más que me daba candela era Rochi que se iba a pescar y no aparecía por horas. También se peleaba con cualquiera y se metía en cada problema, ¡qué para qué te cuento! Creo que el cantazo que recibió en la cabeza lo dejó así. Aunque también, como tú sabes, *palo que nace virao no hay dios que lo enderece.*"

— Abuelita, tú siempre con tus dichos.

— Bueno hija, *al pan, pan y al vino, vino* —dijo respondiendo con otro dicho.

— Ah, no abuela, tú eres una enciclopedia de dichos. Espero aprenderme algunos de ellos —dijo la Choma que estaba practicando con su viola, pero de vez en cuando paraba el oído para escuchar lo que hablábamos.

Todos nos reímos y seguimos recordando otros dichos hasta que regresamos al recuento de abuela.

"Cuando Socorro tenía como dieciocho años, un día me dio la sorpresa de traerme a un amigo, eso fue después de graduarse de cuarto año. Era la primera vez que traía a un amigo a la casa. Lo conoció el día de los enamorados en una fiesta que hicieron en la escuela superior. El tocaba la guitarra y cantaba con un grupo que se llamaba Los Apasionados del Arte. Era muy alto y flaco. Resultó ser hasta familia de nosotros por parte de los Ramos y los Jiménez. Luego se hicieron novios. El se fue para Río Piedras a estudiar y venía los fines de semana a verla. Doña Sarah la velaba y cuidaba mucho. Gracias a ella que me la veló para que me la respetaran. El muchacho era el que es hoy tu padre. El fue el único novio que ella tuvo en serio."

— Socorro, *¿verdá* que él te llevó como trescientas serenatas? —le preguntó abuela.

— Mami, ¿cómo fue eso? ¡Qué papi te llevó tantas serenatas! —le preguntamos al unísono Xiomi y yo.

— Nenas, ustedes siempre averiguando, son unas chismosas —nos dijo mami.

Todas nos reímos.

— Cuéntanos, anda… —le insistimos y ella accedió y nos dijo:

— Lo cierto es que en el pueblo de San Sebastián del Pepino se reunían grupos de muchachos a cantar y a llevar serenatas casi todos los fines de semana. Se juntaban Fernando Márquez, tu padre, con *Long Playing*, el hermano de *Long Playing*, Papo Valle, tu tío Rauli y muchos más y le llevaban serenata a las muchachas que a ellos le gustaban o a las novias. En algunas ocasiones se juntaron con el trío Los Andinos y otros muy reconocidos en la isla. Tu padre que tocaba la guitarra y el requinto me trajo como trescientas serenatas mientras fuimos novios. Inclusive, me llevó serenatas cuando yo vivía en Rio Piedras cerca de la Universidad de Puerto Rico (UPI).

— ¡Ay que romántico!, a mí nunca me han traído una serenata —comentó Xiomi.

— Oh sí, a nosotras tres nos trajeron una serenata en Guanajuato, México —nos recordó mami.

— Ya recuerdo, los muchachos de la Tuna Universitaria nos trajeron una serenata al hotel a las cinco de la mañana. Aquello fue bien bonito, nosotras nos paramos en los balcones del hotel a escucharlos —afirmé.

— Ustedes le pueden pedir a su papá que les lleve una serenata, él todavía toca guitarra y canta. Es una pena que esa tradición se esté perdiendo —comentó mami mientras se movía a hacer otras cosas.

— Abuela, sígueme contando… Ya mami se fue y puedes contarme lo que pasó con ella después de graduarse de cuarto año —le insistí.

"Después de Socorro graduarse tomó un curso de secretarial en un instituto en San Sebastián. Luego Rauli, el hijo de don Raúl y doña Sarah le ayudó a conseguir trabajo en La Junta de Planificación en

Santurce. Ella se hospedaba en Villa Palmeras, Santurce. Tu papá que ya era novio de Socorro había obtenido su diploma de delineante y había comenzado a trabajar en La Autoridad de Carreteras.

"Socorrito al principio viajaba de Villa Palmeras a Río Piedras en las guaguas de la AMA. Cuando me escribió diciéndome que pasaba todos los días por El Fanguito, aquello me puso muy nerviosa y le escribí volando para decirle que se cuidara y que si era posible que se mudara para un lugar más cerca de la escuela. Luego se mudó para la Parada 26 en Santurce a la casa de doña Isabel Cedeño la que era miembro de la Fraternidad Universal donde practicaban yoga. Allí ella conoció a Walter Mercado y creo que hasta tomó clases de astrología con la que fue maestra de astrología de Walter. Más tarde se mudó para Río Piedras más cerca de la Universidad de Puerto Rico y de la escuela donde ella estudiaba. Pero nuevamente me asusté cuando me dijo que por las noches cuando pasaba por la universidad de Puerto Rico, que un hombre se desnudaba para que las muchachas lo vieran. Pero un día ella y otras se juntaron y le cayeron a *pedrá* limpia."

— ¡Caramba abuela, mami era brava como tú! —le dije con orgullo.

— Jesi, eso es así, esa tampoco le tiene miedo a nada. Yo siempre he estado orgullosa de mis hijas porque son muy listas. También estaba orgullosa de que Socorro estuviera estudiando computadoras. Ella dice que eran unas máquinas bien grandotas y tenía que injertar muchos cables en algo así como un panel. Yo no entiendo de eso, pero eran unas máquinas muy grandotas —explicó abuela.

— Ya sé, abuela, creo que le llamaban "key punch" —le confirmé.

"Socorro estudiaba de noche y trabajaba todo el día en la Junta de Planificación donde le iba muy bien, todo el mundo la quería mucho. Tenía a una amiga que era de Brasil que la quería mucho y le daba muchos consejos. Luego Socorro dejó el gobierno y se fue a trabajar a la tienda Penney's allá en Plaza Las Américas. Comenzó a trabajar en las oficinas de Penney's desde antes que abrieran la tienda al público. Ella trabajó en la oficina de Compras, Personal y luego en el Departamento de Crédito. Con lo que ganaba me compró mi primera máquina de lavar la que era de rolo. Después cogió un préstamo en una financiera y me ayudó a hacer la cocina de cemento y el baño. Luego me compró los primeros *escrines* (screens) para protegernos de los malditos mosquitos. Jessika, tú me compraste recientemente los *escrines* nuevos. Los primeros ya estaban gastados de tan viejos, además los muchachos me los habían roto. Socorro también me compró mi primer jueguito de comedor y una neverita. Yo me compré mi segundo jueguito de muebles."

— Abuela, yo recuerdo que eran rojos de un plástico muy duro. Yo era pequeña pero los recuerdo —le comenté.

Nos reímos porque aquellos mueblecitos le duraron mucho y eran tan feos y calientes, pero a ella le parecía que eran lindos.

"Como a los dos años y medio de Socorro ser novia de tu papá, se casaron. Milagritos, una prima de tu papá le había enseñado cómo ahorrar en una cooperativa. Socorro tenía una cuenta de ahorros en esa cooperativa y con eso dieron el pronto pago para una casita allá en la urbanización Caney, en Trujillo Alto. ¡La boda les quedó lo más buena! Socorro fue al Viejo San Juan a comprar la tela del vestido de novia. Entre ella y Edna, una amiga del pueblo de Salinas, cocieron el traje de bodas y Sarita se lo bordó con aplicaciones de perlas. Se casaron por la iglesia católica e hicieron la recepción en casa de Ila y Nemesio, primos de tu padre. Toda la familia asistió. Ella misma buscó a los viejos míos y los regresó a su casita después de la boda.

"Marcos, su padre, vino a la boda, fue la primera vez en veintiún años que regresaba a Puerto Rico. También vinieron muchos amigos de ella de San Juan y de su trabajo. Entre las damas estaban dos amigas: Awilda Vicente, Rosa Pichardo y también Lourdes Rodríguez, una prima de tu padre. Nancy la más chiquita mía, salió también en la boda. Socorro salió vestida de novia de casa de doña Sarah y don Raúl, los que fueron padrinos de boda. Allá Sarita la podía maquillar y la casa de ellos se prestaba para eso, pues mi casita era muy pequeña. Además ella vivía con ellos.

"En la recepción, la suegra y un sobrino se pelearon y casi le dañan la boda. Por poco se forma la de "San Quintín". Después de eso todo el mundo se fue *diendo* poco a poco de la recepción. De todas maneras la boda les quedó muy bonita y la pagaron ellos dos solitos.

"Más o menos para ese tiempo María también tenía novio. Ella fue la primera que salió casadita de casa, le hicimos una boda muy linda y

todo el mundo gozó de la fiesta. Ella le pidió a su padre que la entregara.
El no le dio ni un centavo para la boda, solamente trajo unos refrescos.
A ella no le importó que no le hiciera un regalo, pues solamente le quería
demostrar a su padre que se casaba bien casada, ya que él en varias
ocasiones le dijo que si seguía viviendo conmigo le iba a pasar igual que
a mí. Al casarse, ella y Eduardo vivieron en una casita cerca de mi casa,
en las parcelas de Voladoras del pueblo de Moca. Poco tiempo después se
fueron para Nueva *Yor*. Eso me dolió mucho, pues ella es muy buena hija
y se preocupa mucho por mí, pero allá en New *Yor* era que se conseguía
trabajo y como ella sabía *ingle*j, pues no tenía problema para conseguir
trabajo. Allá les nació la primera nena, Rosita y el primer nene, Edwin.
A Marilyn, la más pequeña la tuvo acá en Puerto Rico. Cuando ya
tuvieron los nenes, aunque los dos trabajaban no era suficiente por tal
razón Tony hacía pasteles, alcapurrias y rellenos de papas y los vendía los
sábados y domingos por los parques de Brooklyn y donde había juegos
de pelota (béisbol). Eso fue lo que les ayudó a juntar un dinerito para
venir a comprar una casita en Puerto Rico.

"Mientras tanto, yo me fui nuevamente con los muchachos para
los campos de Lares y Las Marías para la *cogía* de café. Por allá por
esos *seborucos* del mundo nos picaban las avispas, las arañas pelúas, los
abayardes (abayaldes), los alacranes, los ciempiés, los abuses (abúes) y
cuanto animal te puedes imaginar. Nos resbalábamos por las jaldas y a
veces nos quedábamos guindando de algún palo hasta que alguien nos
ayudara a salir de aquel atolladero. Nos quedábamos en un rancho viejo
con los otros peones. Allí nos picaban los mosquitos porque no había
mosquiteros. Nos tirábamos a dormir cansados como negros esclavos.
Allí cocinábamos, dormíamos y nos levantábamos antes de salir el sol
y con mucho frío porque en las montañas de Lares y Las Marías hace
bastante frío y neblina por la mañana y por la noche. En la mañana
temprano nos tomábamos un buche de café prieto y pa'l monte a coger
café. Regresábamos cansaos y a contar los dos o tres *almús* (almudes)
de café. Aquel trabajo era duro, así era y sigue siendo la vida nuestra.
En aquel entonces había que buscar las habichuelas a como diera lugar.
Yo no me quiero acordar, eso era un trabajo duro, y aunque todavía lo

hago, ahora no tengo muchachos pequeños por quien preocuparme, pero también tengo más años encima.

"Recuerdo que una vez cuando regresábamos de coger café, veníamos en un jeep. Venían conmigo, Judy, Mary, Nancy, Rey y Rochy. De momento el jeep se dio tres vueltas y caímos todos en una zanja *atrapillaos* debajo del jeep. Yo con una pierna rota gritaba por los nenes que estaban aplastados por el jeep. Casi todos estaban inconscientes por el golpe. Yo comencé a gritar y en eso apareció gente que se dio cuenta del accidente. Yo a gritos pedía que me sacaran a los nenes y rezaba para que las nenas que eran más chiquitas no estuvieran muertas. Fueron sacándonos poco a poco. Unos salieron con golpes en la nariz, cabeza y con partes rotas. Se aglomeró un montón de gente y como a las dos o tres horas fue que apareció una ambulancia. Mijita, mejor no me acuerdo de eso porque me puede dar un ataque de corazón o de los nervios de pensar en aquel terrible accidente."

— Abuelita, por eso te digo, quédate con nosotros, en nuestra casa no te falta nada, no tienes que trabajar y tienes todo lo que necesitas. Eso me pone triste, escuchar todo lo que has pasado —le rogué.

— Jessika, no hay nada como mi casita y los muchachos míos y los nietos que tengo que velar para que no se metan en problemas —me contestó.

No quise cansar a la abuela por lo que esperamos unos días antes de que siguiera con su relato. Así que después de varios días, le dije, ahora puedes seguir contándome sobre la familia:

"Te cuento que algunos años después de María irse para Nueva *Yor*, Luis Reinaldo y José Antonio también se fueron para allá a trabajar. Yo me quedé con las tres más chiquitas Yudy, Mary y Nancy. Reinaldo se había ido a vivir con Amelia antes de irse para Nueva *Yor*. Ellos tuvieron su primera nena, a Lizzie, por lo que él decidió irse para Nueva *Yor* para después mandarlas a buscar. Recuerdo que Amelia se quedó unos días en casa de Socorro. De allá, de Trujillo Alto, salió ella para Nueva *Yor* con Lizzie. En Nueva *Yor* creo que le nacieron los otros dos nenes, René y Alexis. Mientras tanto, en esos mismos años, Socorro estaba muy metida en la Fraternidad Universal donde practicaban yoga y se había ido para Venezuela con unos Gurús. No sé, yo no entiendo mucho de eso, pero es lo que recuerdo.

"Cuando María fue a tener la primera nena, a Rosita, yo también me fui para Nueva *Yor* para que ella no estuviera sola y para ayudarla. Cerré la casita y dejé las tres nenas con Socorro y su esposo allá en Trujillo Alto. Ellos las pusieron en la escuela y las cuidaron hasta que yo las mandé a buscar porque me quedé en Brooklyn. Conseguí un apartamentito y un trabajito. Alguna gente me regaló camas, otros un sofá viejito, otros unas sillitas y hasta ropa de invierno, pues empecé sin nada. Aunque parecía que todo me iba a ir bien, las cosas se pusieron color de hormiga brava, muy malas. Al poco tiempo de haber mandado a buscar a las nenas, vino el frío y algunas veces no nos daban "el esteem" (calefacción) y teníamos que calentarnos con la estufa de gas, la que dejaba prendida toda la noche. Por la mañana las ventanas amanecían con pedazos de hielo del frío que hacía. Las pobres muchachas ni se querían levantar para ir a la escuela porque hacía un frío pelú que *titiritaban*. Quizás por eso a Nancy me le dio *veringitis* (meningitis) y estuvo casi muerta. Mi Dios me la salvó, porque los doctores no me aseguraban que iba a vivir. De todas maneras, si hubiera sido en Puerto Rico la muchachita se me hubiese muerto, tú sabes cómo es la medicina en Puerto Rico, especialmente en esos hospitales públicos de mala muerte que hay por esos lares.

"Peor fue que recién llegadas las muchachitas a Brooklyn, Judy se me perdió regresando de la escuela. Yo revolucioné a todos los del *bilding* (building) para que me ayudaran a buscar a mi muchachita. Ella estaba en una esquina dando vueltas como una boba sin sentido de dirección. Luego para la noche de las brujas (Halloween), Nancy salió a pedir dulces y la muchacha se perdió. Yo me iba a volver loca. Todos en el *bilding* (building) se pusieron a buscarla. Ya habíamos llamado a la policía. Como ella no entendía aquello de la noche de las brujas se fue por la calle derecho abajo detrás de una comparsa de muchachitos a hacer lo mismo que los otros, a pedir dulces, pero no supo regresar a la casa y se perdió. Por fin la policía me la encontró y me la trajo. Aquello fue para que me diera un ataque de nervios. Yo lloré sin consuelo cuando me la trajeron. Para más mala suerte, a Maribel me la atropelló un carro y como yo no sabía de letra, las cartas que me escribieron los abogados no las entendía. En eso me regresé para Puerto Rico, por lo que no pude seguir con el caso. Así que el caso se perdió y el seguro del carro no me le dio nada a la muchachita por el accidente que sabe Dios si esos golpes me la afecten en el futuro.

"Las cosas no eran fáciles en Brooklyn. Algunas veces no nos alcanzaba para la comida. Pues te digo que así como había buenos servicios médicos a la misma vez si uno no tenía dinero pues se jodía porque no se encuentra una yautía, un ñame o una panita que uno pudiera buscar en el patio como en Puerto Rico. En mi casita yo me voy detrás de la cocina y allí encuentro de todo. En Nueva *Yor* lo más que hay son edificios muy altos con apartamentos que no tienen patio y con los fríos que hacen, las viandas no se dan. En mi parcelita yo tengo sembrao tomates, pimientos, cilantrillo, yuca, ñames de agua, malanga, batata, guineos, plátanos, chinas, toronjas, aguacates, mangoses, parcha, un palo de panapén y hasta uno de pana de pepita. A veces tengo lechuga, repollo y hasta zanahorias. También tengo un montón de gallinas y guineas. Por eso cuando no tengo para comprar arroz y carne, por lo menos me remedio con lo que tengo en mi parcela o vendo un par de tomates, unas panas, aguacates o chinas y saco para la comida de esos días. Algunas veces vendo un lechoncito y hasta el chongo si tengo alguno, pero en Brooklyn, se necesita mucho dinero para vivir y no hay donde sembrar una hortaliza.

"Para colmo, en Nueva *Yor* a mí me tuvieron que operar de la matriz. Como me había *desangrado*, estuve muy grave. Tanto así que según los otros pacientes yo me morí y los médicos tuvieron que resucitarme. Cuando esto pasó, yo solamente recuerdo que salí volando como si fuera un angelito con una batita blanca y fui a Puerto Rico, entré volando a mi casita, a la casita de mis viejos, a casa de Socorro, pasé por las montañas de Puerto Rico, entre los árboles, por los ríos, por los cielos, por las nubes, por los mares y luego regresé de la misma manera a Nueva *Yor* y de momento ¡pum! como que entré a mi cuerpo. En ese momento desperté y los doctores estaban frente a mí haciéndome mil cosas y con montones de aparatos y máquinas.

"Allí estuve solita y muy grave, nadie me fue a ver. Mi desgracia no acabó allí, pues mis hermanos que vivían en el Bronx y mis viejos que estaban de visita en Nueva *Yor* trataron de ir a verme pero tuvieron un accidente de carro en el camino y también fueron a parar al hospital. Así fue que ni yo los vi a ellos ni ellos a mí. Esa era mi vida llena de problemas y más desgracias, nunca faltaba alguna *fatalidá*. Bueno, fueron tantas otras cosas que me pasaron que todas juntas sirven para escribir una novela. Las novelas de la televisión se quedan cortas al lado de lo que me ha pasado a mí."

— Ay abuelita tú has sufrido mucho, yo quiero ayudarte —le dije.

— Mi amor tu mamá siempre me ha ayudado, pero como somos tantos, no alcanza y en ese entonces ella estaba recién casada y yo no le contaba lo mal que me iba por allá —me dijo acongojada.

— Abuela, también nos contaste en otra ocasión que un tumor se te explotó en el cerebro —dijo Xiomara.

"Eso fue también en Nueva *Yor*. Estuve hospitalizada por unos dolores de cabeza que me daban. Me dijeron que tenía un tumor en el cerebro. Me querían operar pero yo no quería, así que un día cuando me estaban *ejplicando* lo de las placas que me habían sacado, de momento yo vi que ¡pum!; vi que algo se *ejplotó*. Eso fue el tumor que se reventó. Aquello me asustó tanto que yo agarré mi cartera tan fuerte que casi la derrito. Como yo no sabía *inglej*, pues no sabía lo que me decían o lo que me iban a hacer. Pensé que quizás ellos me querían coger para hacer *ejperimentos*. Entonces yo le cogí miedo a los doctores y me fugué del hospital. Yo no sé ni cómo llegué a mi apartamento donde había dejado a mis muchachitos por varios días. Lo que sé es que por lo menos no dejé que me operaran porque sabe Dios si no hubiera vuelto a ver a mis hijos. Desde que se me reventó el tumor no volví a sentir aquellos dolores de cabeza. El Señor y los guías protectores me sanaron."

— Abuela, pero ¿cómo es eso de que se te explotó un tumor en la cabeza y no tuviste complicaciones? —le indagué con un poco de incredulidad.

— Mi negra, quizás fue una luz divina que se apiadó de mí y me reventó aquél maldito tumor y a la misma vez me sanó por completo —respondió abuela como fiel creyente.

— Eso puede ser verdad, ¡pero es increíble! Abuela, ¡tú tienes unos cuentos fantásticos! —le dijo la Xiomi riéndose.

— Pero no son cuentos, eso me pasó, es cierto —contestó abuela muy segura de que aquello le había pasado.

— Ok, te creo —le dijo.

De todas maneras la Choma movía la cabeza y se reía sin parar pero abuela siguió con otros temas sin hacerle mucho caso a la Choma.

No fue hasta un año después que abuela nos siguió haciendo su cuento, pues nosotros buscamos la grabación y la escuchamos para que ella siguiera:

"Como ya sabes, mi vida es una tómbola, un calabazo roto, una novela. También en Nueva *Yor,* para mayor desgracia, Rochi se había metido en varios problemas que hasta la policía le pegó un montón de macanazos mientras estaba en una manifestación. Mi muchacho salió hasta en los periódicos recibiendo macanazos. Eso se debió a que en aquellos días la policía había matado a un hispano por lo que hubo muchas revueltas y en una de esas protestas estaba Rochi. Además se metió en otros problemas con la justicia y me lo metieron en la cárcel de Sing Sing. Pues me fui a pedir dinero prestado para poder sacarlo de la cárcel más peligrosa de los *Nuevayores.* Cuando colecté el dinero de la fianza me fui a buscar a mi muchacho. Allá llegué a la cárcel de Sing Sing sin saber hablar *inglej* y transbordando de una guagua a otra, de un tren a otro y hasta en un *ferry* me monté. Allá me pasé el día entero sin comer y con miedo de que alguien me atacara y me quitara el dinero que llevaba para la fianza. Yo llevaba el dinero metido dentro del *brassier* por si me robaban la cartera no perder el dinero. La fianza fue grande y cogí dinero prestao a medio mundo. Socorro, Rey, mis hermanos y vecinos me ayudaron con el dinero de la fianza. También pedí por las calles de Brooklyn para sacar a mi muchacho de la cárcel.

"Por fin pude sacar a Rochi de aquel lugar tan terrible. Por un tiempo no se volvió a meter en problemas. Se fue a vivir con Carmen Lugo y tuvo dos nenes y dos que ella tenía de otro matrimonio. Pero Rochi siempre estuvo metido en problemas por su temperamento, la bebida y sabe Dios qué más. Cuando bebía se ponía como loco y hasta me pegó a mí algunas veces, también a sus mujeres. Pero cuando no bebe es otra persona y se preocupa mucho por mí. Se vio en tantas peleas y problemas que sólo Dios sabe cuánto yo le he rezado pidiéndole que lo cambie. Con los años ha cambiado un poco pero ha sido mi eterna preocupación pues es un cascarrabias.

"Después de unos años en Nueva *Yor* Rochi se regresó a Puerto Rico con Carmen y los cuatro nenes (Dawn, Efraín, José y Jeremías). Los seis vivieron conmigo en mi casita en Moca. Después de un año se mudaron para San Juan y allá Socorro le consiguió un trabajo de guardia de seguridad a él. Socorro se preocupaba por ellos y les ayudó hasta que ella tuvo que irse a vivir para Nuevo Méjico.

"En esa época a Rochi todo le fue bien, pero solamente por un tiempo. Parece que la bebida y quien sabe si las malas noches o los vicios lo pusieron mal otra vez. Peleó con Carmen y la dejó con los nenes en San Juan y vino para mi casa con sus cachivaches *alombro*. Al poco tiempo a Carmen la mató un truck cuando llevaba a Jeremy, el nene más pequeño, para la escuela. Eso fue por allá por Villa Palmeras, Santurce. Fue un accidente tan terrible y algo tan triste, que no lo quiero recordar, pues ella quedó aplastada contra una pared. Los nenes no se los dieron a Rochi porque ella había dado quejas y dejó una carta diciendo que él les daba mucho fuete y la maltrataba a ella. A los nenes se los llevó la familia de ella para Nueva *Yor*. Y mira si las desgracias son tantas, que allá la familia de la difunta Carmen puso a los nenes en una agencia de esas que tienen allá donde ponen a los niños al cuidado de extraños o "foster home" como le llaman. Los pobrecitos nenes, además de perder a su padre y a su madre, también estaban con gente extraña y en escuelas en inglés.

"Socorro, desde New Mexico, los buscó en New York y no los encontró. La familia de ellos no le quiso dar información. Finalmente después de mil averiguaciones y por medio de una agencia federal, los encontró. Cuando los consiguió se enteró de que a los dos de Rochi, a José y a Jeremy, los maltrataban en esos sitios donde supuestamente los cuidaban. Ella se fue para Nueva *Yor*, pudo ver a los nenes y visitarlos donde los tenían. Allí se enteró de que a Jeremy siendo un nene, lo encerraban en el plafón (attic) de la casa si se portaba mal. Sabe Dios por cuánto tiempo lo encerraban allí. También, José siendo un niño llegó a dormir debajo de un carro. Peor fue que en la escuela, José perdió parte de un dedito porque no lo atendieron a tiempo.

"Socorro hizo mil diligencias para que los movieran de una de esas casas para otra y lo logró. Nunca nos los entregaron a nosotros, pues no querían que estuvieran cerca del padre. Rochi se fue a Nueva *Yor* a vivir por un tiempo para tratar de recuperarlos. Iba a la agencia esa de la familia que manipulaba todo el asunto y él perdía el día esperando que se los trajeran pero nunca se los traían para que él los pudiera ver. El luchó por tenerlos pero nunca se los devolvieron. Hasta Socorro y Rey trataron de que se los dieran en adopción a ellos, pero la agencia esa los dio en adopción a otra gente y hoy en día llevan otro apellido. Pero mira cómo son las cosas, Rochi como pobre crió a los otros hijos y ninguno se ha metido en problemas de drogas ni de cárcel.

"Los otros dos hijos de Carmen, que en paz descanse, Dawn y Efraín estuvieron con los tíos y la abuela y no sé mucho de ellos. Creo que Dawn trabaja como paramédico, pero Efraín no ha estado muy bien. De los de Rochi, José es el mejor que está, porque Jeremy ha estado metido en problemas con la justicia varias veces y también con problemas psicológicos. Jeremy se ha pasado toda su juventud entrando y saliendo de la cárcel. El pobre, pues qué otra cosa se puede esperar si estuvo allí en el accidente de su mamá siendo un niñito de seis añitos. Su mamá lo llevaba de la mano para la escuela cuando el camión la mató. Además, el pobre vive desajustado porque desde bebé ha sido abusado. Socorro es la que se mantiene al tanto de lo que pasa con ellos y siempre los ayuda. Ay, mijitas, ¡la vida es una tómbola! Son tantas las cosas tristes que nos han pasado. Aquello de la muerte de Carmen y el no poder volver a ver a mis nietos, ni tampoco saber de Rochi, todo eso me puso muy deprimida y mal de los nervios. La vida nos ha dado tantos cantazos que yo no sé qué más puede pasarnos."

Dio una vuelta, sacó un cigarrillo y se fue afuera a fumárselo, pues casi nunca fumaba dentro de la casa, y en nuestra casa nunca lo hacía. Al rato la invitamos a dar un paseo por el lago. En esa época vivíamos en Alexandria, Virginia, frente a un lago del que ella disfrutaba. Unos cuantos días después continuó su historia:

"Para seguir con este relato, te digo que mientras Rochi esperaba en New *Yor* que la agencia de la familia le dejara ver a sus hijos o se los entregaran, él se quedó sin dinero y sin encontrar un lugar dónde vivir. Como no tenía donde vivir ni dinero, se tuvo que ir a vivir a las calles y debajo de los puentes como un indigente. De esa manera se enfermó y un día lo encontró alguien en la calle tan enfermo que llamó a la policía. Un policía lo llevó al hospital donde le diagnosticaron que tenía tuberculosis. Una vez que mejoró y como Rochi no pudo recobrar a los nenes, nos llamó y le conseguimos un pasaje y volvió a Puerto Rico. Más adelante se puso a vivir con Miraida y de ella tuvo cuatro hijos: Joseíto, Eliezer, Wanda y Josué, y ahí viven pobremente. No tuvo más hijos porque yo le pedí a los médicos que operaran a la mujer, diciéndole que ella estaba loca y sin sangre. De lo contrario, ya tuviera veinticinco. Lo mismo hice con Nancy. Le dije a los médicos que estaba loca para que me la operaran y la operaron con dos. Gracias a la Divina *Trinidá*, porque yo hubiera sido la que me hubiera vuelto loca si ella hubiera tenido más de dos, pues yo le ayudé a criarlos. El padre los abandonó y ahí he tenido que ayudarlos con lo que puedo. Son tantas las cosas que me han pasao que a veces creo que he sido más crucificada que Jesús Cristo.

"El mejor tiempo fue cuando me casé con José. La boda me la hicieron entre todos los muchachos. El era más joven que yo, pero nos queríamos mucho. A él le dieron un dinero de Seguro Social por haberse cortado un dedo con una máquina en una fábrica en Nueva *Yor*. Después de un tiempo de haber sido muy felices en Nueva *Yor*, nos regresamos a vivir a mi casita en las parcelas. Cuando regresamos a mi casita, me encontré que me habían destruido la misma. Se habían metido unos maleantes del vecindario y me habían quemado hasta las camas. Por otro lado, los palos de aguacate se habían muerto y todo era un desastre. No nos quedó otro remedio que comenzar de nuevo a reparar la casita y la parcela. Las muchachas fueron a la escuela y José y yo trabajábamos en lo que aparecía. Además nos ayudaba lo que él recibía del Seguro Social y lo poco que yo recibía del Seguro Social por Judy y por Maribel.

"Maribel se me quiso casar muy joven, y se casó a los dieciséis años con Felipe Cortés (Papo). Eso fue otra tristeza para mí, porque era una muchachita tan linda y tan inteligente que hasta le habían dado beca en la escuela intermedia. Pero para que se fuera con el novio, mejor que se casara. Como era menor de edad, me vi obligada a dar el permiso para que se casara. Ella y Papo se quedaron a vivir en mi casita por un tiempito porque se casaron pero no tenían donde vivir. Más aún, algún tiempo después Judy se quedó encinta de Toco, un hermano de Eduardo, el esposo de mi hija María. Entonces, Judy se fue a tener a su primer nene, a Gustavo, allá a casa de Socorro en Trujillo Alto. Tuvo un parto muy difícil. Muy poco después de nacer el nene, al papá del nene de Judy, lo mataron en una pelea. Pasado un tiempo, Judy se casó con un muchacho de un barrio vecino y tuvo tres nenas más, a Tata, a Molly y a Jackie. Mientras tanto, Socorro las tuvo a ustedes dos, a Jessika y a Xiomara y uno que perdió. María (Tony) tuvo tres, a Rosita, a Edwin y a Marilyn (Marita). Maribel tuvo dos, a Nilsa y a Carlos (Javi) del que estoy muy orgullosa porque acaba de hacerse policía. Reinaldo tuvo tres, a Marisel (Lizzie), a René y a Alexis. Rochi tuvo seis, a José, a Jeremy, a Joselito, a Eliezer, a Wanda y a Josué. Nancy, que es la menor, tuvo dos, a Erica y a Juan Carlos. De esa manera siguió creciendo la familia, y hasta el momento ya tengo unos veintidós nietos y como seis biznietos. La cosa es que también he ayudado a casi todos mis hijos e hijas, ya sea cuidándolas después de los partos, como cuidando a mis nietos. También casi todos mis hijos después de casados y muchos de mis nietos han vivido en mi casita.

"Mientras la familia crecía, mi esposo José y yo le construimos la casita de cemento a los viejos míos allá en Hato Arriba. En esos años se había *escaseao* (escaseado) el cemento, por lo que él y yo íbamos a Guayama a buscar cemento para terminarle la casita a mis viejos. La terminamos con mil sacrificios y nos dio alegría poderles ayudar con eso. Pero la desgracia siempre me ha perseguido, y cuando más felices estábamos, la vida vino a *fuetiarme* de nuevo. José, mi marido, se metió en problemas con la justicia, aunque fue injustamente, *pagó los platos rotos de otro*. Esto pasó rápido y no lo metieron preso porque Dios es Grande y todo se resolvió antes del juicio.

"Otra cosa que no nos ayudó fue que su mamá lo buscaba y lo llamaba constantemente, y cuando él iba a Guayama a visitarla, no regresaba por semanas o meses. Tampoco conseguía trabajo y lo que le daban de pensión ya no era suficiente. Las cosas se fueron poniendo color de hormiga brava y un día nos peleamos y se fue a casa de su madre y no volvió por más de un año. Por eso yo le puse el divorcio. Nos divorciamos, pero vino algunas veces por ahí. Yo sufrí mucho porque yo lo quería mucho a ese manco. El fue mi último esposo y mi último amor. Ya no quise saber más de hombres, pero me he sentido tan sola, ¡tan sola! A veces me mantengo con cigarrillos y café y dándole vueltas a este maldito destino que lo que me ha dado son penas y dolores. La *verdá* es que cuando más cerca tengo la *felicidá* se me escapa de las manos.

"Por un tiempo cuidé a mis viejitos, y me los traje para mi casita. El viejo se me murió de cáncer. Entonces cuidé y velé a mi viejita por unos años. Luego, mi hermano Yeyo vino con su esposa a vivir a la casita de los viejos y se quedó cuidando a la vieja. María regresó de Nueva *Yor* y trabajó acá en varias fábricas de zapatos. Un tiempo después se divorció de Eduardo. Siguió trabajando fuerte y unos años más tarde se fue con los muchachos para Arkansas. Mientras tanto yo me fui a trabajar a casa de un doctor. Allá les cocinaba y les limpiaba la casa. Como dos o tres años más tarde Tony regresó de Arkansas. Entonces ella se mudó para Ponce y como la casa era tan grande y ella trabajaba horas largas yo me fui para Ponce a ayudarle. Ella vivía en Ponce y trabajaba en Juana Díaz, y tenía una casa muy linda y grande."

— Ah, sí, abuela, yo recuerdo la casa de titi Tony allá en la urbanización El Monte, —dijo Xiomara—. Era grande y tenía una piscina grandísima. También tenía palos de guanábanas y mangos *grandototes*, también aguacates, otras frutas y un patio lindísimo.

— Sí, yo también recuerdo que cerca de ella vivía uno de los cantantes del grupo de Menudo —comenté.

— Sí, sí, yo recuerdo que jugábamos contigo, con Rosita, Edwin y Mary en la piscina —añadió Xiomara.

— Pues a decir *verdá*, yo vivía muy bien en Ponce. Tony me llevaba a los mejores restaurantes a comer camarones, langosta y *asopaos* de mariscos. Yo venía a cada rato a ver la casita, a los otros hijos y a mi viejita. Pero como te he dicho, la felicidad no me dura mucho, porque al poco tiempo la vieja se me murió. Eso me destruyó. ¡Cómo extraño a mi viejita Galo! ¡Cuánto diera yo por tenerla viva! Nunca quiso quedarse mucho tiempo fuera de su casita —dijo, con pena y añoranza.

— Años más tarde, Tony se fue a vivir para Santo Domingo. Se fue a trabajar a la fábrica de zapatos de la misma compañía con que trabajaba en Juana Díaz. Ella era una de las jefas. ¿Cuál era el título que tenía?

— Abuela, ella era "quality control manager" de la fábrica —le aclaré.

— Allá se llevó a los muchachos de ella. Yo fui algunas veces con ella a Santo Domingo. Fui en el "ferry" ese que va de Mayagüez a la República Dominicana —dijo, con una guiñada como indicando que le tenía miedo al ferry.

— Ya ves, abuela, tú has paseado mucho. Mami ni yo hemos visitado la República y ya tú has ido unas cuantas veces.

— Sí, en Santo Domingo íbamos a fiestas y a bailar mucho merengue. Nos dábamos buena vida, aunque algunas veces el agua o la luz se iban —dijo, como gozando al recordar aquellos días que pasó muy bien en la República Dominicana.

— Oh, abuela, "poro, poro", así que tú bailabas mucho merengue —comentó Choma, imitando a los dominicanos.

— Shomita, ¡tú siempre con tus bromas! Tú sabes que me encanta el baile.

Todos nos reímos, pues abuela empezó a bailar sola y sin música, con una mano en la cintura y otra hacia arriba.

— Recuerda que yo fui la reina de los ancianos, —dijo con orgullo—, allá en la casa de ancianos de Moca donde yo iba a pasar los días cuando me sentía muy sola.

— Abuela, tenemos fotos y un vídeo donde tú estás bailando en el sótano de nuestra casa en Alexandria, Virginia. Eso fue después que tú fuiste reina de los ancianos.

—Un día de estos me lo enseñan porque no recuerdo —nos solicitó.

"Volviendo a aquellos días, pasado un tiempo Tony se casó con Johnny, un dominicano que trabajaba con ella. Rosita, la hija mayor de Tony se fue a estudiar a New Mexico y se quedó a vivir con ustedes. Edwin, el hijo de Tony se fue a vivir con su padre y Marita (Marilyn), la más pequeña, se quedó viviendo conmigo en mi casita en las parcelas de Voladoras. Me acompañó por un año, pero tanto ella como Edwin se fueron para New Mexico a vivir con su hermana Rosita. Por otro lado, Socorro se regresó de Nuevo Méjico a Puerto Rico. Yo iba a la casa de ustedes en Tintillo Gardens a menudo. Me gustaba mucho aquella casa, que era grandota y tenía un jardín tropical precioso. Yo le ayudé a *Almando* a matar un comején grandísimo que estaba en una palma, y allí ustedes pasaron el temporal Hugo."

— Ah, sí abuela, y yo tenía dos cotorras verdes y le hicimos una jaula enorme, pero después del temporal las dejé que se fueran porque con Hugo se habían asustado mucho y ellas querían estar libres —dijo la Chomita.

"En menos de dos años ustedes volvieron a mudarse de Puerto Rico para Virginia. Tony se mudó para Nuevo Méjico y después para Colorado. Rosita, la hija mayor de Tony, vino a verme en una ocasión y gozamos mucho juntas. Ustedes son las que más vienen a verme. Rey vive en casa de los suegros en Cerro Gordo de Moca. Lizzie, René y Alexis, los hijos de Rey, se casaron y ya tienen niños. Así que ya tengo varios biznietos. Gustavo, Francisca, Mónica y Jackey, los hijos de Judy, también se casaron y algunos tienen niños. Mis biznietos del alma Stephanie y Julio Angel (Beby) me pasan alcoholado y me ponen curitas cuando me duele algo.

"Por otro lado, Javi y Nilsa, los de Maribel, aunque se casaron todavía no me han dado un bizniето. Ustedes, Jessika y Xiomara, las de Socorrito, todavía no se han casado, aunque sé que pronto tú, Jessika, te casarás. Espero gozarme esa boda. Los de Rochi, Joseíto, Eliezer, Wanda, Josué, José ni Jeremy se han casado. Mis hermanos casi todos viven por Nueva *Yor*. Como puedes ver, casi todos han formado su hogar y tienen sus propios problemas y obligaciones.

"Por mi parte, los viejos se me murieron, los hijos y los nietos todos tienen su vida y hasta el día de hoy yo vivo solita, pues los hijos casi ni van a verme y los nietos casi nunca me visitan. Hasta Nancy se fue de mi lado, pues se mudó para Vega Baja y casi no la veo. Como he estado tan sola en estos últimos años tuve que ir a buscar ayuda psiquiátrica, pues los nervios los tengo reventaos y los ataques epilépticos me dan más a menudo y a veces no tengo para comprar el dilantín ni la luminal."

Pobre abuela, ella no decía que el cheque que mami y mi papá le enviaban mensualmente se lo daba a unos hijos en particular. Por eso mami constantemente le daba dinero extra o le compraba cosas que le hacían falta. Cuando abuela venía a visitarnos, se iba con unos cuantos cientos de dólares, pero apenas llegaba ya la estaban esperando para quitarle lo que llevaba. Mi mamá antes de mudarse a New Mexico en 1980 le abrió una cuenta de ahorros en el Banco Popular para que abuela utilizara el dinero si tenía una emergencia. Mami dejó a una de las hermanas encargada de hacer los retiros y en menos de seis meses, esta última había retirado todo el dinero y abuela no vio ni un centavo de aquella cuenta. De manera que mami tuvo que cerrar la cuenta y decidió enviarle un cheque mensualmente y cualquier otra cosa que ella necesitara.

En otras ocasiones algunos de los hijos tomaron préstamos a nombre de ella o le falsificaron la firma y ella tuvo que pagar la deuda. Lo mismo pasaba con el teléfono que le pusimos. Algunos de los familiares hacían llamadas a toda la isla y las cuentas le llegaban a mi pobre abuela de cientos de dólares y ella tenía que hacer un arreglo con la telefónica para pagarlo poco a poco para que no le cortaran el servicio. Lo más triste del caso era que ella no podía marcar el teléfono porque no veía bien, porque no sabía usar el aparato telefónico, porque no sabía los números de sus familiares de memoria o porque le temblaban mucho las manos. Ella solamente tenía el teléfono para una emergencia o para recibir las llamadas de los hijos y familiares que estaban lejos. Si quería hacer una llamada le pedía a alguien que le marcara el número.

Algún tiempo después, al seguir con la conversación le pregunté:

— Abuela, ¿te dan cupones?

— Sí, pero solamente treinta y cuatro pesos (dólares) y eso no da pa' na'.

— Eso es vedad, y no sé cómo lo haces, pero haces maravillas con lo poco que recibes.

— Así es, hija. Peor es que tampoco recibo el Seguro Social porque me dicen que no está cubierto, porque los sinvergüenzas con quien trabajé no lo reportaron, mas sin embargo me descontaban el mismo.

En tantos sitios que cogí café y corté caña y hasta en Nueva *Yor* trabajé y ahora no aparece nada. Solamente aparece lo que Tony reportó cuando yo le ayudaba allá en Ponce. No..., si te digo que mi vida es una tómbola y cuando uno *nace pa' bicicleta hasta del cielo le bajan las maniguetas.*

— Mi abuelita, ¿no tienes los talonarios de lo que te pagaban? —le pregunté.

— No, pues muchas veces me pagaban con chavos (en efectivo) y también creo que todos esos papeles se los comieron los ratones —dijo abuela muy inocentemente.

— ¡Bendito, abuela, que a ti te pasan cosas!

— Bah, si recientemente Socorro *pagó lo* que yo debía de mi casita. Aunque yo estaba segura de haber pagado por los materiales que el municipio me dio para hacer mi casita, los pagos no aparecían registrados en la oficina. Tampoco mis recibos de pagos aparecían, pues los ratones se comieron los benditos recibos y no pude comprobar que había saldado la cuenta.

— Mi querida abuela, ¿pero esa agencia no tenía record de tus pagos?

— Nena, lo que pasaba era que venía un cobrador a la casa y algunas veces yo le daba cinco pesos, otras le daba quince pesos o cincuenta pesos. En fin, daba lo que tuviera el día que venía el cobrador. Como yo nunca he tenido eso de cheques, pues se los daba en dinero (en efectivo). Quizás el hijo de yegua ese no reportaba lo que yo le pagaba. Como yo no sé leer, no sabía lo que el cobrador me daba. Puede ser que él sabía que yo iba a perder los recibos. Además, cuando salía por un tiempo de la casita, pues los ratones se me metían a la casa y hacían *escante*. Se comían todo lo que encontraban y pues se comieron los recibos y no tenía pruebas de haber saldado la cuenta —dijo abuela muy molesta.

— Lo mismo me pasaba con las lámparas de techo que venían por ahí a vender los árabes —prosiguió, refunfuñando.

— ¿De qué hablas, abuela Fela?

— Qué te puedo decir, sino que a mí mucha gente me ha cogido de pendeja. Resulta que frente a mi casa pasaban esos árabes vendiendo cosas y entre ellas vendían lámparas con lágrimas muy lindas. Me vendían las lámparas a plazos, pero al poquito tiempo me la venían a quitar porque no aparecían los pagos, o, si no, yo las devolvía porque no servían para un comino —dijo abuela, muy mortificada.

Xiomi y yo nos reíamos a carcajada. Sobre todo Xiomi, por la manera de abuela narrar lo que le había pasado, sonaba increíble y a su vez de manera muy ingenua y chistosa. Esa era una de sus características naturales. ¡Mi linda abuelita!

Al rato, después de reírnos, me dijo:

—Jessika, peor es que hace como un año me caí en una alcantarilla que estaba sin la tapa y me rompí una pierna. Yo no vi el hueco y me caí. Eso fue en el pueblo de Moca. Estuve más de un mes enyesada. Luché para que el Municipio o Acueductos me recompensaran por no haber arreglado aquella alcantarilla. No me compensaron porque dijeron que me caí debido a que posiblemente me dio un ataque epiléptico. No, si las desgracias mías son tantas… —dijo y dio una vuelta y se fue afuera a fumarse un cigarrillo, quizás para olvidar aquellos momentos de martirio que había vivido.

Nosotras nos dimos cuenta de su desconsuelo y buscamos otras cosas para hacer y no seguir recordando aquellos momentos que afligían a nuestra abuela. Le quise decir que sentía mucho lo que le había pasado, pero me di cuenta que si le decía algo se hubiera puesto a llorar.

Otro día abuela también nos contó que se rompió una mano y se fracturó las costillas en un parque en San Sebastián. Usó un columpio que ella no sabía que estaba roto, y se cayó y se rompió una mano y se fracturó las costillas. Trató de conseguir un abogado para que le luchara el caso y le compensaran por los daños, pero no consiguió un abogado que quisiera llevar el caso. Ningún abogado del área quería llevar un caso en contra del Municipio. Le consiguieron un abogado en otro pueblo y éste dejó que el caso caducara y abuela perdió su caso. Estas cosas no las puedo entender. La desdichada abuela no tenía con quien contar para resolver sus cosas. Una pena que nosotras éramos niñas cuando esto pasó, de lo contrario le hubiéramos ayudado con esos asuntos.

—Abuela, por favor ven a vivir con nosotros —le pedí nuevamente—. Si vienes a vivir con nosotros no tienes que pasar por tantos problemas.

— Yo te digo que Socorro y *Almando* quieren que venga a vivir con ustedes, pero solamente vengo a verlos y a estar con ustedes de vez en cuando porque mi casita y mi tierra me llaman. Además, si dejo la casita sola por mucho tiempo me roban, me la destruyen y cuando regrese ya no tengo donde vivir. Mira, cuando vine el año pasado a visitarlos a ustedes, yo había dejado tres sacos de café que iba a vender cuando regresara, pero cuando regresé a mi casa me los habían robado.

— Bendito, abuela, ¿y sabes quién te los robó? —le cuestioné.

— Sí, el marido que tenía Nancy en aquel entonces —me dijo, muy segura de lo que decía.

— Y qué hizo ese hombre con el café —le interrogué.

— ¿Qué crees?, lo vendió y más caro de lo que yo lo vendo —dijo muy indignada.

— Vamos, abuela, ven, olvida las penas y acompáñame con la guitarra, vamos a cantar —le dije. Busqué la guitarra y comenzamos a tararear algunas canciones.

—Jessi, sabes esa que dice:

Amor gitano

Ayer pude comprobar que tú me mentías.
Toma este puñal ábreme las venas,
pues sin tu cariño no vale la pena.
Pues sin tu cariño no vale la pena.

¿Por qué te burlas de mí, amorcito mío?
No quiero la vida si he de verte ajena.
No quiero la vida si he de verte ajena.
No quiero la vida si he de verte ajena.

— Vamos, dáme el "la" —le pedí.
— A ver esta otra:

Toda una vida

Toda una vida la pasaría contigo.
No me importa ni cómo ni cuándo,

pero siempre junto a ti.
Toda una vida la pasaría contigo.

No me cansaría de decirte siempre,
pero siempre, siempre, que eres en mi vida
ansiedad, angustia y desesperación.
Toda una vida la pasaría contigo.

En ese momento apareció Xiomara con su violín para acompañarnos y abuela comenzó a tararear la siguiente:

Luz y sombra

Yo sé que te han dicho que no valgo nada.
Quien sepa de amores que calle en silencio.
Que me dejen sola sufriendo en silencio.
Que no sepa nadie que tú eres luz y sombra de mi corazón.
Que eres luz y sombra de mi corazón.

Abuela nos dijo: "La que más me gusta es esa que dice así:

Sombras

Cuando tú te hayas ido me envolverán las sombras.
Me envolverán las sombras de mi pequeña alcoba
donde una tibia tarde me acariciabas toda.
Te buscarán mis brazos, te buscará mi boca.

Y en la penumbra vaga de mi pequeña alcoba
donde una tibia tarde me acariciabas toda.
Te buscarán mis brazos y me envolverán las sombras...
Cuando tú te hayas ido...

Siguió recordando y cantando pedacitos de canciones y me dijo:
— Ay, mija, hay tantas canciones bonitas. Ahí tienes las canciones

que cantan los Panchos, que ponen a uno a soñar con esos amores ya perdidos. Otras canciones que me gustan son Bodas de sangre, Tintorera del mar, Pobre gaviota y Toda una vida. Me acuerdo que todas esas yo las cantaba mucho cuando tu abuelo me dejó.

— Pero bendito, abuela, no te me pongas triste —le dijo Xiomi, mientras se le acercaba para darle un abrazo.

Así seguimos enlazando o casando una canción con la otra y yo tratando de seguirla en la guitarra para ayudarla a olvidar su terrible destino.

— A ver, te sabes Perfume de Gardenias —me preguntó abuela.

— Claro que sí, abuela, esa es una de las primeras canciones que aprendí y la sé desde chiquita. Empiézala que yo te sigo, dáme el "la" —le insistí..

Perfume de gardenias

Perfume de gardenias
tiene tu boca,
perfume de gardenias
perfume del amor...

Tu cuerpo es una copia
de Venus y Citeres
que envidian las mujeres
cuando te ven pasar.

Y llevas en tu alma
la virginal pureza
por eso es tu belleza
de un místico candor.

Se repite.

— ¡Esa canción es inigualable! —dijo toda emocionada.

— Eso es cierto, abuela, es hermosa. ¿Qué te parece si ahora cantamos unas plenas?

— Esas me encantan porque son muy alegres. Qué te parece si cantamos ¡Qué bonita bandera!

— Esa es una de las que más me gusta —exclamó abuela.

¡Qué bonita bandera!

¡Qué bonita bandera,
qué bonita bandera,
qué bonita bandera!
¡Es la bandera puertorriqueña!

¡Qué bonita bandera,
qué bonita bandera,
qué bonita bandera!
¡Es la bandera puertorriqueña!

Azul, blanca y colorá.
¡Y en el medio tiene una estrella!
¡Qué bonita bandera,
qué bonita bandera,
qué bonita bandera!
¡Es la bandera puertorriqueña!

¡Quisiera verla flotando sobre mi Borinquen bella!
¡Qué bonita bandera,
qué bonita bandera,
qué bonita bandera!
¡Es la bandera puertorriqueña!
Dijo José de Diego, Betances y Muñoz Rivera.

Se repite.

— Sinceramente no sé el resto.

— Yo tampoco la sé muy bien porque creo que existen varias versiones. Te prometo que voy a memorizarme las demás —le contesté.

— Está bien así, porque si las cantamos todas nos amanecemos. De todas maneras estas otras me las sé mucho mejor —dijo abuela con mucha seguridad y muy contenta.

Cortaron a Elena

Cortaron[7] a Elena,
cortaron a Elena
y se la llevaron pa'l hospital.
¡Ay aquello daba pena y ganas de llorar...!

Cortaron a Elena,
¡ay cortaron a Elena
y se la llevaron pa'l hospital!
¡Ay aquello daba pena y ganas de llorar!

Cortaron a Elena,
¡ay cortaron a Elena
y se la llevaron pa'l hospital!
¡Ay aquello daba pena y ganas de llorar...!

Temporal

Temporal, temporal,
allá viene el temporal.
¿Qué será de Puerto Rico
cuando venga el temporal?

Temporal, temporal,
¡qué terrible temporal!

---

7   Abuela decía "mataron a Elena en vez de cortaron a Elena"

Temporal, temporal,
¡qué terrible temporal!

Encontraron a una niña
a la orillita del mar.
Tenía los labios azules
y en las manos un coral.

Temporal, temporal,
¡qué terrible temporal!
¿Qué será de mi Borinquen
cuando llegue el temporal?

Cuando las mujeres quieren a los hombres

Cuando las mujeres quieren a los hombres,
cogen cuatro velas y se las prenden por los rincones.
Cuando las mujeres quieren a los hombres,
cogen cuatro velas y se las prenden por los rincones.

Compran de esos libros que les llaman colecciones.
Van a la cocina y les hacen sus oraciones.
Cuando las mujeres quieren a los hombres,
prenden cuatro velas y se las ponen por los rincones...

Santa María

Santa María, Santa María
líbranos de todo mal.
Ampáranos señora de todo mal.
Santa María, Santa María,
líbranos señora de todo mal.
Ampáranos señora de ese terrible animal.

Telefonean de Aguadilla, que de la iglesia vieron bajar,
a la virgen Santa María con su coro celestial.
Santa María, Santa María, líbranos de todo mal.
Tenía cara de buey, el pecho de un toro bravo.
Tenía patas de yegua y yarda y media de rabo.
Santa María ampáranos señora de ese terrible animal...

Llegó el obispo de Roma

Mamita llegó el obispo de Roma[8],
mamita si tú lo vieras.
¡Qué cosa linda! ¡Qué cosa mona!

El obispo tiene los ojos
de un lindo color azul.
Mamita si tú lo vieras,
es guapo y joven como Mambrú.

— Oye, abuela, ¿quién era Mambrú?—preguntó la Choma.

— No estoy segura —contestó la abuela— pero quizás se refiere al personaje de una canción para niños que habla de un soldado llamado Mambrú y dice así:

---

8   Plena del gran compositor y músico puertorriqueño Juan José Ríos Ovalle (1863-1928) quien dirigió la orquesta que antes dirigía el Maestro Morel Campos.

Mambrú se fue a la guerra

Mambrú se fue a la guerra,[9]
¡qué dolor, qué dolor, qué pena!
Mambrú se fue a la guerra,
no sé cuándo vendrá,
que do, re, mi; que do, re, fa;
no sé cuándo vendrá…

Allá viene un barquito,
¡qué dolor, qué dolor, qué pena!
Allá viene un barquito.
¿Qué noticias traerá?
Es que Mambrú se ha muerto ya.
Que do, re, mi; que do, re, fa…[10]
Cont.

—Sí, creo que es de esa misma canción, —observó la abuela— otro día se las canto completa porque no la recuerdo toda y es bastante larga.

De esta manera pasábamos muchos momentos alegres con abuela de quien aprendimos tantas cosas que no caben en un libro. Muchas veces abuela cambiaba algunas palabras o algunos versos de las canciones y de los cuentos. Los adaptaba como a ella le parecía mejor o como ella

---

9 Mambrú se fue a la Guerra es una canción infantil muy antigua. Fue escrita en Francia durante la batalla de Malplaquet entre Francia y Gran Bretaña (1709). Fue dedicada de manera burlesca a uno de sus enemigos ingleses, al duque de Marlborough. La melodía parece ser más antigua y de origen árabe. Se cree que llegó a España por influencia de los Borbones y al Nuevo Mundo con la colonización española. Existen muchas traducciones y cientos de versiones. Véase a Monserrate Deliz, Renudio: Origen y Difusión del folklore musical Instituto de Cultura Puertorriqueña. 2008. p.13 y 264. Véase también Allena Luce, *Canciones populares.* Silver Burdett y Compañía. Boston: 1921. (Sección Cuarta: Canciones antiguas…) p. 119-120.

10 Estas son dos estrofas de la versión que cantaba la Abuela y aunque es un poco distinta a otras versiones en español, esta es una versión adaptada a la realidad de la isla de Puerto Rico.

los interpretaba. En cuanto a las canciones, no sé si tenían más estrofas o más versos. Solamente la seguía y a ratos nos reíamos y a veces, si la canción no la podíamos seguir porque nos desafinábamos o abuela le daba otra tonada, allí la cortábamos y comenzábamos con otra.

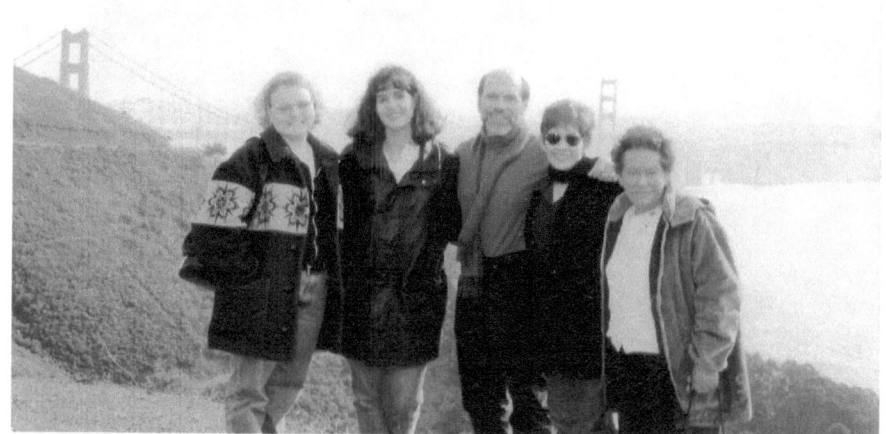

1997 Abuela con Cherif, Jessika, Armando y Socorro, San Francisco, CA

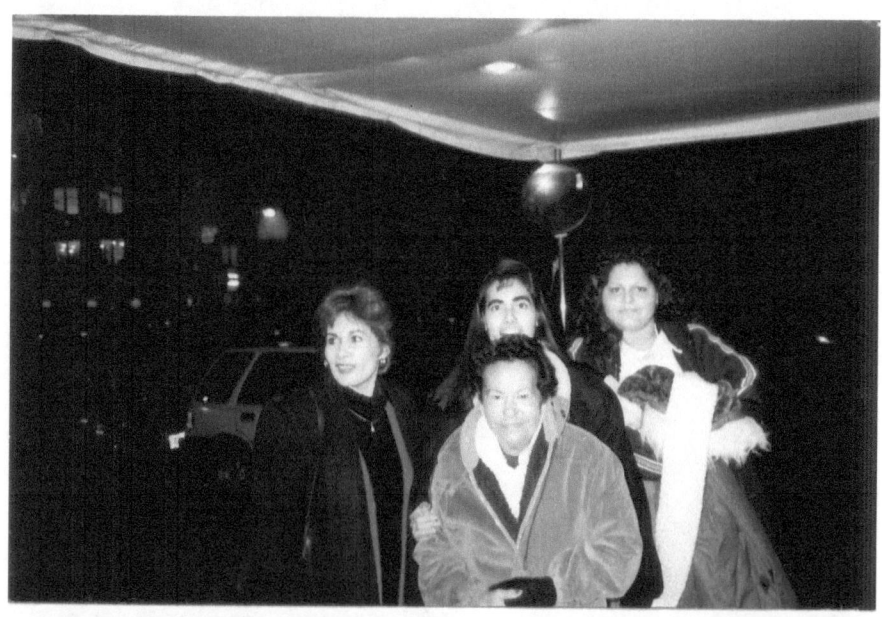

1995 Abuela con hija Socorro y nietas Xiomara y Nilsa, Manhattan, NY

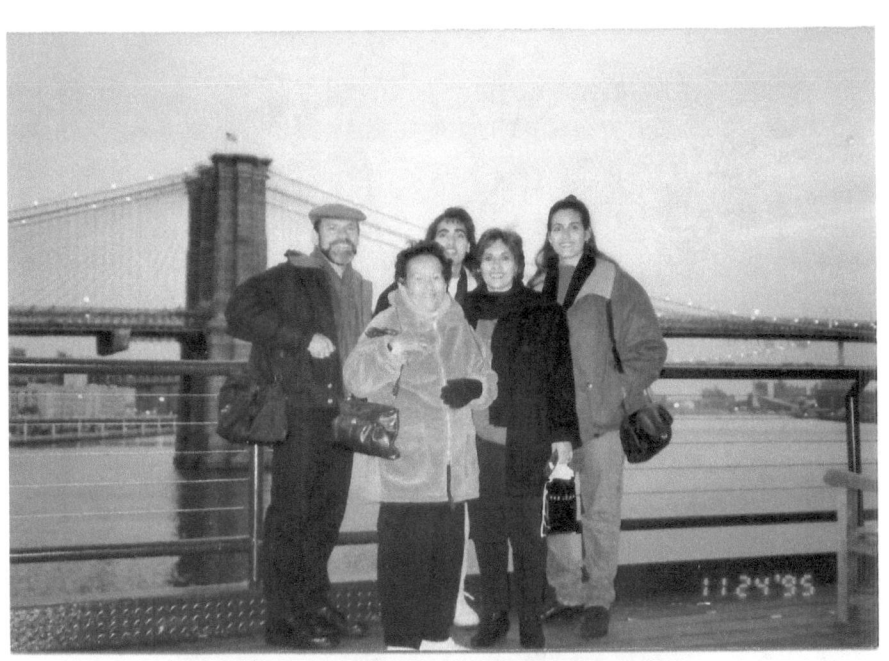

1995 Abuela con Armando, Socorro, Jessika
y Xiomara, Brooklyn Bridge, NY

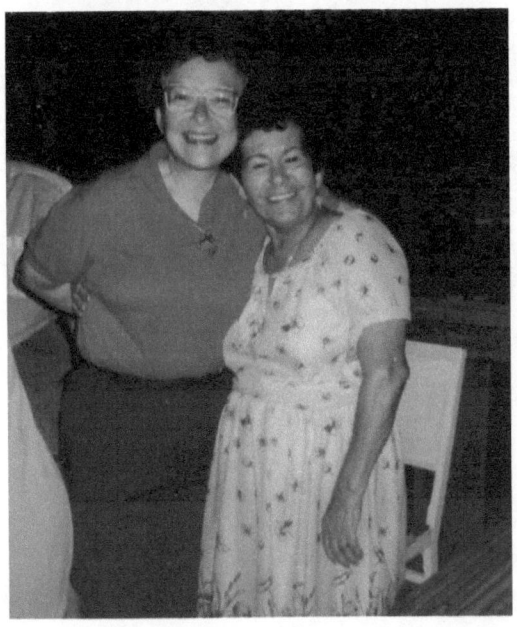

Abuela Fela con Grandma Ana Lara en Alexandria, Virginia

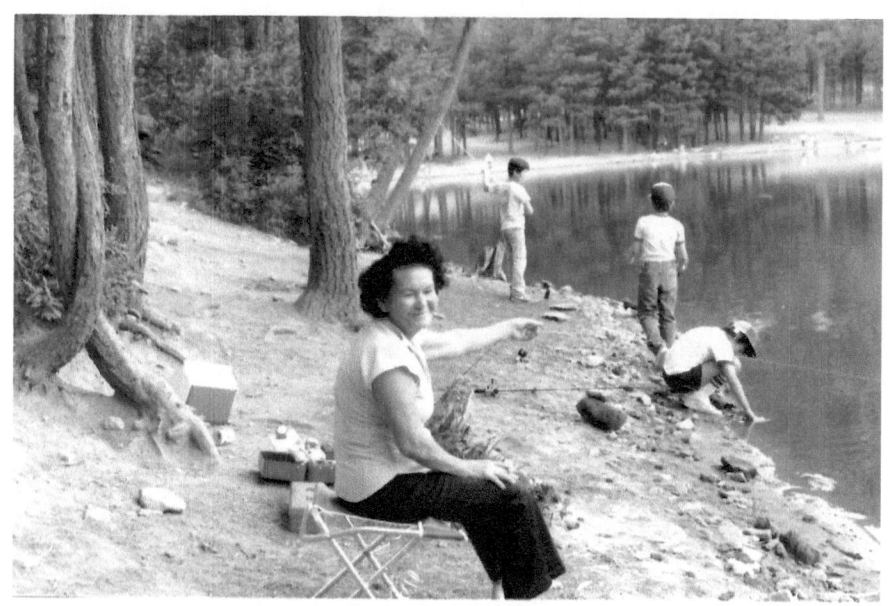

1983 Abuela pescando en un lago al norte de NM

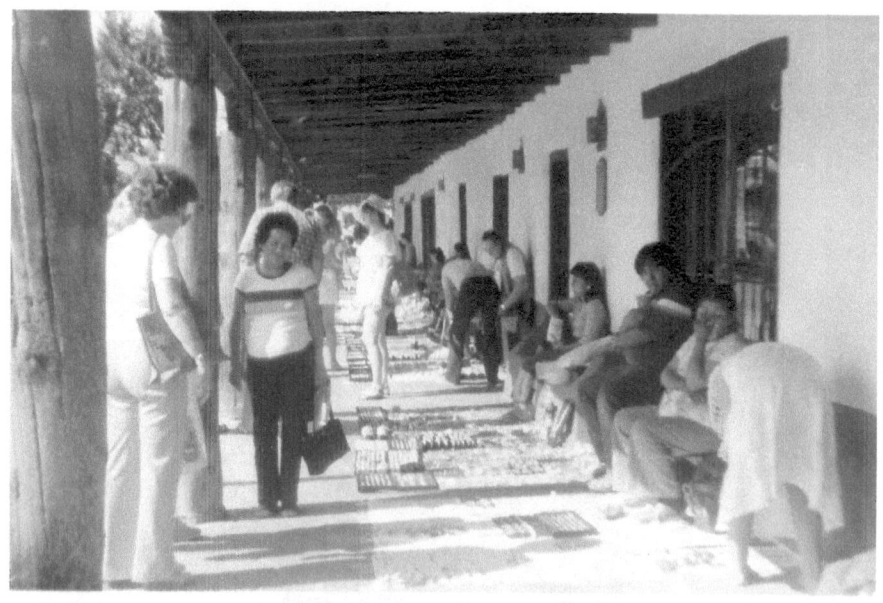

1983 Abuela en el mercado de los indios nativos en Albuquerque, NM

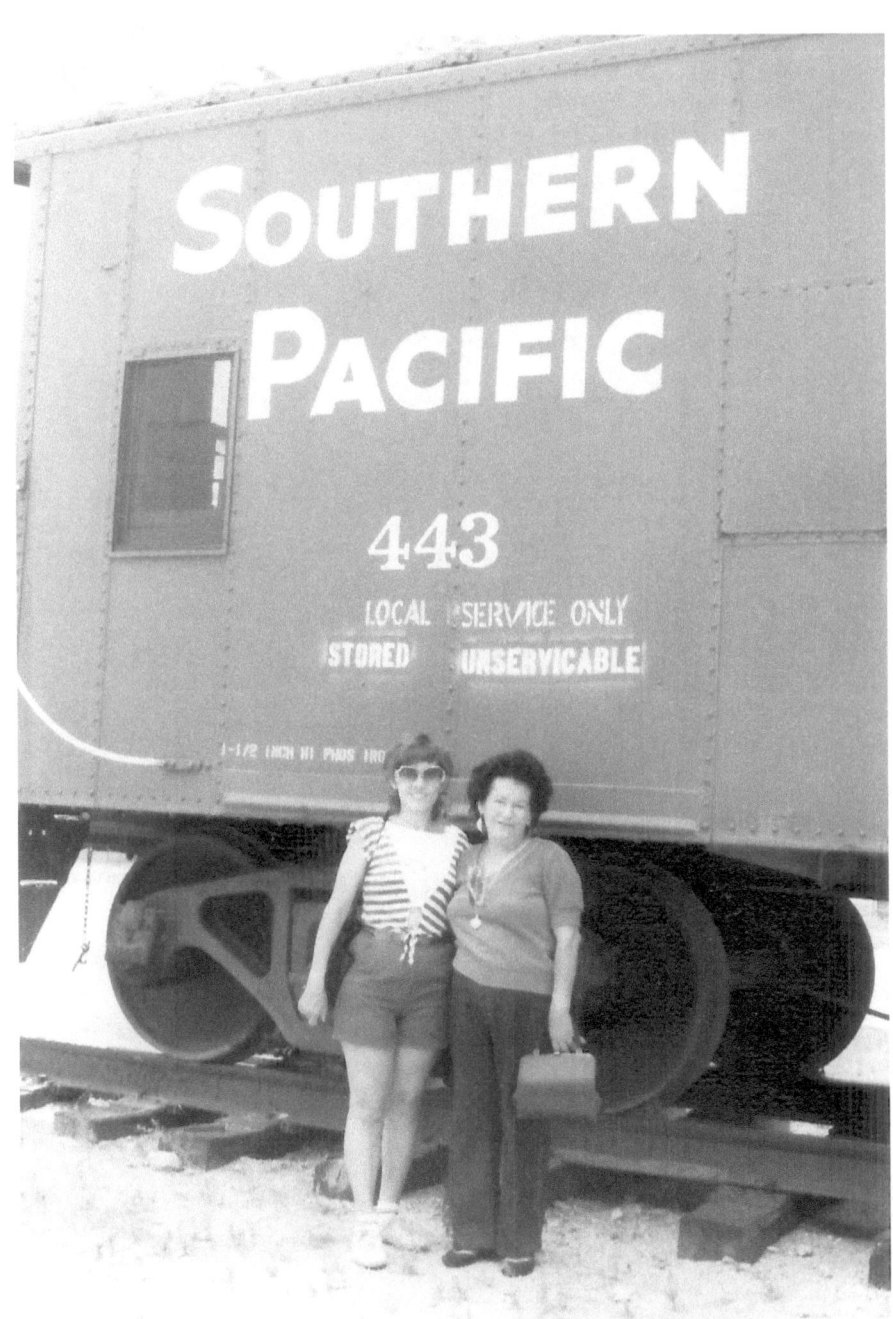

1985 Abuela frente a un tren en Santa Rosa, NM

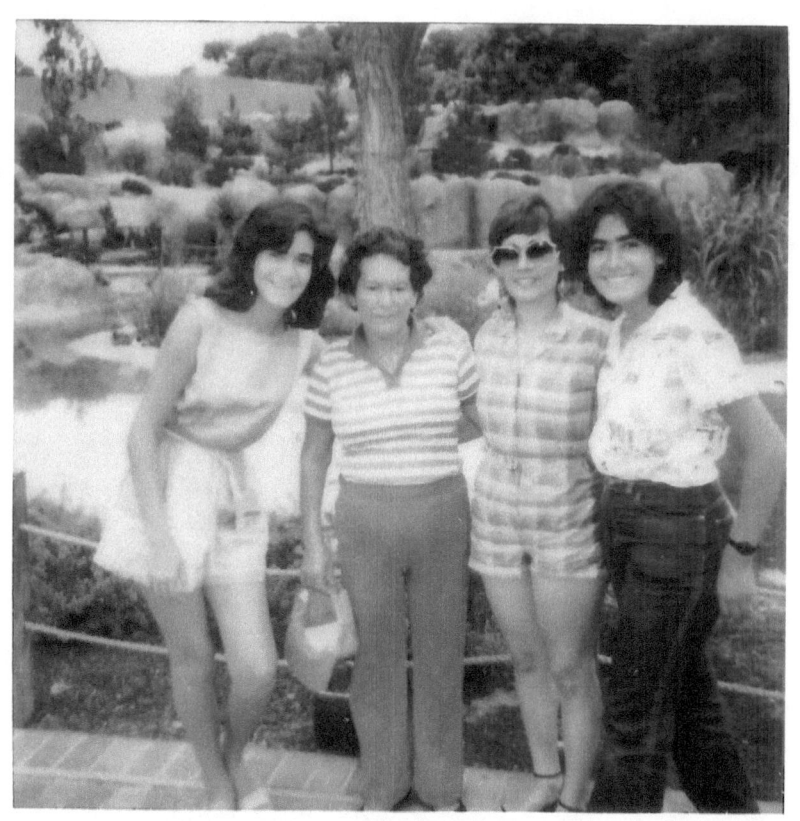

1985 Abuela con nietas e hija en el parque zoológico de Albuquerque, NM

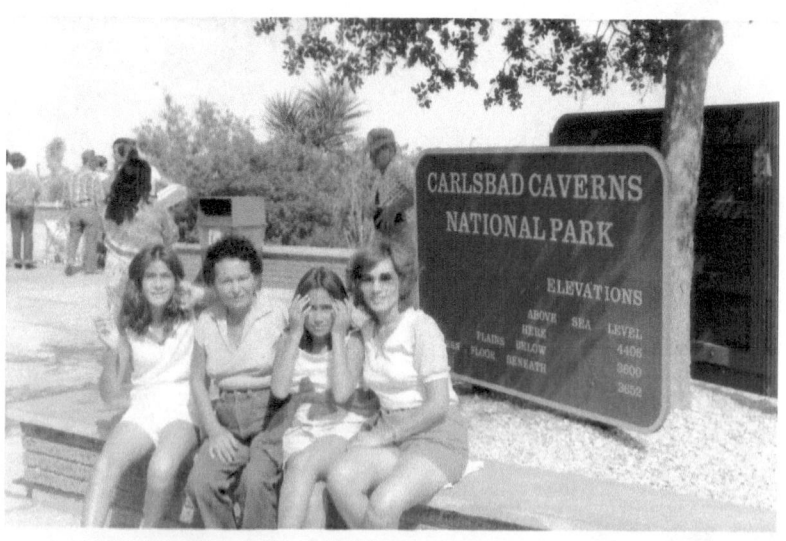

1983 Abuela en Carlsbad Caverns National Park, NM

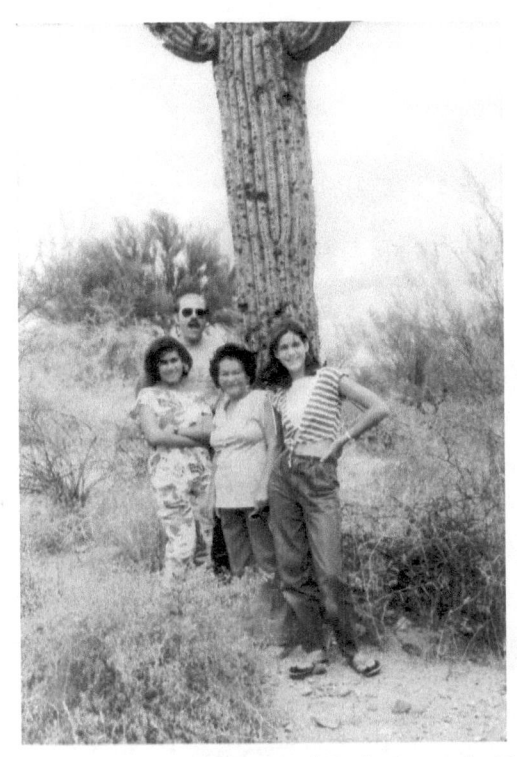

1985 Pasando por Saguaro National Park, cerca de Tucson, AZ

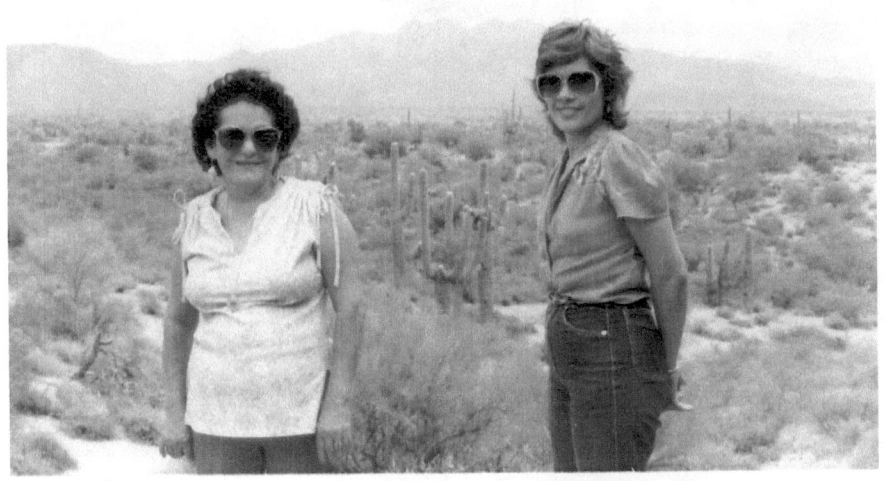

1985 Abuela en Saguaro National Park, AZ

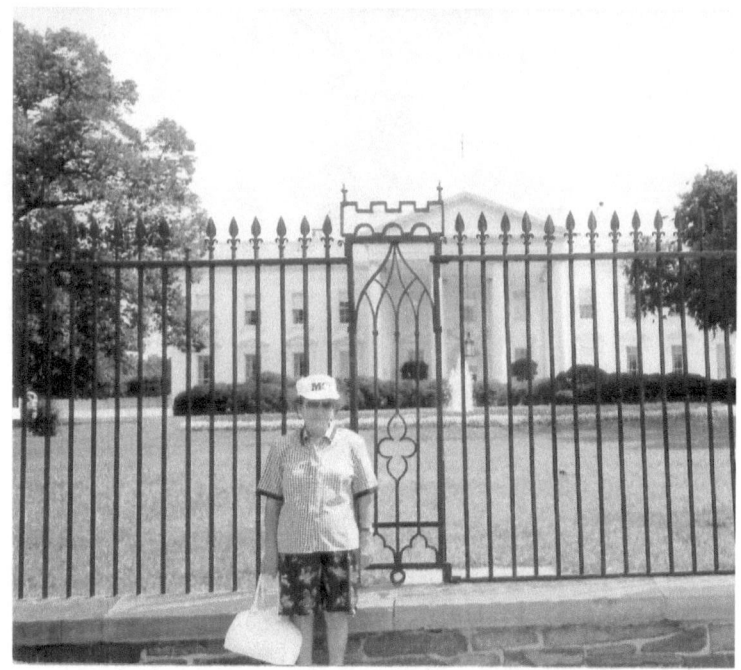

1983 Abuela frente a la Casa Blanca en Washington, DC

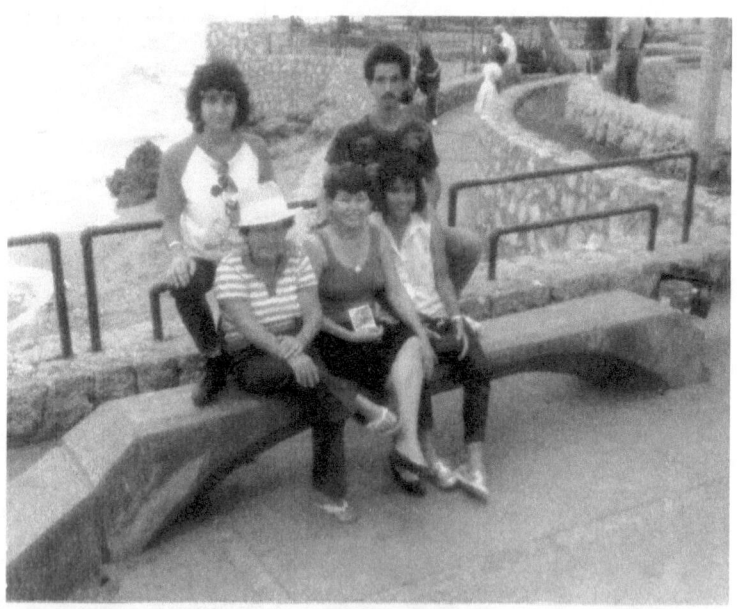

1986 Abuela Fela visitando a su hija María y nietos Rose,
Edwin y Marilyn en la República Dominicana

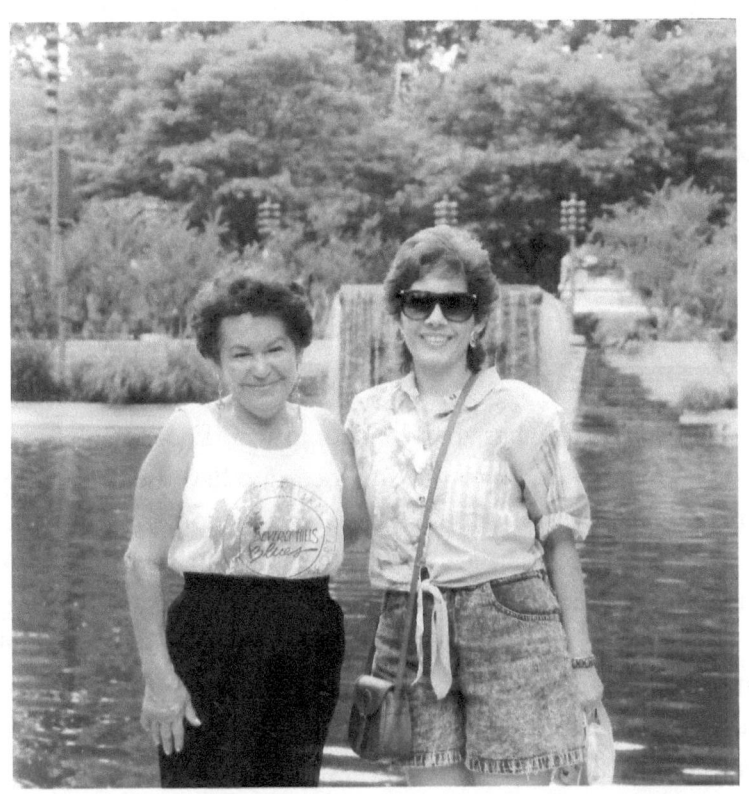

1993 Abuela Fela en los jardines de Mount Vernon, VA

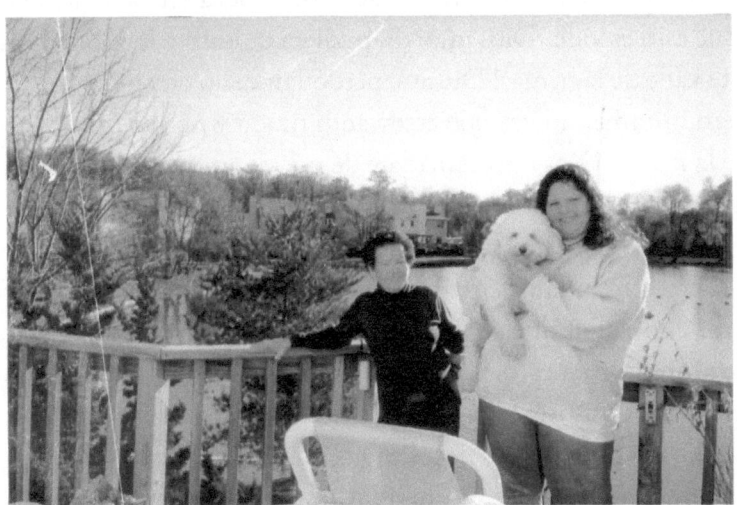

1995 Abuela con nieta Nilsa en la casa de
Armando y Socorro, Alexandria, VA

Capítulo 10

Una buena vecina

"¡Señor porqué me has abandonado! ¡Ay, mi Dios amado!, quítame este dolor, envíame un ángel que me socorra o llévame contigo, que ya no puedo más. Ya no sirvo para nada. Llévame contigo o quítame este dolor para que yo pueda hacer mis cosas y ayudar a mis hijos. ¡Ay, ay, no puedo más! Padre Celestial, no te das cuenta que ya no le importo a nadie. Mis viejos se me murieron, mis hijos se fueron y ya no vienen a verme. Todos tienen sus propias vidas y no tienen tiempo para estar conmigo. Yo no quiero vivir con ellos, porque no les quiero estorbar. ¡Socórreme Divino Dios!

"Esto no es vida, pues yo que siempre he estado moviéndome de un lado para otro, ahora estoy tirada aquí de cabeza en esta bacineta. ¿Tú crees que esto es vida, Dios mío? ¡Si pudiera quitarme la vida para acabar con este valle de lágrimas! Diosito, perdóname, no creo que podría hacer eso. Pero mírame, no vez que estoy aquí tirada y no me puedo levantar. ¡Dame la mano, Dios mío! Apiádate de mí, ya no puedo con este dolor y estas náuseas. El *estógamo* lo tengo *estrasijao*, pues no puedo comer nada. Señor, he sido grandemente crucificada, pues acaba y llévame para no sufrir tanto o mándame un ángel de luz para que me socorra. ¿Dónde estás, mi Dios? ¿Por qué me has castigado de esta manera? ¿Para qué me trajiste al mundo, si esto es un valle de lágrimas? Esto no ha sido vida, pues ¿dónde están mis hijos? Yo he tratado de ser buena con mis hijos, papito Dios, y hoy que los necesito no tengo a ninguno de ellos.

"¿Dónde están mis seres queridos, especialmente mis hijos, por los que me he sacrificado toda la vida? De todas maneras, sé que si supieran lo que estoy sufriendo no me dejarían aquí tirada. Aquí me tendré que quedar dormida hasta que tú quieras, porque yo no tengo fuerzas para levantarme. Espíritu Santo, ¡qué dolor!, ángeles de luz, ángeles guardianes por favor, intercedan por mí. Virgencita María, madre de Dios, sálvame de esto o recíbeme allá en el cielo. *Santa María, Madre de Dios. Dios te salve María, llena eres de gracia, bendita seas entre todas las mujeres y bendito sea el fruto de tu vientre Jesús.* Mamita, habla con nuestro Padre Celestial y pídele por mí. Papa, mi viejo, intercede por mí desde allá, desde donde tú estás. Yo sé que tú no quieres verme sufrir, cuánta falta me haces mi viejito. Tú y mi viejita que siempre estuvieron pendiente de mí, asístanme por favor, pídanle a nuestro Señor Jesucristo por mi cuerpo y mi alma."

Allí se quedó, tirada en el piso frío y lleno de vómitos, porque no tenía fuerzas para levantarse.

— ¡Felipa, Felipa! La puerta está abierta de par en par y usted dónde está si todo está oscuro. No hay ninguna luz prendida. ¿Dónde estará Felipa que dejó la puerta abierta de par en par? —insistía la vecina muy preocupada— ¡Felipa, Felipa!

— Mujer de Dios, aquí, aquí estoy, ven por favor, ¡ayúdame! —contestó abuela casi sin fuerzas.

— ¿Dónde, dónde? —preguntó la vecina— mientras buscaba por los cuartos.

— Aquí, aquí —respondió abuela.

—Déjeme prender la luz —dijo la vecina— mientras buscaba en la oscuridad el "switch" de prender la bombilla para poder ver dónde estaba abuela.

— ¡Ay, bendito sea Dios!, Felipa. ¿Cómo es posible que usted esté en estas condiciones? —dijo la compadecida vecina al encontrar a la pobre viejita allí tirada—. Pero ¿qué le pasó Felipa?

— Pues que con los vómitos y sin comer nada, me *marié* y me caí. Desde entonces estoy aquí, porque no he podido levantarme. Creo que perdí el *sentido* —respondió la abuela frágilmente.

— Déjeme ayudarla a levantarse. A ver, pues se me hace difícil levantarla aunque usted no pesa nada —dijo la vecina a la vez que trataba de levantarla con mucho cuidado—. Creo que una pluma pesa más que usted, pero la posición en que está, no me ayuda, porque tiene las piernas viradas. ¿No tendrá algo roto?

— No, no creo. Solamente que no tengo fuerzas para pararme — indicó la abuela.

— Vamos, de esta manera es mejor para levantarla. Ahora, sí, vamos… Ahora la lavaré y la limpiaré un poco y enseguida le traigo un poco de comida que tengo preparada. Pero antes déjeme acostarla — dijo la vecina con mucha ternura.

— ¡Ay, mija, bendito sea Dios que me envió un ángel de *caridá*! —le expresó la abuela, mientras daba gracias a Dios.

— ¡Felipa, bendito sea el Señor! ¿Cómo es posible que sus hijos la traigan de la quimioterapia o la radiación y la dejen sola sin comida? Eso no tiene perdón de Dios, que la dejen aquí tirá como un perro y ni un bocao de comida le hacen —dijo, con indignación, la vecina—. Y su hija, la que vive aquí al lado, ¿dónde está? Ella nada más tiene que moverse de su puerta a la de usted, eso es todo.

— Está trabajando —contestó la anciana.

— Pero ya son más de las siete de la noche —comentó la vecina.

— Alguna que otra vez mi nieta Tata se queda conmigo. Algunas veces una de las hijas me trae un caldo pero casi nunca se pueden quedar conmigo —dijo la pobre abuela, tratando de excusar a su familia.

— Pues no la deben dejar sola, pues mira lo que le acaba de pasar. ¿Cuánto tiempo llevaba ahí tirá en el piso del baño? —le inquirió la vecina, desconcertada.

— Yo creo que llegué como a las dos de la tarde, me dio nauseas y vómitos y creo que me *marié* porque no recuerdo nada —dijo la abuela, débilmente.

— Pero si son más de las siete de la noche. ¿Cómo es que ha estado todo ese tiempo ahí tirada? —dijo la vecina muy indignada.

— Quizás me dio un ataque epiléptico, o un bajón de azúcar. Esta no es la primera vez que me pasa. Me he caído un montón de veces y hasta que no recobro el *aliento* no me puedo arrastrar hasta la camita. La otra noche me dormí aquí en el piso porque no tenía fuerzas para levantarme y llegar hasta la cama. No fue hasta la madrugada que me desperté y me pude ir a la cama —le contó abuela.

— Lo que pasa es que usted está desnutrida y muy débil. ¡Mujer, *eso llora ante los ojos de Dios!* —dijo la vecina, muy mortificada—. Sus hijos no tienen corazón. Debiera quedarse uno de ellos o uno de los tantos nietos de noche y de día con usted para cuidarla. Usted no puede seguir así.

— Mujer, qué te puedo decir —le contestó la abuela, que titiritaba de frío.

Después de dejarla arropadita, la vecina se fue a su casa para buscarle comida a la abuela, que ya comenzaba a dormirse.

— Ahora que está arropadita y más calientita, cómase esta sopita y esta viandita con bacalao —le dijo la vecina, con mucho cariño.

— Hija, ya no me huelen ni las azucenas —murmuró la abuela casi sin fuerzas.

— Vamos, tiene que hacer un esfuerzo, porque de nada le valen las terapias ni las medicinas si no se alimenta —le dijo la vecina, mientras la ayudaba a comer—. ¡Pobre mujer, con ese temblor cómo puede llevarse la comida a la boca! Déjeme darle la comida. Tenga, así… bien, otro poquito.

Abuela padecía de un temblor en las manos que parece hereditario según algunos médicos y que quizás con el uso de los cigarrillos y el café se agravó. Hemos podido notar que varios en la familia, incluyendo algunos de los hijos, tienen este mismo temblor en las manos.

— Ya, no quiero más —dijo la abuela, que había perdido el apetito.

— Pues voy a guardar la que no ha tocado y cuando le de hambre la calienta o me llama y yo se la caliento. Le voy a dejar el teléfono aquí cerca de la cama para que me llame si se siente mal —le dijo la vecina, todavía preocupada.

Pensó que no debía dejar a aquella anciana allí solita, enferma de cáncer y en tan malas condiciones.

— Felipa, usted no puede seguir aquí sola. Debe irse a casa de una de sus hijas, porque no puede seguir sin amparo, abandonada como un perro sin dueño —dijo la vecina, muy afligida—. Usted le dio la vida a sus hijos y mucho que se ha sacrificado por ellos, y ahora le toca a ellos hacer algo por usted. Ellos deben corresponderle, velarla, cuidarla ahora que es cuando usted más lo necesita, para que después no se lamenten.

— Te diré que cuando tenía la mano rota, aquí vino *Almando,* el gringo, cuando era novio de Socorro, y él me hizo una panita hervida, porque yo ya me estaba muriendo de hambre y no había quien me hiciera un bocao de comida —dijo la abuela, recordando que no era la primera vez que la habían dejado desamparada, sin ninguna ayuda.

— ¡Ave María purísima!, que usted ha pasado por tantas —expresó la vecina, mientras se hacía la señal de la cruz.

— Mi amor, es que yo no quiero estar en casa de nadie, ni de mis hijos. No los quiero molestar —dijo, mientras se acomodaba un poco en la cama.

— No se apure, que yo le voy a mandar a la nena más grande para que se quede esta noche con usted, y de esa manera si algo le pasa a usted, ella me puede avisar rápido. Mañana voy a llamar a sus hijas y les voy a hablar para que hagan algo. De lo contrario, la van a tener que poner en un hogar de ancianos o de convalecencia.

— Te digo que yo no quiero ser un estorbo para mis hijos —insistió abuela.

— Felipa, usted está muy enferma, y eso es mientras usted se recupera. Después se vuelve a su casita. Mañana voy a llamar a Mary o a Judy para que la vengan a buscar y se la lleven a su casa, aunque sea para que pase una semana con cada una —dijo la vecina, tratando de convencerla—. Cuando venga Socorro le contaré lo mal que usted ha estado para que se la lleve para allá, para Estados Unidos, porque allá la pueden atender mucho mejor, o sea, allá tienen mejores servicios médicos y hasta le pueden conseguir a alguien que la venga a cuidar a la casa. Aquí no puede seguir tan enferma, tan solita y con pésimos servicios médicos.

La vecina dejó a su niña de unos nueve años con abuela Fela y le encargó a la niña que la llamara si notaba que la abuela se quejaba o pedía ayuda. Se fue preocupada a su casa y regresó a la mañana siguiente con desayuno bien calientito.

— Felipa, ¿cómo amaneció hoy? —le preguntó la vecina al día siguiente, con esperanza de que estuviera mejor.

— Pues qué te puedo decir, como Dios manda, con mucho dolor —contestó la abuela, resignada a estar pasándola mal.

— Felipa, los dolores no los manda Dios —le rectificó la vecina con mucho respeto.

— Bueno, hija es un decir.

— Ok, yo la entiendo.

— De todas maneras yo he escuchado al ministro de la iglesia diciendo que Dios permite que tengamos ciertas pruebas para ver hasta dónde llega nuestra fe.

— Bueno, si así usted lo cree, quizás tenga razón —dijo la vecina con mucho respeto

— ¿Tú crees que me puedes conseguir una pomada de la tienda? —le suplicó la abuela.

— ¿Qué clase de pomada? —le preguntó la mujer con recelo.

— Alguna que me sirva para las quemaduras que tengo entre las piernas y la barriga —le explicó la abuela, pues casi no podía caminar por causa de las quemaduras.

— ¿Con qué se quemó? —insistió la vecina.

— Mujer, tú no sabes que a mí me han achicharrado con la *contrayá* máquina de radiación —dijo la abuela mostrando una mueca de dolor.

— ¿Qué dice, Felipa?

— Así como lo oyes, mira… —dijo la abuela, levantándose la bata para enseñarle su cuerpo, que estaba en carne viva.

— ¡Pero qué barbaridad! ¿Hasta dónde vamos a llegar? —comentó la vecina alarmada—. Pero bendito, si usted está en carne viva. ¿Dónde le hicieron ese tratamiento?

— En el Centro Médico de Mayagüez, —contestó la abuela.

— Eso debe ser que esas máquinas están desequilibradas —dijo la vecina espantada.

— Te digo que cada vez que me toca la cita me tienen esperando horas o me dan otra cita porque las máquinas están dañadas o desequilibradas.

— ¡Bah, qué otra cosa se puede pedir de ese centro, sino que mutilen a uno, y no pasa nada! En este país las cosas se ponen cada día peor y los políticos *alcagüetes* (alcahuetes) no hacen nada por mejorar los servicios médicos. No, qué pomada ni qué pomada, a usted tenemos que llevarla a ver a su médico primario para que le recete algo bueno que le cure esas quemaduras —dijo la vecina mientras preparaba a la abuela para llevarla a ver un médico.

— Hija, si es que ni puedo caminar, porque me arde mucho —dijo la abuela, expresando la incomodidad que sentía.

— Mire, espérese aquí, que yo voy a buscar a algún vecino para que me la lleve al médico o al hospital de emergencia. ¡Pobre mujer!, ¿cómo puede aguantar tanto?

A los pocos días, las hijas se llevaron a la abuela para sus casas. Allí pasó una semana en la casa de cada una de ellas. Cuando mami Socorro se enteró, inmediatamente buscó los records médicos y se la trajo para Estados Unidos. Cuando el médico del hospital Johns Hopkins la examinó por primera vez, le dijo a mami que le daba pena ver a abuela tan quemada con la radiación y preguntó dónde le habían hecho aquel procedimiento. De todas maneras en el Johns Hopkins la operaron y la estuvieron tratando por varios meses.

A Maritza y a Hilda, vecinas de abuela, la familia le vivirá eternamente agradecida por preocuparse por abuela, por llevarle comida y brindarle su apoyo y su amistad incondicional cuando más ella lo necesitó.

Capítulo 11

Muere una Estrella

Mami Socorro salió de San Sebastián hacia Virginia el 22 de mayo de 1999 y antes de salir le dijo a su hermana:

— Maribel, anoche no dormí nada y me espera un viaje largo. Mami estuvo muy inquieta y quejándose toda la noche, y no dormimos ninguna de las dos. Mary, cuidamela mucho, por favor.

Aquella fue una despedida terrible. Tenía la preocupación de que abuela quizás no iba a mejorar, que no le quedaba mucho tiempo y que en cualquier momento recibiría la noticia de que se nos había ido para siempre. Sería un golpe muy duro. Ella la quería mantener viva para darle todas las cosas que abuela no había tenido antes.

Mami le envió por correo varias cosas, entre ellas una máquina especial para que le pudieran hacer succión del estómago si fuera necesario. También envió otros medicamentos, e inclusive agujas o jeringuillas para chequearle el azúcar e inyectarle la insulina. Además, le envió otras cosas que le podían hacer falta. Pero el paquete nunca llegó, y aunque mami lo reclamó en el correo de Albuquerque y en el de Moca, éste nunca llegó. La excusa que dieron en el correo de Moca, fue que si no había sido asegurado, ellos no eran responsables ni tenían manera de saber si el paquete se entregó o no. Mami estaba tan molesta y triste porque se había perdido la máquina que ayudaba a abuela con uno de los problemas mayores que tenía. De todas maneras, seguía llamando al correo de Moca para verificar si había llegado. Esto fue un misterio, ya que ese paquete no se sabe a dónde fue a parar. Quizás a las manos de algún vicioso que le daría uso a las jeringuillas.

Por otro lado, ya habían pasado unos cinco días de su regreso a Virginia. Esos días fueron agónicos, con una llamada a cada rato.

— La vieja se nos muere, y anoche se cayó de la cama —dijo Maribel.

— Tienes que venir a poner orden, pues Rochi está histérico, haciendo de las suyas y no respeta que la vieja esté tan grave.

— Hasta le pegó a Mary —dijo otro.

— Necesitamos llevarla al hospital —decía otro.

— Se nos muere la vieja —decía Rochi, muy afligido porque se le podía morir su madre, la única que siempre lo había protegido.

— Dicen los médicos que tienen que hacerle otra operación, que de lo contrario no pasa de dos días —dijo Maribel.

Todos los hijos estaban desesperados. Todos la querían viva. No pensaban que estaban extendiéndole su agonía. Todos la velaban, y los vecinos y amigos se conglomeraban en el balcón y el batey de la casita suya donde pasó los últimos días.

Al décimo día, a las cinco de la mañana, mami recibió una llamada de Papo, uno de los cuñados:

— Socorro debes regresar a Puerto Rico, pues Fela no pasa de ésta. La operaron de nuevo y está en agonía —decía un mensaje telefónico.

A la pobre viejita la llevaron al hospital San Carlos de Moca. De allí la pasaron al hospital El Buen Samaritano de Aguadilla. El médico dijo que tenía una obstrucción en el estómago, y que tenían que operarla inmediatamente. La llevaron a la sala de operación. La tuvieron que sacar porque le dio un paro cardiaco. Una vez que le restablecieron los signos vitales la volvieron a meter al quirófano. De esto se enteró mami al llamar a un primo lejano que trabajaba como anestesiólogo en el hospital del distrito.

Mami llamó a varias personas para saber un poco más de la situación de abuela.

— Ella solamente está esperando por ti para poderse ir de este mundo —le dijo su cuñada Amelia.

Mami salió en el primer avión que pudo. Llegó a las siete de la noche a San Juan y manejó de San Juan a Aguadilla bajo un diluvio. Llegó a las diez de la noche al hospital de Aguadilla.

Su cuñada la saludó y le dijo, "Fela solamente está esperando por tí para irse para siempre". Mami fue enseguida con ella, la besó muchas veces y le dijo:

— Vine a estar contigo mamita. Vine de nuevo porque quiero celebrar mi cumpleaños contigo, que es pasado mañana.

Ella la miró y le dijo con voz entre cortada que la habían operado. Mami le tocó las manos y estaban muy frías. La desarropó y miró un poco donde le habían hecho la operación. Abuela le quería hablar a mami, pero tenía tubos por dondequiera. Mami trató de calmarla, pero ella insistía en decirle algo. Por fin se calmó y como a la media noche los signos vitales le comenzaron a fallar de nuevo. Para mayor desgracia, no se conseguía una enfermera que viniera rápido, ya que los empleados del hospital estaban en huelga y el hospital a punto de cerrar sus operaciones. Dicen que esto no es nuevo, pues hace más de treinta años que está por cerrar sus operaciones y nunca lo cierran por completo.

Al rato de estar buscando una enfermera, apareció una que estaba de turno y encargada de montones de pacientes críticamente enfermos. Le chequeó los signos vitales y les dijo:

— Esto va a seguir así por un rato.

Mami le preguntó a las enfermeras que si era posible quitarle todos aquellos tubos y que si creían que eso la aliviaría. Ellas dijeron que quizás por la mañana le podían quitar los tubos. Allí pasaron toda la noche titi Nancy, su cuñada y mami Socorro. Como a las ocho de la mañana titi Nancy y mami le dieron leche con un gotero. A las nueve de la mañana los signos vitales estaban muy lentos. Mami le dijo a titi Nancy y a su cuñada que fueran a buscar un café y que desayunaran algo. Pocos minutos después de haber salido ellas, abuela comenzó a morir. Mami llamó a las enfermeras y vinieron dos, un enfermero y una enfermera. Después de examinarla y tomar nota de lo que indicaba el monitor sacaron a mami Socorro para afuera. Le dijeron a mami que ya no se podía hacer nada, que ya se estaba yendo. Mientras estaban las enfermeras en el cuarto con abuela, mami rezaba y le pidió a Dios que la sanara o se la llevara con Él al paraíso, pero que no la dejara sufrir más. Minutos después salieron la enfermera y el enfermero y le dijeron a mami que abuela acababa de morir tranquilamente. Allí expiró su último suspiro a las diez de la mañana del 29 de mayo del 1999.

Mami Socorro no sabía qué hacer. Fue una experiencia que por muchos años no ha podido explicar. Fue al cuarto contiguo a pedirle a uno de los visitantes del cuarto que le ayudara a rezar. El señor vino y le ayudó a mami a rezar y a encargarle el alma de abuela al Señor Dios del universo. Mami, entre llanto y desesperación, rezó por un rato hasta que llegaron las enfermeras y se llevaron el cuerpo de abuela. Cuando regresaron las tías al cuarto, ya se la habían llevado para prepararla y certificar su muerte. En aquel momento hubo gritos de dolor, del dolor de perder a una madre para siempre. Mami consoló a titi Nancy diciéndole que abuela no quiso morir en su presencia, ya que Nancy era la menor y sabía que se le hubiera hecho difícil dar su último suspiro si titi Nancy hubiese estado presente. También le dijo: "Tampoco quiso darme el dolor de morir mañana, en mi cumpleaños".

Pasado un rato, mami comenzó a llamar a la familia de Moca, San Sebastián y Estados Unidos. También tuvo que hacer arreglos para algunos de los que venían de New York, Massachusetts, Virginia, New Jersey, New Mexico, y otras partes de Estados Unidos y Puerto Rico. Con cada uno de los que hablaba aumentaba la intensidad del dolor, porque no es fácil llamar a los familiares para darle una noticia como esa. Además, tuvo que ir sola a la funeraria a hacer los arreglos pertinentes. Tuvo que hablar con el embalsamador, y aunque era uno de los hermanos más fuertes, allí se desmayó. Quizás esto le pasó debido al estrés y sufrimiento de tener que tomar aquellas decisiones y sola. El embalsamador le pidió que le trajeran la ropa que le querían poner, le preguntó si la maquillaba, y todos esos detalles que uno no piensa que se tienen que tener en consideración cuando alguien muere.

Mami Socorro le compró un vestido nuevo a abuela Fela, para que se viera como una novia, pero después de comprarlo se lo regaló a su sobrina Lizzie y decidió ponerle un vestido rosado que titi Tony le había regalado y que ella había usado para asistir a mi boda en el 1997. Abuela guardaba aquel traje como un tesoro. ¡Pensar que en mi boda ella se la pasó bailando y en el lapso de dos años se nos fue! Cuando pusieron el cuerpo en la funeraria, entre mi prima Lizzie y mami la terminaron de maquillar y se veía tan linda como una estrella.

A la funeraria vinieron todos los hermanos y también su única hermana. Por cierto, ni la recuerdo porque nadie me la presentó. Abuela fue la primera que murió de los siete hermanos. Muchos de sus compadres, ahijados y amigos fueron a velarla a la funeraria. Todos los hijos estuvieron presentes, los yernos, las nueras, y la mayor parte de los nietos, biznietos y sobrinos llegaron allí. También fueron muchos de sus vecinos y hasta compañeros con los que había cogido café estuvieron allí. Ellos le entregaron notas a mami dejándole saber a la familia lo buena y admirable que había sido Felipa Malavé. Mami me contó que hasta el miserable que violó a abuela también estuvo allí los dos días y noches que la velamos en la funeraria. Ese infeliz aprovechó un momento que no había gente en la funeraria y se arrodilló frente al ataúd. ¡Qué tonto! Ya era demasiado tarde para pedirle perdón o hablar con ella, pues ya el Señor se la había llevado a Su lado, allá al paraíso donde no sufrirá jamás y donde nadie le hará daño. Sabemos que si tuvo pecados los pagó aquí en la tierra, que purificó su alma y aceptó a Cristo como su único Salvador.

Coronas de flores llegaron por montones y de varias partes. Mucha gente fue a la funeraria a dar el pésame y a compartir aquellas últimas horas del velorio. Algunos ahijados hicieron acto de presencia para ¡pedirle la bendición y para darle su último adiós! El día de la ceremonia final en la funeraria, antes de partir el carro fúnebre hacia el cementerio Los Sauces de Moca, la iglesia católica le hizo la última jugada a abuela Fela. Ningún sacerdote apareció para hacer la ceremonia. Una señora que era miembro de una parroquia o de la iglesia de Moca se ofreció para hacer la despedida. Si nos hubieran dejado saber que no podían venir a la ceremonia o que no podían recibir muertos ese día, hubiéramos estado preparados para hacer otros arreglos y traer a un Ministro de otra iglesia, pero no se nos informó hasta el momento de la ceremonia. De todas maneras, despedidas y discursos no faltaron. Daddy Armando leyó dos poemas que le había escrito, uno para el día de las madres y el otro para ésta, su despedida. Algunos otros hablaron y se despidieron.

El entierro, de todas maneras, se hizo como ella quería, con cantos y música. Ya en el campo santo, y antes de enterrarla, tío Rey hizo un pequeño discurso muy bonito sobre la personalidad de abuela Fela y la gran madre que fue. También Amelia, su nuera, le obsequió con una canción que ella le cantaba cuando abuela estaba enferma. Terminó el servicio con una canción que le dedicó Israel Plaza, un amigo de la familia. Este acompañó su voz melódica con su guitarra.

Sabemos que aquello fue el tipo de entierro y ceremonia que Felipa Malavé Arocho deseaba y se merecía. Sabemos que lo celebraría desde el más allá. La podemos ver bailando y cantando como hacía cuando estaba contenta, una mano hacia arriba y la otra en la cintura, dando un pasito *palante* y otro para atrás.

Allí dejamos los restos de abuela, en su terruño querido. Su espíritu vivirá con nosotros para siempre. Su amor, su entereza, su valentía, su carácter, su intuición, sus creencias, sus bendiciones, sus cuentos, pero sobre todo su bondad y amor, son valores y atributos que estarán con nosotros y nos guiarán para siempre. ¡Murió una Estrella…! ¡Finalmente ascendió la Estrella con más luz que cuando llegó!

Homenaje Póstumo a Felipa Malavé Arocho

Canción para una madre

Madre hoy es tu día
Madre escucha mi voz
Madre hoy te dedico
Las dulces notas, las dulces notas
De mi canción.

Madre por ser tan dulce
Madre por darme amor
Madre por comprenderme
Dios te ha premiado, Dios te ha premiado
Tal galardón.

Madre tú eres mi todo
Madre tú eres mi sol
Madre con el que alumbro
y vivo un mundo, mucho mejor.

Quiero que en este día
Goces a plenitud
Ríe, ríe madre mía
Como las rosas, que son hermosas
Así eres tú.

Madre le pido a Cristo
Pido con devoción
Que siempre estés conmigo
Que seas mi abrigo, que seas mi abrigo y seas mi sol.

Madre tú eres mi todo
Madre tú eres mi sol
Madre con el que alumbro
Y vivo un mundo, mucho mejor.

(Hablando)

Madre, si pudiera volver el tiempo atrás, qué distinto sería todo. Pues de sólo pensar en el llanto, que por mi culpa muchas veces brotó de tus ojos, que en un tiempo fueron brillantes como el sol y yo los fui opacando con mis actos. Y de tu carita dulce y juvenil, la cual yo con mis necedades y desagravios he colaborado a que se tornara arrugada y triste.

Qué tonto fui al no saber valorar cuán grande es el tesoro que Dios me regaló, al tenerte como madre. Tú, madre mía, que hoy, al ver cabellos blancos en tu pelo, tú, que sin darme cuenta hoy te me has ido. Tú, la que me empezaste a querer desde que me tenías en tu vientre; tú la que tejías mi abriguito de hilo para protegerme del frío. Yo, madre, soy el autor de muchos de tus desagravios. Por eso madre, estoy pidiéndote perdón por todo lo que te hice sufrir.

Madre tú eres mi todo
Madre tú eres mi sol
Madre con el que alumbro
Y vivo un mundo, mucho mejor. (coro)

Escrita e interpretada por: Israel Plaza (Papín)[11]

11　Canción adaptada para tal ocasión, el funeral de la abuela.

Soy Maribel Hernández Malavé, la sexta hija que le sobrevive a Felipa Malavé. Se me pidió que escribiera algo que recordara de mi madre, pero a cambio escribí este poema que me salió del alma como homenaje póstumo a ella.

Una Segunda Oportunidad

ESTANDO MEDITANDO UN DÍA, CON DIOS ME PUSE A
HABLAR DE LA FALTA QUE MI MADRE ME HACÍA
Y DEL DOLOR TAN GRANDE QUE MI CORAZÓN SENTÍA...

LE HABLÉ DE MI AGONÍA, DE LO MUCHO QUE LA QUERÍA
Y DE LAS COSAS QUE NO PUDE DECIR POR SU MUERTE
REPENTINA...

EN MEDIO DE LA MEDITACIÓN, DE RODILLAS Y CON
MUCHO DOLOR, A DIOS LE PEDÍ PERDÓN...

HUMILLADA Y DESOLADA, A ÉL LE ABRÍ MI CORAZÓN
ANTE TAN GRANDE DOLOR...

UNA SEGUNDA OPORTUNIDAD, YO LE PEDÍ A MI SEÑOR
PARA PODER ENMENDAR LO QUE NO LE PUDE DAR
CUANDO EN VIDA YO PODÍA...

EL SEÑOR ME PREGUNTÓ, ¿POR QUÉ AHORA, CUANDO AYER
NO SUPISTE ENTENDER EL AMOR QUE ELLA TE TENIA?...

TE PIDO, SEÑOR, PERDÓN POR NO SABER APRECIAR
AQUEL VERDADERO AMOR QUE MI MADRE ME TENÍA...

QUIERO VOLVER A NACER PARA DARLE DESDE AYER
LO QUE HOY YO LE HE NEGADO...

NO QUIERO DEJAR PASAR NI UN MINUTO DE SU VIDA
Y TE PROMETO SEÑOR QUE SERÉ UNA BUENA HIJA...

CADA MINUTO QUE VIVA SERÁ UNA FIESTA SEGURA;
LA MIMARÉ Y CUIDARÉ POR TODOS LOS AÑOS QUE VIVA...

YO TE PROMETO, SEÑOR, QUE NO VOLVERÁ A PASAR
EL DÍA DE LA MADRE SOLA, PARA QUE NO VUELVA A DECIR
QUE SE HAN OLVIDADO DE ELLA...

DÁME, SEÑOR, LA OPORTUNIDAD PUES LA SABRÉ
APROVECHAR. YO TE PROMETO, SEÑOR, QUE EN LOS OJOS
DE MI MADRE NUNCA SE ASOMARÁ EL DOLOR...

DÉJAME VOLVER A NACER QUIERO VOLVERLA A VER
PUES TE PROMETO, SEÑOR, QUE MI ADORADA MADRE NO
VOLVERÁ A SUFRIR...

SEÑOR, DÁME UNA SEGUNDA OPORTUNIDAD...

Por: Maribel Hernández Malavé

Soy Jackeline Guzmán Hernández (Jacky), soy hija de Judith Hernández y nieta de Felipa Malavé Arocho. Escribí este poema como homenaje a mi abuelita, la más hermosa del mundo.

Cómo poder olvidar...

Cómo poder olvidar...tu cálida sonrisa,
tu eterna mirada;
tu voz llena de vida.

Cómo poder olvidar... unas manos que ayudaban,
sin importar a quién sería,
unas manos que ayudaban
sin importar lo que daría.

Cómo poder olvidar... ese rostro angelical,
tu corazón dispuesto a amar,
y tu alma a perdonar.

Cómo poder olvidar la enseñanza que nos has dejado...
que luchemos por nuestros sueños,
que olvidemos nuestros fracasos,
que olvidemos lo que nos hiere,
que aprendamos a perdonarnos,
que vivamos con alegría, dando amor a cada paso.

Cómo poder olvidarte...
si fuiste hija, madre, abuela y hasta bisabuela,
si fuiste todo en mi vida,
y en mi vida siempre serás...eterna.

Dedicado a mi abuela Felipa Malavé.
"Gracias por haber llenado mi vida con la luz de tu amor",
de su nieta Jacky, 2007.

Despedida

Madre Nuestra, Querida Fela,
nos despedimos de ti.
Feliz viaje, una caminata,
el paraíso para ti.

La jornada de antes,
muy larga, muchas cuestas,
lágrimas estiradas,
un mundo enloquecido.

Te llegó el momento
de decir adiós.
Mucha falta nos haces,
te extrañamos tanto.

El nuevo mundo,
tu premio merecido.
Cumpliste con fe
la misión imposible.

Te deseamos una llegada
muy rápida, muy corta.
Te empacamos un sandwishito
de jamón y queso.

Tu mamá está
por allá, por un lado.
Felicítala
de nuestra parte.

Y a todos los seres queridos
que ya están allá.
Favor de buscarlos,

que Dios les cuide.

Te pedimos un favor,
al llegar allá
que hable con El Señor.
Que nos escuche por acá.

Señor Papa Dios,
nuestro Salvador, Creador.
Favor de prestarme
un segundo *maj na'*.

La Fela hizo
más que mucho;
trató de cumplir
con tus mandatos.

Sin letra, sin plata
obedeció tu palabra.
Nos crió con fe.
Te amó con respeto.

Está en tus manos.
Recién llegada.
Favor de acomodarla
con mucha cortesía.

Si se porta mal
de vez en cuando,
un pequeño jalón,
algo muy sencillo.

Es buena la Fela,
nuestra mamá querida.
Le gusta la pana.

Un salpicón es su preferido.

Oiga, mi Mamá,
hicimos la intervención.
Hablamos con Papa Dios.
El nos escuchó muy bien.

Te van a cuidar,
los angelitos en el cielo.
Estarás feliz
con tus amiguitos.

En otro momento
nos veremos allá.
Pero por el momento
seguimos por acá.

Cuando tengas un tiempito,
échanos un vistazo.
Favor de bendecirnos
de vez en cuando.

Nos despedimos de ti,
nuestra Fela querida.
Sabemos que San Pedro
te está recibiendo.

Entregaste tu alma
al Señor Poderoso.
Ganaste el premio,
te pegaste con la lotto.

Por Armando A. Lara
Despedida a mi querida suegra Felipa Malavé Arocho
Moca, PR, 30 de mayo de 1999.

Regalada Por Los Cielos

Querida Mamá,
Te queremos mucho.
Tú eres una flor
Nuestra joya bendecida.

Pasamos para felicitarte
Este día especial.
Tú eres nuestro amor
Nuestra querida mamá.

Naciste hace tiempo,
Años atrás,
Bajo nubes llenas
De agua por demás.

San Felipe trató
De llevarte con él,
Pero no pudo encontrar
El infante aquél.

La niña sobrevivió
Para florecer.
Se puso bella,
Una rosa ¡A VER!

Creció para ser
Una señora chiquita.
Ocho hijitos parió,
¡Tan difícil!

Se hizo una casa
Tirando la torta,

Cargando baldes de agua
Del pozo lejano.

Luchó, batalló;
No dejó de trabajar;
Cultivó las plantas,
Sembró pa' cosechar.

Los hijos crecieron,
Se casaron y luego
Te regalaron muchos nietos
Y biznietos queridos.

Una noche infiel
El Vampiro se presentó.
Se le tiró encima
Y Fela se cayó.

Se levantó nuevamente
Para batallar.
Le dio un macanazo,
Se quedó allá.

Otro día apareció
El *monstro* aquel,
Una nariz tan ancha,
Los ojos virados.

La piel tan fea
Le daba asco.
Aliento de madre
Un *pamper* podrido.

Se llamaba el Chupacabras,
Un animal tan grotesco.
Chupaba las venas
De las cabras tiernitas.

Levantó la casa
De la pobre Fela.
La tiró por un lado,
Se acercó a la Doña.

Mi mamá se quedó,
No se asustó ni nada.
No cogió miedo
Y se puso brava.

Sacó su arma,
Un machetazo, *liga grande.*
Se quedó el Chupi
Como una chinita mondada.

Oh Fela, Oh madre,
Tan fiel, tan fuerte,
Nuestra fuente, nuestro vientre,
Cuantas gracias te doy

Lograste más que mucho
Sal si Puedes.
Nuestra salvación, nuestra madre
Nuestro amor por siempre.

Un día nos encontramos
Por allá, por allá,
Arropada en oro,
Cantando ¡Aleluya!

Mamá querida,
Me despido ya.
Déjeme repetirlo
Sin llorar más na.'

Te adoramos mucho.
Siempre estás en nuestros corazones.
Mamita, te deseamos
Un día muy especial.

Por: Armando Lara Cuevas
Dedicado a mi querida suegra Felipa Malavé Arocho
10 de mayo de 1999, Alexandria, Virginia.

— Aguinaldo inspirado en unos versos que me dictó mami en un sueño, —Maribel.

Promesa a mi madre

Aguinaldo: Promesa a los reyes

Mi madre me dijo antes de morir,
Mi madre me dijo antes de morir,
Hija, la promesa tiene que seguir. (coro)

Porque estoy enferma me tengo que ir,
Porque estoy enferma me tengo que ir,
Mi madre me dijo antes de morir,
Hija, la promesa tiene que seguir. (coro)

Junto a Papa Dios me tengo que ir,
Junto a Papa Dios me tengo que ir,
Mi madre me dijo antes de morir,
Hija, la promesa tiene que seguir. (coro)

Oigan este canto oigan mi sentir,
Oigan este canto oigan mi sentir,
Mi madre me dijo antes de morir,
Hija, la promesa tiene que seguir. (coro)

Mucha gente buena tiene que venir,
Mucha gente buena tiene que venir,
Mi madre me dijo antes de morir,
Hija, la promesa tiene que seguir. (coro)

Última palabra, me tengo que ir,
Última palabra, me tengo que ir,
Mi madre me dijo antes de morir,
Hija, la promesa tiene que seguir. (coro)

Compositor: Felipe Cortés (Papo)
Cantante: Manuel A. Pérez (Negro)
Día de Reyes 9 de enero de 2009

¿Cómo era Abuela Fela?

Soy María A. González (Tony), la tercera hija de Felipa. Se me preguntó ¿qué recordaba de mi madre?

Recuerdo que cuando era niña ella nos hacía sus cuentos como el de Juan Bobo, el pescadito Tin Tilín y muchos más. No sé cómo, pero todas las noches tenía un cuento diferente, así nos dormíamos, mis hermanos y yo.

También recuerdo su duro trabajo y esfuerzo para criar siete hijos sola. Pero Dios nunca la desamparó. Trabajó lavando ropa y planchando para la gente rica por un par de dólares. Cortaba caña y yo le ayudaba a hacer paquetes de caña para llenar el "truck" que se la llevaba a la Central moledora de caña, ya fuera la Central Plata o la Central Coloso. También cogía café, donde trepaba por riscos peligrosos para coger unos cuantos "almudes" de café. Trabajó en la construcción de su casa a puro pulmón y ayudó a los demás a construir las suyas. Ligó cemento, cargó piedra bajo ese sol tan candente de Puerto Rico.

Durante toda mi niñez vi a mi vieja hacer los trabajos más duros y más mal pagados, pero así crió a sus siete hijos. Con mucho sacrificio, pero la comida nunca nos faltó. Los siete nos hicimos grandes, nos casamos todos y gracias a nuestra madre muchas metas hemos alcanzado.

Mi madre conoció mucho el dolor, pero nunca se quejó. Con ella reíamos mucho. Dentro del dolor siempre tuvo algún chiste para hacernos reír. El destino le dio días o años felices, pero también muchas amarguras. Lo poco que tenía lo compartía con el que llegara a su casa. Nunca le negó a alguien que llegara a su casa, un plato de comida o un poco de café. Se quedó muchas veces sin comer por darle su comida al que llegara o a sus hijos. El destino o la vida fue cruel con ella, su familia no le dio amor, y sin embargo ella era todo amor. El odio y desprecio que los demás le daban ella lo cambiaba y se desbordaba dando amor a los que le faltaban y a los que le hacían daño.

Los hombres de los que se enamoró fue porque ella buscaba amor y a alguien a quien dar del mucho amor que ella tenía para dar, pero sólo fue engañada, maltratada, pues no supieron valorar lo que ella como ser humano valía. A sus hijos como fiera los protegía de quien le quisiera hacer algo malo. Como la gallina celosa, bajo sus alas los protegía. Aún cuando crecimos, ella siempre siguió creyendo en el amor. Cuando conoció a José fue que mami volvió a encontrar el amor, y vivió unos años muy felices. El fue un hombre completamente dedicado a ella. Los podíamos ver juntos en todos lados, y él complacía a mami en todo lo que ella le pedía. Ya vieja se casó con José y vestida de blanco. Conservaba una foto, y cada vez que la veía se le veía muy feliz. Se le cumplió el deseo de casarse vestida de blanco. Pero, como siempre, la felicidad le duraba muy pocos años.

Mi madre conoció el dolor y vivió en la pobreza. Su familia no le dio amor, ni le ayudó cuando más lo necesitó. Pero Dios puso en ella un gran corazón y mucho amor para dar a los demás. Recibió odios y desprecio, pero ella perdonaba y daba amor. Cargó su cruz como Jesús, y hoy está en mejor lugar gozando de lo que no tuvo en esta tierra. Dejó los mejores recuerdos los que perdurarán por toda la vida. Fue bella por dentro y por fuera. Siempre que la necesité, ahí estuvo para mí, dándome sus cuidados y atenciones incondicionales. Fue la mejor de las madres y se merece un monumento. Ya Dios se lo dio en el cielo. Ella es un ángel de Dios y sus túnicas son blancas, llenas de pureza. Desde allá cuida y vela por sus seres queridos.

No se educó en la escuela ni fue a la universidad, pero conoció la escuela de la vida, la que te enseña a sobrevivir en un mundo cruel y despiadado con los pobres. La vida fue su mejor escuela. Nunca la vi derrotada, caída, o sin ánimo. Siempre fue una gran luchadora y llena de fuerzas día a día sin una queja. Cuidaba al enfermo, daba al necesitado, levantaba al caído, como dice la palabra de Dios que debemos ser.

María (2007)

Soy Judith Hernández Malavé (Judy), soy la quinta hija de Felipa Malavé Arocho. Estas son las memorias que tengo de mi madre:

Mi madre fue un ser muy especial. Siempre tenía una sonrisa, aun para sus enemigos. Con ella aprendí a perdonar a mis enemigos. La recuerdo siempre con esa fe en Dios. Con ella aprendí a tener fe en Dios. No importaba cuál fuera el problema, ella sabía que Dios la ayudaría.

Siempre fue una madre luchadora, que crió siete hijos sola. ¡Cuánto sufrió!, pero siempre teníamos comida. Nunca nos acostamos sin comer. Mi madre fue mi héroe. Mamita siempre te tendré en mi corazón.

Judy (2007)

Soy Francisca Guzmán Hernández (Tata), hija de Judith Hernández y nieta de Felipa Malavé.

Recuerdo que abuelita hacía una comida deliciosa. Me encantaban sus habichuelas, eran deliciosas y únicas. También recuerdo que cuando íbamos a visitarla mami le decía que fuera con ella a buscar *pon* para regresar y abuela le decía, espérate que la novela está buena y se está acabando. Se paraba y daba dos pasos, volvía para atrás y se quedaba mirando la novela. Ella vivía las novelas como si le estuvieran pasando a ella en ese momento. Abuelita nunca te olvidaré

Tata (2007)

Soy Mónica Guzmán Hernández (Moly), hija de Judith y nieta de Felipa Malavé.

Lo que recuerdo de abuela son sus fiestas de Reyes. Nunca dejaba pasar Reyes sin llevar sus reyes por el Barrio. Siempre tan alegre, bailando y aplaudiendo. Ella le daba alegría a las fiestas. Siempre estará en nuestros corazones.

Moly (2007)

Soy Gustavo Guzmán Hernández (Tabo), soy hijo de Judith Hernández y nieto de Felipa Malavé.

Recuerdo que abuela siempre veló por mí. Sobre todo recuerdo su fe de que siempre aparecería dinero cuando más se necesitaba. Una vez yo estaba gravemente enfermo y ella, sin saber cómo, consiguió dinero para llevarme a un médico. Como por arte de magia sacó unos *pesos* que tenía guardados en una media, otros dólares que tenía en un pañuelo y un menudo que tenía dentro de un pote de cristal. Lo juntó todo y con eso le hizo un pago parcial al médico que me atendió. Le dijo al doctor: "El resto se lo quedo a deber, pero paso por aquí la semana que viene y se lo pago". Pronto, con aquellas medicinas y sus remedios caseros, me curó.

Gracias, abuela, por tu amor y por creer en mí. Gracias por dejarme vivir en tu pequeña casita cuando más lo necesité. Gracias por ayudarme con mis primeros amores de adolescente. Gracias por darle mucho amor a mi primer hijo, a Bebi, tu biznieto. Abuela, nunca, nunca te olvidaré.

Gustavo (2007)

Soy Socorro Velázquez Malavé, la primera hija de Felipa Malavé y a la misma vez la segunda hija de ella.

Mi madre, fue una santa, fue mi héroe. Era linda y blanda de corazón, pero era fuerte como el roble y bailaba como las palmeras con los vientos alisios. Era una leona cuando se trataba de defender a sus hijos, sus viejos y sus familiares. Llevaba a sus hijos y nietos a paraísos desconocidos y fascinantes. Les hacía soñar, con sus cuentos y fantasías, de un mundo mejor.

Pobre, ¿quién dijo pobre?, si tenía una riqueza de alma y corazón que valía por todo el oro del mundo. Daba al necesitado lo que ella no tenía y daba a sus hijos lo que ella no había tenido, esperanza y abrigo. Tenía la fuerza de un batallón. Trabajaba como una esclava, ¡qué va!, trabajaba como un tractor, como una máquina detenida en el tiempo. Amaba, y amó intensamente sin prejuicios y libre como una paloma. Sufrió por sus amores como tú y como yo, pero diez mil veces más que eso, y no se quejó. Era sabia, con gran intuición. Con la vida aprendió a tener malicia, a sospechar, a investigar, a predecir y hasta a adivinar. Curandera de corazones rotos y curandera de empachos de niños casi muertos. Te leía las carta y te predecía el futuro y ella misma creía que te decía la verdad y hasta cierto punto la verdad te decía.

Cantaba a la vida para olvidar las penas, los dolores y los golpes que su destino le dio. Vivió en un Puerto Rico pobre y nació de una familia pobre, muy pobre de recursos monetarios pero rica en esperanzas y fé. Rica en tradiciones y bendiciones. Creyó en muchos que le troncharon la vida y pagó pecados de otros y se los calló en silencio. Era sensible, muy sensible, a lo que le hacía la gente que ella quería. Cometió errores, como tú y como yo, muchos los reconoció, y otros Dios se los perdonó. También guardó secretos que jamás nadie sabrá.

Fue mi ego, me amó con doble amor, por mí y por la que antes perdió. Se aferró a mí como la hiedra. Tuvo altas esperanzas de mí y creo que no la defraudé en eso, pero ¡cuánto más pude hacer por ella!, mas no busqué el tiempo para hacerlo. Me enseñó a hacer el bien sin mirar a quien. Me enseñó a perdonar, a luchar, a decir la verdad y a defender a los míos como ella lo hacía. Gracias mamita por tu amor incondicional.

Se comunicaba con los espíritus del más allá. Rezaba sin cesar, rezaba por los buenos y los malos, rezaba por sus hijos y sus padres, "mis viejitos" como ella decía. Era profunda en su rezar como en el cantar. Sabía de la vida y de las estrellas, de plantas y de hierbas medicinales. Vivía la fantasía como la realidad y la enterramos con dignidad, como ella se merecía, como una Estrella.

Socorro (2001)

Soy José Antonio Méndez Malavé (Rochi), el hijo mayor de los varones de Felipa Malavé.

Lo que recuerdo desde que tenía cinco años para acá es que piqué caña con ella y cogí café. También aprendí a pescar de mano con ella. Mi madre era luchadora, y no se daba por vencida así porque así. Cuando tenía sus ratos, era alegre y le encantaba la música, bailar y ver novelas. Mi madre compartía con todo el mundo. No le tenía miedo a nadie, era una mujer muy valiente. No le tenía miedo a nada y era brava como el ají. Si alguien trataba de maltratar a alguno de sus hijos, enseguida sacaba un machete para caerle encima. Si de defender a sus hijos se trataba, ella se convertía en una leona. No hay duda, se preocupaba mucho por todos sus hijos.

A veces yo dejaba a la mujer mía enferma y le decía, voy a ver a la vieja porque yo no podía dejar de verla. Muchas veces la encontré muriéndose de fatiga y enseguida le buscaba algo que la aliviara o la llevaba al hospital. Siempre la quise mucho y la adoré hasta el último minuto que estuvo con nosotros. Mi vieja, siempre te llevaré en mi corazón aunque estés muerta.

Rochi, (2010)

Soy Nancy López Malavé, la hija menor de Felipa Malavé, su *reidojo* como ella me decía.

Mi madre era la persona más bella, más humilde, más trabajadora, más afanosa, más valiente y guerrera que hubo en este mundo. Mami fue buena madre, luchadora, amorosa, dedicada e irremplazable. Combatió con cuanto *manganzón,* flojo, holgazán y sinvergüenza que había por aquí, por este barrio —Voladoras. Se dio a respetar como una dama. Como era mujer sola, mucha gente del barrio quería abusar de ella. Cuando salía a buscar agua le ensuciaban el agua con maldad. Una vez unos vecinos le trataron de dar una pela, pero ella, con la ayuda de mis hermanitos, se defendió como una generala. Mami nos dio mucho amor y nos dio todo lo mejor de ella, lo mejor de lo mejor. Nos enseñó a ganarnos el pan de cada día honradamente. No tuvimos padre, pero tuvimos la mejor madre del mundo. Como madre fue la número Uno.

Lo que recibía de Seguro Social era solamente cincuenta pesos, pero aunque eso no daba para nada, ella solita nos sacó adelante a los siete hijos. Sin tener a nadie que le diera una mano, ella siempre hizo algún trabajo para darnos techo y comida. Aunque ella nos crió sola, sin tener un esposo, ni carro, sin saber guiar y sin saber leer ni escribir, nos supo cuidar. Nos llevaba a los médicos y a los hospitales a la hora que fuera necesario. Hasta se peleaba con los médicos si no nos atendían bien.

Aunque no fue a la escuela, sacaba las cuentas mejor que yo, que fui a la escuela. Siempre fue muy económica, pero, eso sí, tenía un corazón de oro y siempre decía: "yo cocino pero no tapo la olla". Además, nos decía: "Ustedes hagan lo mismo y recuerden que nunca se sabe cuando ustedes van a necesitar, por lo tanto compartan con los necesitados". También nos decía: "Nunca roben, porque es mejor trabajar o pedir que robar".

Aunque estuviera enferma, se iba a *chapodear* (chapodar) y a labrar la tierra, porque le encantaba sembrar y labrar la tierra. Tuvo que cortar caña, coger y tostar café, ligar cemento, y tuvo que hacer los trabajos más duros que una persona puede hacer. Trabajó como una esclava. Hacía pasteles para venderlos, lavaba y planchaba para los ricos del barrio; en fin, siempre en pie de lucha. Nos enseñó a lavar, a cocinar, a planchar, a sembrar, a cultivar la tierra, a amar y a ser honestos.

Aunque no tuvo estudios, bregó a las mil maravillas. Cuando cogía café y si encontraba mucho café maduro decía: "válgame aquí sí que están *choretos*" (en gran cantidad).

Se esmeró por todos sus siete hijos. Yo creía que tenía preferencia por Socorro, Mary y Rochi, ya que se acordaba de los cumpleaños de ellos y no del mío. Yo le decía: "Mami hoy es mi cumpleaños", y ella decía: "¡Ah de *verdá*"! Pero no se olvidaba de escribirle a Socorro y nos pedía que le escribiéramos una carta para su negrita (Socorro). Se ponía ansiosa si no sabía de la negra. De todas maneras, a cada uno de nosotros nos quería de manera especial y diferente, y cada uno de sus siete hijos nos podemos defender con las herramientas y enseñanza que nos dio. Fue la mejor madre que uno puede esperar.

Leía las cartas y le predecía a la gente lo que podía pasar, y no fallaba. Ese era un don que Dios le dio. Se arrodillaba por horas a rezar. Rezaba mucho por mi hermano Rochi, para que no se metiera en problemas. Rezaba por todos sus hijos, sus nietos y demás familiares. Tenía una estatua de un indio bien grande. Aquel indio era su ídolo favorito. Le prendía velas y le ponía chavitos para que le diera suerte. La pobre padecía de los nervios y se la pasaba fuma que fuma y tomando mucho café. Con eso se mantenía, creyendo que le calmaba su ansiedad.

Aunque mamita esté en el cielo, yo siempre hablo con ella. La tengo en mis oraciones y en mi corazón y estará conmigo hasta la hora de mi muerte. Mamita te quiero mucho.

Nancy, (2010)

Soy Rose Quiñones de Varona, la primera nieta de Felipa Malavé Arocho y la primera hija de María A. González Malavé.

Mi abuela me llamaba Rosa/Rosita. Mis memorias de abuela Fela son muchas ya que soy su nieta mayor. Recuerdo cuando ella me hacía *rolos* de papel en el cabello. Como tengo el cabello rizado se me ponía más rizado, como un afro. Sus comidas eran una delicia aún con la poca sazón que ella le echaba. Yo dormí con ella muchas veces y como ella oraba por horas me aprendí varias de sus oraciones que hoy en día todavía rezo. Mi abuela era dulce y cariñosa, no era egoísta y siempre compartía lo poco que tenía.

Recuerdo una vez que fui a su casa caminando de la escuela. Ese día yo tenía una taquicardia, ella enseguida me dijo: "Mamita, acuéstate en el sofá que te voy hacer un té de manzanilla." Abuela Fela era el ejemplo de ese alguien que da un amor ágape, incondicional, siempre pensando en los demás, siempre ofreciendo al que llegaba a su casa comida y café aunque no fuera un familiar. Ella también se preocupaba mucho por todos en la familia y nos defendía como una leona defiende a sus cachorros sin tenerle miedo a nadie, aunque tenía menos de cinco pies de estatura.

Una vez fuimos de viaje a Santo Domingo y fuimos a una fiesta de la fábrica donde trabajaba mi mamá. Una señora pasó por mi lado y me dijo: "Vállanse a Puerto Rico de donde vinieron". Yo le dije a abuela lo que la mujer me había dicho y abuela dijo: "¿Dónde está esa sinvergüenza? Espérate, que yo la agarro". También en una ocasión cuando la visité en Puerto Rico ella estaba recaudando dinerito por el vecindario como parte de su promesa a los reyes magos, y yo fui su cantante y mi hermano Edwin el que tocaba la guitarra. Ese día fue tan divertido y le fue bastante bien.

La última vez que fui a Puerto Rico, en diciembre de 1995, ella se esmeró tanto en atenderme. Estaba feliz de verme después de diez años. Ya unos años después cuando me enteré que tenía cáncer y estaba siendo tratada en Washington, DC, yo estuve orando para que Dios me diera la oportunidad de verla una vez más, antes de que muriera. Tenía ansias de verla y que conociera a mi primer hijo, Luis Eduardo. Yo escribía en el sobre de la ofrenda de la iglesia: "Señor, por favor, permíteme ver a mi abuela antes de que se muera". El Señor tocó el corazón de mi prima Jessika, ella me consiguió un boleto, ya que yo estaba limitada de dinero, y con el boleto pude ir a verla. Se me quebró el corazón al verla tan delgada, pero yo feliz de compartir con ella y ella feliz de verme a mí y a mi hijo. Gracias a Dios que cumplió mi deseo y pude ver a mi querida abuelita una última vez. Sufrí mucho al no tener el dinero para ir a su entierro, pero ahora la veo en sueños y a pesar de todo el dolor que pasó en esta vida, todavía tiene una sonrisa en sus labios.

Rose Varona (2009)

Soy Marilyn Quiñones González, nieta de Felipa Malavé y la tercera hija de María A. González Malavé.

Tuve la dicha de vivir en la casita de abuela todo un año. Tuve una hermosa experiencia viviendo con ella. Yo era una adolescente de catorce años y, como toda joven creía que ya lo sabía todo. Recuerdo que para entonces tenía un pretendiente que me venía a visitar a la casa de abuela y ¡cómo me cuidaba mi abuela! Me velaba por la ventana a escondidas, creyendo que nadie la veía. Eso me daba gracia, pero ella no quería que me pasaran las cosas que le pasaron a ella.

Mi abuela tenía una fortaleza que todavía no puedo comprender cómo la mantuvo por tanto tiempo, cuando la vida constantemente la retó. Recuerdo que cuando mi madre vivía en Santo Domingo la llevamos a conocer muchos lugares y fuimos todos a bailar merengue. ¡Cómo bailaba mi abuela! En ese mismo viaje hubo un carnaval donde las calles se llenaban de gente bailando y celebrando. Como mis hermanos eran mayores que yo, mi mamá nos dejó en el hotel a mi abuela y a mí porque ya nos habíamos cansado de caminar. De esa manera nosotras podíamos descansar mientras ellos seguían disfrutando del carnaval. Como yo era muy dormilona, tan pronto llegamos me quedé dormida. Al parecer, mi abuela empezó a oler humo y creía que algo se estaba quemando. Ella me contó que me decía: "Marita levántate que algo se está quemando", y yo le respondía "shhhhhh…" Ella volvía: "¡Mira *condená*, levántate que nos quemamos!", y yo muy dormida le contestaba, "shhhhhh..." Como a la hora mis hermanos y mi mamá llegaron al hotel y tan pronto entraron al cuarto ella les dijo: "Qué bueno que llegaron porque yo he estado tratando de levantar a esta *condená* porque algo se está quemando y ella solamente me dice shhhh..." Al fin y al cabo nada se estaba quemando, pero al otro día cuando ella me contó lo que había pasado, yo casi me muero de la risa.

Unas de las frases más bonitas que recuerdo fue cuando yo me convertí en madre y ella conoció a mi hijo Roberto. Ya abuela estaba enferma de cáncer y acababa de tener una operación y no podía cargarlo. Me dijo: "Ay yo quisiera cogerlo pero no puedo, tengo miedo de que se me caiga". Cuando me vio darle de comer me dijo: "¡Cómo se quieren!, ¿*verdá*?"

Así era mi abuela, tenía un amor incondicional y enorme. Fue un honor tenerla como abuela, fue un privilegio vivir con ella y fue tan fácil quererla. Se quedó un enorme vacío cuando se fue… Te recordaré siempre Abuela Fela.

Marita (2009)

Soy Xiomara Márquez Fulp, soy la segunda hija de Socorro Velázquez Malavé de Lara y nieta de Felipa Malavé Arocho.

Mis memorias más vívidas de abuela, las que más gozo al recordar, son de cuando íbamos a casa de abuela y por las mañanas ella se ponía a hervir agua para colar el café. Es muy diferente a lo que hacemos hoy, ya que hoy utilizamos una cafetera eléctrica. Ella siempre tenía un colador que parecía una media y el café siempre le quedaba perfecto. Pienso que Jessika todavía tiene uno de esos coladores para colar café que le dio abuela. Y con ese café y pan fresco de la panadería de don Mingo (en la esquina) o avena nos desayunábamos. La avena que hacía abuela era mi favorita, porque abuela siempre la hacía de una manera especial que nadie la ha podido reproducir. Otras veces hacía farina, crema de harina de maíz o huevos pasados por agua para comer con pan fresco acabadito de llegar de la panadería.

También recuerdo un verano que yo fui sola a visitarla. Creo que tenía diez u once años porque había ido a New York primero y luego a PR. Bueno, ese fue el verano en que ella me enseñó a hacer pasteles puertorriqueños. No los he hecho desde ese tiempo, pero me recuerdo guayando guineos (bananas) verdes y uno o dos plátanos verdes. Ella lo hacía como si nada, pero yo me guayaba los dedos. Recuerdo viéndola al frente de la estufa haciendo el sofrito para entonces echárselo a la carne que estaba en un caldero bien grande. En uno de los calderos tenía carne de cerdo y en otro, carne de pollo. El aroma que dejaba me encantaba. Ella tomaba la hoja de plátano o de guineo, la amartiguaba, le ponía aceite con achiote, un poco de masa y en medio de la masa le ponía la carne. Doblaba la hoja para enrollar el pastel y cogía *hollejos* de la misma planta de guineos o plátanos para amarrar el pastel. Otras veces usaba *cabuya* para amarrarlos. Para mí el proceso fue impresionante. No sabía que tomaba tanto tiempo. Pero nosotras gozábamos en cantidad.

Ella siempre tenía cuentos y nos reíamos de todo. Mientras trabajábamos ella también me ponía al tanto de lo que pasaba en el barrio y con la familia. Cuando menos lo pensábamos, se nos habían pasado las horas y el trabajo se había terminado. Ella siempre cocinaba con mucho amor, y pienso que por eso a mí también me encanta cocinar.

Abuela también me enseñó a sembrar y hoy tengo mi huerto de flores y vegetales en el estado de Carolina del Norte. Comparto de lo que cosecho con mis vecinos. Todos dicen que tengo buena mano para sembrar, pero pienso que es que abuela me da la mano desde el cielo.

Choma (2009)

Soy Jessika Márquez, la primera hija de Socorro Velázquez y nieta de Felipa Malavé Arocho Rivera Ramos Seguí Colón Soto Jiménez.

Entre tantas cosas que compartí con mi querida abuelita recuerdo una ocasión en que fui a visitarla con mi novio. El se enfermó y hasta tenía fiebre. Enseguida que llegamos a la casa de abuela, ella como por arte de magia buscó unas cuantas hiervas del patio y hasta consiguió unos cocos muy pequeñitos. Puso todo aquello a hervir y al ratito vino y le dijo: "toma mijo, este es un guarapito que sirve hasta para levantar a los muertos". Mi novio se lo tomó rápido porque ella le había echado miel. Le dijo: "te voy a poner una medicina para que te baje la fiebre, pero antes, te das un baño". El me miró con un poco de timidez, pero le hice señas de que no se preocupara. Cuando salió de la ducha, ella le frotó los brazos y la espalda con agua maravilla y ruda que ella tenía mezclados. Mientras le pasaba aquella mezcla, también decía una oración en voz baja. Le dejó de la mezcla que quedaba en la botella para que luego él se frotara por el pecho y las piernas. Ella no nos dejó regresar a Guaynabo. El durmió en el sofá en la sala y al otro día él estaba completamente curado, sin fiebre ni malestares en el cuerpo. El le dio las gracias y le dijo: "usted me sanó, ¿cómo lo hizo, si yo estaba grave?" Abuelita le dijo: "hijo, eso son nuestros remedios caseros". Como yo dormí con abuelita la escuché por horas rezando como de costumbre, pero también por mi novio. Por eso mi novio y yo pensamos que además del guarapo y el agua maravilla con ruda, abuela también había estado rezando para que él se sanara.

¡Cuántos gratos recuerdos tengo de mi santa abuelita! ¡Cuántas horas pasamos juntas cantando y hablando de sus secretos, también escuchando sus consejos! Mi querida abuelita aprendí tanto de ti y te llevo en mi corazón por siempre.

Jessika (2009)

Soy Bienvenido Malavé Arocho, el hermano menor de Felipa Malavé Arocho Rivera Ramos Seguí Colón Soto Jiménez.

Mi hermana era todo lo que uno puede esperar de una hermana. Nunca podré olvidar a mi querida hermana Fela. Era muy buena conmigo y con toda la familia. De niño siempre viví cerca de ella, prácticamente me crié con ella y sus hijos. Ella siempre veló por mí, siempre me procuró. De adulto yo he vivido en New York por muchos años y siempre que iba de visita a Puerto Rico me quedaba en la casa de Fela y conviví mucho con ella. Ella me hacía café con leche bien *cargaíto*, (espeso) pasteles, arroz con gandules, *gandinga* (hígado) y de todos esos platos típicos y buenos de Puerto Rico. No pude tener una hermana mejor que mi hermana Fela.

Din (2009)

Soy Santos Antonio Malavé Arocho (Toño), hermano de Felipa Malavé Arocho.

De mi hermana recuerdo muy poco. Con mi hermana Fela no compartí mucho porque yo me fui para Nueva York muy jovencito, de diecisiete años. Lo que recuerdo es que de niño yo le hacía muchas maldades, tú sabes, maldades de niños. No la veía mucho porque ella trabajaba mucho desde muchachita. Trabajaba en las casas de los ricos del barrio o del pueblo y algunas veces me iba a donde ella trabajaba y ella me mandaba para mi casa en un carro público. Mi hermana sufrió mucho, mucho. Ella fue la más que sufrió de todos en casa. De ella no tengo ninguna queja, fue muy buena hermana.

Recuerdo que cuando mi hermana estaba todavía señorita, lo que comíamos era *viandas* (tubérculos parecidos a la papa) y a secas porque no se conseguía otra comida o *mistura*. Cuando la Segunda Guerra Mundial estaba en todo su apogeo, el hermano mayor, Jandino, trabajaba en Aguadilla y de vez en cuando nos traía media onza de manteca y un cantito de tocino. Eso lo repartíamos para todos.

La mayor comunicación que tuve con mi hermana Fela fue por medio de cartas y del teléfono cuando ya ella tuvo un teléfono. Para navidades yo siempre le mandaba un girito. Cuando yo venía de visita a la isla siempre la iba a ver. Ella fue un buen ser humano, muy buena hermana, muy buena hija y muy buena madre. Vivía siempre apegada a sus hijos y luchando por ellos. Cuando regresé a Puerto Rico en el 1996 después de estar en New York por unos treinta y siete años, nos comunicábamos más, pero poco después ella cayó enferma. De ahí se fue a casa de Socorro a Virginia. Cuando regresó después de su operación la fui a ver varias veces. Inclusive la fui a ver al hospital el día antes de morir. Dios la tenga en la Gloria, donde no sufrirá más.

Toño (2010)

Apéndice

Recetas al estilo de abuela Fela

Habichuelas al estilo Abuela Fela

1 libra de habichuelas (o 3 tazas de habichuelas)
6 a 8 tazas de agua
2 cucharadas de vinagre (para remojarlas solamente)
1 cucharadita de sal (para remojarlas)
sal al gusto para cocinarlas
1 papa partida en pedacitos pequeños ó 1½ taza de calabaza en
   pedacitos pequeños

Escoja una bolsita de habichuelas secas (más o menos tres tazas de habichuelas o una bolsita de 1 libra). Escójalas (examínelas) y sáquele cualquier piedrecita que tenga. Lave bien las habichuelas. Después de lavarlas échelas en un recipiente con suficiente agua para que las cubra por completo. Añádale dos cucharadas de vinagre y una cucharadita o un poquito de sal. Déjelas en esa agua remojándose por unas horas o de un día para otro, eso hace que se ablanden más rápido cuando las cocine.

Cuando vaya a cocinarlas, las lava nuevamente, y entonces las hierve en seis u ocho tazas de agua, o suficiente agua para que no se le sequen o se le quemen. Añada sal al gusto. El proceso de ablandarse puede durar de una a dos horas, dependiendo del tipo de habichuelas o frijoles y si son frescas o viejas. Debe chequear de vez en cuando y añadirle agua si es necesario para que no se le vayan a quemar ya que las habichuelas absorben mucha agua. Cuando estén casi blanditas le puede añadir las papas o calabazas partidas. Si las hierves en una olla de presión toma menos tiempo, se cuecen quizás en media hora.

Por otro lado, va haciendo el sofrito, porque eso es lo que verdaderamente le da sabor a las habichuelas, ya que el sofrito es el alma de la comida puertorriqueña.

Sofrito

1 pilón o una licuadora

1 cebolla entera si es pequeña ó ½ cebolla grande

¼ cucharadita de sal (o una pizca de sal)

4 a 6 dientes de ajo

4 pimientitos quenepos (los que son como cherries)

1 pimiento verde o rojo del país. (Si usa "bell pepper", use ¼ del pimiento)

4-6 hojas de recao del monte (culantro jíbaro para condimentar las comidas)

1 macito de cilantrillo

2 cucharadas grandes (cucharones) de aceite de cocinar (preferiblemente con achiote).

4-6 aceitunas y o alcaparras

Sazón y adobo Goya al gusto

4 cucharadas o ½ lata de salsa de cocinar (Goya, Libby's, Del Monte u otra). Puede usar 2 cucharadas de la salsa en pasta en vez de las otras salsas.

¼ taza de jamón partido bien pequeño o unos pedazos de jamón con hueso (opcional)

Si ya tiene el sofrito preparado o congelado, eche 3-4 cucharadas grandes o dos cucharones de sofrito en el sartén para sofreírlo.

Para hacer el sofrito, corte una cebolla o media cebolla en pedacitos y la va echando y moliendo poco a poco en el pilón o en una licuadora. Echele una pizca de sal. Pele los dientes de ajo y vaya moliéndolos junto con la cebolla. Puede usar de cuatro a seis dientes o hasta media cabeza de ajo. También corte y muela los pimientitos quenepos (aproximadamente de cuatro a seis porque son pequeños). También parta en pedacitos pequeños y muela el pimiento verde o rojo del país (puede substituirlo por el llamado pimiento americano "bell pepper"). Vaya sacando un poco de lo que tiene en el pilón para que tenga espacio para las otras especias. Muela o parta en pedacitos pequeños las hojas de recao del monte. Si no tiene recao del monte (del patio, del país) le puede añadir un macito de cilantrillo o ambos si le quiere dar más sabor. Una vez que tiene todos estos ingredientes molidos los echa a la sartén, que ya debe tener de tres a cuatro cucharadas o dos cucharones grandes de aceite con achiote. Una vez en la sartén le puede añadir alcaparras, aceitunas, sazón y adobo Goya o cualquier otra cosita que le quiera añadir, como pedacitos de jamón, tocino o salchichón. Antes le poníamos pimienta y comino. En esta época ya no usamos tanto el tocino, el salchichón, ni el comino, como antes.

Una vez que pone todos los ingredientes en la sartén que ya tiene aceite con achiote, mueva todos los ingredientes a ratitos para que todas las especias queden *sofritas (sofreídas)*. Cuando todos los ingredientes estén *amartiguaos*, añada de tres a cuatro cucharadas o medio pote de salsa de tomate o dos cucharadas de salsa en pasta. Mueva todo lo que haya en la sartén por un par de minutos más. Apague la estufa y échele todo el sofrito a la olla de habichuelas. Súbale el fuego a las habichuelas y cuando comiencen a hervir, baje el fuego. Tape la olla y deje cocinar las habichuelas por unos treinta minutos más, o hasta que se espesen y cojan el sabor del sofrito.

A las habichuelas puede añadirle pedacitos de papas o pedacitos de calabaza antes de ponerle el sofrito para que se ablanden bien y le den el espesor necesario. A las habichuelas blancas le puede echar pedacitos de pana. A los gandules le puede echar *bollitas de guineo* (bolitas de banana verde rallado).

Las habichuelas al estilo puertorriqueño se sirven con arroz blanco o colorado y a mis hijos se las servía con pan *sobao*, pan de agua o pan de *piquito*. Se las daba a eso de las diez de la mañana como desayuno o por la tarde antes de la cena como merienda. Las habichuelas que preparo más a menudo son las rosadas, *las marca diablo* (kidney beans), las pintas y las blancas secas o verdes. Otros granos que se cocinan en Puerto Rico de la misma manera son los gandules verdes y los secos, los garbanzos solos o con mondongo o patitas de cerdo, los chícharos, los pitipuas (petipuas), las habas, las lentejas (estas no se usan tanto) pero yo aprendí a hacerlas con los americanos (norteamericanos de la Base Ramey) y con mi hija que es vegetariana.

Recuerde que en el sofrito está el secreto, que el sofrito es el alma de la comida puertorriqueña. Se usa en las habichuelas, el arroz colorao (arroz junto), en las sopas, las carnes guisadas o en fricasé, en el bacalao guisado y otros platos nuestros. ¡Buen provecho!

Pasteles de masa de guineo verde

2-3 gajos de guineos (bananos) verdes (estos dan de 20 a 25 pasteles)

2-3 libras de carne de cerdo o de pollo

Sofrito (vea arriba cómo se hace el sofrito para la carne)

10 a 15 hojas de guineo o plátano (cada hoja puede partirse por la mitad o en cuatro pedazos).[12]

1 taza de garbanzos cocinados

¾ a 1 taza de pasas (opcional)

2-3 huevos si le desea echar huevos (opcional)

3 pimientos morrones picaditos

1-2 papas medianas cortaditas bien pequeñitas (como cubitos)

¾ a 1 taza de aceite con achiote

2-3 yautías medianas (tubérculo parecido a la malanga)

½ a ¾ cucharadita de sal o adobo para la masa (sazone al gusto)

¾ - 1 taza de aceitunas

1 rollo de cabuya (hilo fuerte, cuerda muy fina) o un paquetito de hollejos

Corte dos libras de carne de cerdo o de pollo en pedacitos bien pequeños. Cocine la carne por más o menos una hora, o hasta que esté blandita. Cocínela con sal al gusto y en poca agua. Una vez cocinada añada las papas, los garbanzos y el sofrito. Déjela cocinar por lo menos media hora más. Cocine bien hasta que todos los ingredientes se hayan cocinado, hasta que espese y hasta que haya cogido bien el sabor del sofrito.

---

12 Si no tiene las hojas en el patio las puede conseguir en algún supermercado donde vendan los paquetes de hojas. Algunas personas usan papel para envolverlos o combinación de papel y hoja.

Para hacer la masa del pastel escoja dos o tres gajos de guineos, de los más verdes. Móndelos uno a uno y póngalos en agua con sal para que la mancha se le vaya un poco y para que no se pongan prietos. Una vez que haya mondado los gajos o manos de guineos, sáquelos uno a uno del agua y los va guayando. A esta masa le puede añadir un par de yautías guayadas para suavizar la masa. Una vez que tiene la masa de yautía y de guineo, le pone de tres a cuatro cucharadas de aceite con achiote y un poco de adobo o sal al gusto, mezcle todo, moviendo la masa en todas direcciones con una cuchara o con la mano.

No es necesario añadirle huevos a los que tienen carne, sino solamente a los que son vegetarianos. Los vegetarianos pueden tener algunas otras cosas como huevos, carne vegetariana, vegetales, aceitunas, pedacitos de papa, garbanzos y pasas. Otros tipos de pasteles son los guanimos o ciegos. Los pasteles guanimos son los que no tienen carne u otros ingredientes, son de masa de guineo solamente.

Ya tiene la masa, la carne y las hojas de plátano o guineo bien limpias y *amartiguadas*. ¿Qué es eso de *amartiguar*? Eso es pasarlas por el fuego rápidamente y quedan mongas (flexibles) para poderlas doblar fácilmente.

Una vez que *amartigüe* varios pedazos de hojas, use dos pedazos de hoja para envolver cada pastel. Ponga un pedazo de hoja encima del otro. Póngale un poquito de aceite con achiote al pedazo de hoja que está encima. *Esparza* el aceite con achiote por el centro de la hoja, y luego ponga de tres a cuatro cucharadas grandes (uno o dos cucharones grandes) de masa encima de la hoja y estire la masa un poco con una cuchara o con la mano. Escurra dos o tres cucharadas de la carne y échelas encima de la masa para rellenarla. Si desea, en este momento puede ponerle encima de la carne unos pedacitos de pimientos morrones, unos pedacitos de huevo y algunas pasas. Comience a enrollar. Con la misma hoja doble la masa hasta la otra punta cubriendo la carne como si fuera un pastelillo de trigo, una empanada o un tamal mejicano. Una vez cubierta la carne, doble las hojas alrededor de la masa y envuelva la masa con los dos pedazos de hoja. Doble las puntas o extremos de las hojas como cuando envuelve un regalo. Haga dos pasteles y amárrelos juntos con un pedazo de cabuya (cordón) o con hollejos de la planta de guineo o plátano.

Una vez amarrados los pasteles los puede hervir. Se tarda de treinta a cuarenta y cinco minutos cocinarlos. Si hierve muchos pasteles a la vez, puede tomarle una hora cocinarlos. Recuerde que la masa de guineo no está cocinada, solamente la carne está cocinada, y que por lo tanto tiene que hervirlos. Para cocinarlos, cubra los pasteles con agua y solamente ponga *sal a ojo* o una cucharada de sal, para que queden sabrositos.

No le ponga kétchup (salsa dulce), porque los daña, quitándole el sabor jíbaro, el sabor a hoja. Los puede comer de cualquier manera, solos, con arroz blanco, con arroz con gandules, con una *gandinguita* (asadura-hígado) bien guisado o como lo sirven los más modernos, junto a una ensalada fresca o de papas. Si no los va a comer inmediatamente guárdelos en el congelador (freezer) sin cocinar. Finalmente, ¡buen provecho!

Abuela Fela y sus cuentos

Tin Tilín

Había una vez una familia de cuatro, los padres y las dos hijas. Estos vivían cerca de un río. A las niñas les gustaba ir al río a jugar. En una ocasión en que la niña menor estaba jugando y mirando al agua, de pronto vio un pececito que la miraba y hasta le hacía gracias. A ella le llamó la atención, pero creyó que era su imaginación. Como era muy curiosa y sensible decidió hablarle al pececito. "Pececito, qué lindo eres", le dijo. El pececito movió la colita. Entonces la niña le preguntó: "¿Cómo te llamas pececito?", pero el pececito sólo movió la colita y dio vueltas y brincó como respondiéndole a su curiosidad. En eso la llamó su hermanita, "vamos que se nos hace tarde y nos regañan".

De esa manera pasaban los días y la nena seguía yendo al río a hablarle al pececito, y allí lo encontraba todos los días. Ella le puso de nombre Tin Tilín. Lo llamaba diciendo: *"Tin Tilín volando en gratitud..."* y enseguida él aparecía moviendo su colita y dando brincos. Un día le brincó en la falda y ella se asustó, pero él le dijo: "No te asustes. Yo soy un príncipe". Ella exclamó: "!De veras!" "Sí, soy un príncipe encantado y te voy a decir qué tienes que hacer para sacarme del encanto". Dio un salto y volvió al agua.

La hermanita, que también era curiosa, le dijo a sus padres que su hermana hablaba con un pececito y que pasaba tiempo jugando con el pececito y hasta le llevaba comida. Los padres habían notado algo raro en ella, pero no entendían qué pasaba. Se estaba poniendo flaquita y muy distraída. Al escuchar aquello decidieron seguirla. Al día siguiente verificaron que era cierto y hasta vieron cómo el pececito brincó en la falda de la niña. Los padres decidieron que el domingo siguiente cuando fueran para la iglesia, el padre se quedara en la casa. De esa manera, mientras ellas estaban en la iglesia él iría al río a pescar al pececito.

El domingo llegó rápido y mientras ellas iban a la iglesia, el padre fue al río y cantó: *"Tin Tilín volando en gratitud…"*, lo mismo que decía la niña para llamar al pececito. El pececito no reconoció la voz, pero el padre volvió a cantar: "*Tin Tilín volando en gratitud, Tin Tilín volando en gratitud...*" El pececito salió para ver quien le llamaba y allí el padre lo pescó. Cuando llegaron de la iglesia, el padre les tenía una suculenta comida. La niña no pudo comer, sintió como una puñalada en su corazón. Algo extraño pasaba allí, aquel pescado que se veía delicioso parecía que le hablaba. Decidió tomar todos los huesitos y guardarlos. Como de costumbre, se fue al río y cantó: "*Tin Tilín volando en gratitud, Tin Tilín volando en gratitud...*", cantó lo mismo varias veces. El pececito no apareció, entonces tuvo una corazonada...

La niña se fue llorando a la casa, le dio una fiebre terrible y se enfermó. Los padres se dieron cuenta que le habían hecho daño a su hijita y no sabían qué hacer. Mientras deliraba debido a la fiebre tan alta, se le apareció un hada madrina y le dijo: "No sufras más, recuerda que tienes los huesitos del pececito guardados, júntalos todos y busca las tres gotitas de sangre que cayeron en el camino cuando tu padre traía al pececito a la casa. Junta todo y llévalo al río, lo pones en el agua y verás que el pececito volverá a su estado natural". Al día siguiente, aunque débil, la niña se levantó de su cama, se llevó los huesitos, buscó las tres gotitas de sangre y las juntó como le había especificado el hada madrina.

Se fue al río y allí puso todo con mucho cuidado en el agua. No dejó de llorar y entre sollozos cantó: "*Tin Tilín volando en gratitud, Tin Tilín volando en gratitud...*" De momento surgió del agua un joven y le dijo: "No llores mi niña, yo soy Tin Tilín, el pececito". Ella se estrujó los ojos para quitarse las lágrimas y lo miró un poco incrédula. "Sí, yo soy Tin Tilín, tú me sacaste del encanto, y ya no soy un pez, soy un príncipe". Allí se echaron los brazos y lloraron como dos que se querían. Luego el príncipe fue adonde los padres de la niña y la pidió en matrimonio. Cuando la niña creció se casaron y vivieron felices para siempre. Fin.

El rey de tal ciudad

Había una vez un rey que vivía por allá, por una ciudad del oriente. El rey tenía un hijo que tenía las orejas como las de un burro. Resulta que el rey se abochornaba que su hijo tuviera las orejas como un burro. El tenía al hijo aislado, y no lo dejaba ver de nadie. Si alguien lo veía, el rey le preguntaba qué había visto. Si la persona contestaba que había visto al hijo suyo y que sus orejas eran como las de un burro, a esa persona el rey la mandaba matar.

Al pasar el tiempo ya varias personas habían desaparecido y nadie sabía qué había pasado. Había rumores de que esas personas habían estado en la casa del rey. Un día un muchacho fue a buscar trabajo a la casa del rey, pero este muchacho era muy astuto. Entonces el rey después de entrevistarlo, le dijo: "Tienes el trabajo". El muchacho estaba contento porque había viajado mucho para llegar hasta allí y necesitaba el trabajo. Pasaron unos cuantos días y el rey le estaba mandando hacer unas cosas cuando el hijo del rey pasó por los pasillos y el muchacho lo alcanzó a ver. El rey le preguntó: "¿Qué acabas de ver"? El muchacho, ni tonto ni perezoso, le contestó que acababa de ver a un joven y creía que era el hijo del rey. El rey le volvió a preguntar si había visto algo extraño en su hijo. El muchacho le dijo que no había visto nada extraño y que parecía un joven apuesto.

El muchacho pasó la prueba de fuego, pues él se había dado cuenta que el hijo del rey tenía las orejas como las de un burro pero no se lo dijo al rey. Lo volvió a ver varias veces y el rey le hizo la misma pregunta y el muchacho le contestaba lo mismo. Muchos años después el muchacho decidió irse de la casa del rey y en el camino hizo un hoyo muy profundo. Entonces se metió dentro del hoyo y gritó con todas las fuerzas de su ser: *"El hijo del rey de tal ciudad tiene las orejas como un burro, el hijo del rey de tal ciudad tiene las orejas como un burro, el hijo del rey de tal ciudad tiene las orejas como un burro"*. El muchacho iba a explotar si no decía lo que sabía. Salió del hoyo lo tapó con la tierra que le había sacado y siguió caminando.

Un tiempo más tarde nació un árbol en el mismo lugar donde el muchacho había excavado. El árbol era muy frondoso. En cada hoja del árbol decía: "*El hijo del rey de tal ciudad tiene las orejas como un burro, el hijo del rey de tal ciudad tiene las orejas como un burro*". Había miles de hojas que decían que el hijo del rey de aquella ciudad tenía las orejas como las de un burro. El rey se enteró de aquello y mandó a cortar el árbol una y otra vez, pero el árbol volvía a crecer con el mismo mensaje. Con esta experiencia el rey decidió sacar a su hijo del cautiverio y dejar que todo el mundo supiera que aquello era cierto y que él no podía seguir ocultándolo. Ya era público y se sabía la verdad por todas las comarcas. Entonces el rey decidió aceptar a su hijo tal y como era ya que entendió que no había secreto que al fin y al cabo no se supiera porque de alguna manera Dios se encargaba de divulgarlo. Fin

Por los zarcillitos madre

Había una vez una muchacha que estaba bañándose en una charca cerca de su casa y puso sus zarcillos en una roca para que no se le perdieran en la charca. La muchacha estaba muy feliz bañándose cuando vio que un hombre se acercó adonde estaba ella. Ella se asustó, pero él le dijo que no se asustara, que era que había encontrado unos zarcillos y si eran de ella, él se los quería entregar. Ella salió del agua para ver si eran los suyos. Efectivamente eran los de ella. Cuando ella fue a coger los zarcillos que el hombre tenía, éste la agarró y se la llevó. Ella trató de gritar y de luchar contra él, pero no pudo porque él le tapó la boca y le pegó para controlarla. Se la llevó y la metió dentro de un barril y le dijo que cuando él le dijera ¡canta barrilito, canta!, ella tenía que cantar, pues de lo contrario la mataría. El iba por los pueblos exhibiendo su barrilito como algo raro. Él le decía: "¡Canta barrilito, canta!" y ella cantaba: "*Por los zarcillitos, madre, que en la peña yo dejé, que por ellos estoy sufriendo y por ellos sufriré. Por los zarcillitos, madre, que en la peña yo dejé, que por ellos estoy sufriendo y por ellos sufriré*".

Así pasó el tiempo hasta que un día aquel hombre pasó por la casa de los padres de la muchacha. El no sabía que estaba en la casa de los padres de ella. El hombre tocó a la puerta y dijo:

— Señora, quiero que escuche este barrilito mágico que tengo, que canta.

— Yo estoy de luto —dijo la señora—, pero no está mal escuchar su barrilito para ver si me quita esta pena que llevo en el alma.

— Pues escuche cómo canta mi barrilito, y si le gusta me paga cualquier cosa —insistió el hombre.

— Está bien, póngalo a cantar —dijo la señora sin hacerle mucho caso.

— ¡Canta barrilito, canta! —le dijo el hombre al barrilito.

El barrilito comenzó a cantar: *"Por los zarcillitos, madre, que en la peña yo dejé, que por ellos estoy sufriendo y por ellos sufriré"*.

— Pero señor, qué lindo canta ese barrilito, dígale que cante nuevamente —insistió la señora con ansiedad.

— Sí, pero le va a costar un poco más —le advirtió el hombre.

— Está bien, yo le pago —le aseguró la mujer.

— ¡Canta barrilito, canta! —demandó el hombre.

La muchacha cantó pero aún con más sentimiento y más bonito: *"Por los zarcillitos, madre, que en la peña yo dejé, que por ellos estoy sufriendo y por ellos sufriré"*. La madre se dio cuenta que aquella era la voz de su hija y le dijo al hombre:

— ¡Oiga señor, ese barrilito es una maravilla! ¿Usted no lo vende? —le insistió la señora.

— No señora, yo voy de pueblo en pueblo con mi barrilito y así me gano la vida —le respondió el hombre.

— Espere señor —dijo la señora entusiasmada— no se vaya, que quiero invitarlo a almorzar y quiero que mi esposo escuche su barrilito. No se vaya que ya mismo él llega y así comemos juntos y le puedo pagar más. Usted me ha alegrado la vida. Hacía tiempo que no me sentía contenta como hoy. Espere que voy a la cocina a preparar algo para el almuerzo.

El hombre pensó: "Hoy almuerzo de gratis y también me gano mi buen dinero".

La señora fue a la cocina y mandó a uno de sus empleados a buscar de prisa al esposo y que viniera con la policía. Entretuvo al hombre, le hizo café y preparó el almuerzo. Al rato llegó el esposo y saludó al hombre. La esposa le explicó lo que había escuchado y lo maravilloso que era aquel barrilito y que ella quería que él lo escuchara también.

— Mujer, si tú estás tan entusiasmada, yo también quiero escuchar ese barrilito, mágico —dijo el esposo.

El hombre le dijo rápidamente al barrilito: "¡Canta barrilito, canta!" El barrilito comenzó otra vez a cantar: *"Por los zarcillitos, madre, que en la peña yo dejé, que por ellos estoy sufriendo y por ellos sufriré".*

— Mujer tú tienes razón, ese barrilito es una maravilla —replicó el esposo.

El también pudo reconocer la voz de la hija y le preguntó al hombre:

— ¿Cómo lo hace usted?

— ¡Ah… esto es magia, señor, es magia!

Lo invitaron a comer y cuando iban a comenzar el almuerzo llegó la policía y le dijo al hombre que tenía que abrir el barril, que era una orden. El hombre se negó, pero lo obligaron a abrir el barril y de allí salió la jovencita que llevaba tiempo encerrada en aquel barril. Allí se llevaron preso al hombre y los padres abrazaron a su hija. Lloraron juntos de felicidad y fueron felices para siempre. Fin

Pedro Animala

Estaba un día Pedro Animala ñangotao a la horilla del camino. El había puesto su sombrero a la orilla del camino y decía: *"Si lo saco por aquí se me escapa y se acaba el mundo, si lo saco por aquí se me escapa y se acaba el mundo, y si lo saco por aquí se me escapa y se acaba el mundo".* Repetía lo mismo una y otra vez. Pedro mostraba una gran preocupación y seguía dándole vueltas al sombrero y repitiendo lo mismo sin levantar el sombrero.

Por allí mismo iba pasando un jíbaro cuando vio a Pedro Animala hablando solo. El jíbaro le preguntó:

— "¿Qué pasa compai?"

— Compadre, la verdad es que *si lo saco por aquí se me escapa y se acaba el mundo, y si lo saco por aquí se me escapa y se acaba el mundo.*

— ¡Ay Dios mío! ¿Cómo es eso que se acaba el mundo?

— Sí, *"si lo saco por aquí se me escapa y se acaba el mundo".* Ay, compai, cómo podré hacer si tengo que ir al pueblo y *"si lo saco por aquí se me escapa y se acaba el mundo, y si lo saco por acá se me escapa y se acaba el mundo".* Qué le parece si lo dejo con usted en lo que voy al pueblo.

— Bueno, compadre, si no se tarda lo puedo cuidar.

— ¡Mi compadre cuánto se lo agradezco!

El jibarito estuvo allí por horas repitiendo lo que Pedro decía *"si lo saco por aquí se me escapa y se acaba el mundo, y si lo saco por aquí se me escapa y se acaba el mundo".* Pedro Animala no regresaba y el jíbaro, ya cansado de esperar por Pedro y de no saber qué era lo que guardaba debajo del sombrero, decidió meter la mano adentro del sombrero y agarrar lo que estaba adentro para que no se escapara. Y cuando metió la mano se embarró la mano con una plasta de mierda. Allí el jibarito se puso furioso y dijo unas cuantas malas palabras y le echó un montón de maldiciones a Pedro. También se dio cuenta que había sido otro idiota más de los que Pedro Animala a menudo cogía de tontos. Fin

La niña bestia

Había una vez dos hermanitos, una niña y un niño, que siempre estaban juntos y se querían mucho. En el vecindario no había muchos niños por lo que los hermanitos siempre jugaban juntos. Un día se fueron al bosque a buscar mariposas y a jugar debajo de la sombra de los árboles. La niña, que era más curiosa, se separó de su hermano al perseguir una mariposa de muchos colores. El niño se entretuvo mirando el agua de un riachuelo, y observando cómo las hojas que se habían caído de los árboles pasaban entre las piedras arrastradas por la corriente del agua. Pronto notó que su hermanita no estaba cerca de él. La comenzó a llamar y la niña no respondía. Corrió por todos lados buscando a su hermanita, que no aparecía. Se sintió desesperado y sin consuelo. Pensó que algo malo le había pasado, que un animal se la había comido, que se perdió y no sabía regresar, que cayó por un risco, en fin, mil cosas. Se preguntó ¿cómo podría llegar a su casa sin ella?, ¿cómo se lo diría a sus padres?

Se hizo muy tarde y comenzaba a oscurecer por lo que necesitaba regresar a su casa. No tenía otro remedio, tenía que regresar. Sin consuelo llegó adonde sus padres y les contó que su hermanita había desaparecido y que por más que la buscó, no la encontró. Los padres fueron a buscar por todas partes del bosque y no la encontraron tampoco. Estaban desconsolados.

Pasaron muchos años y los padres ya habían perdido la esperanza de encontrar a su hija. El hermano siempre se sintió culpable de no haber tenido más cuidado y de que su hermana desapareciera. Un día cuando estaba cazando en el bosque vio un animal más grande de los que estaba acostumbrado a ver. Estaba todo cubierto de pelo. Le apuntó y rápidamente se dispuso a disparar cuando escuchó una voz que le dijo: "*Pare, pare, caballero, no mate lo que Dios cría, que van para diecisiete años que estoy en esta mantía*".

El muchacho, que estaba a punto de disparar con el rifle de cazar, se estremeció al oír aquello, pero volvió a apuntarle al animal. La criatura volvió y le dijo: "*Pare, pare, caballero, no mate lo que Dios cría, que van para diecisiete años que estoy en esta mantía. Mi padre se llama Juan y mi madre Juana María*". El muchacho pensó que aquella podía ser su hermana. Se le acercó y le hizo mil preguntas. Ella le contó que desde que se perdió en el bosque una gorila la cuidó y le dio de comer. Como no tuvo más contacto con la gente y vivió por tantos años en el bosque, le salió pelo por todo el cuerpo. Al escuchar aquello él se dio cuenta que era su hermana y allí se echaron los brazos como dos que se querían.

El joven se llevó a la hermana, la afeitó, la limpió y le consiguió ropa antes de llevarla para su casa. La montó en su caballo y cuando ya estaban llegando a la casa, la muchacha cantó así: "*Esta era la casa blanca donde mis padres vivían, mi padre se llama Juan, mi madre Juana María*". Con esto el muchacho pudo comprobar definitivamente que aquella sí era su hermana. Cuando llegaron a la casa y el muchacho se la presentó a sus padres, al padre casi le dio un ataque de corazón y la madre casi muere de alegría. De todas maneras, allí todos se abrazaron y fueron felices para siempre. Fin

Los tres compadres

Había una vez tres compadres que se querían mucho. Eran como uña y carne, siempre caminaban y estaban juntos. Pero un día tuvieron una discusión muy fuerte. Los compadres comenzaron a discutir por problemas que le habían causado los ahijados. La discusión llegó a tal grado que los compadres se pelearon y hasta se mataron. El diablo, gozoso de tal desgracia, al ver que faltaron al juramento del compadrazgo, recogió las almas de los compadres y las convirtió en perros, pero perros diabólicos.

Los encadenó con cadenas muy grandes y les puso el nombre de Cancuerno, Canflor y Capitán. El diablo aprovechó para llamar a Cancuerno, Canflor y Capitán cada vez que en la tierra había una disputa o una pelea entre amigos, familiares o compadres para que animaran la pelea y él poder tener más almas en el infierno. El los llamaba: "*Cancuerno, Canflor, Capitán, vengan mis tres perros buenos*".

Cuando los mandaba a la tierra, muchas veces la gente podía escuchar a los tres perros ladrando y el sonido de sus terribles cadenas. Esto ocurría especialmente cuando se formaban peleas en alguna fiesta o cuando había disputas entre compadres, amigos o familiares. Fin

El diablo y el hombre con espuelas

Cuando el diablo andaba por la tierra se presentaba en las fiestas y en distintos lugares donde se reunía mucha gente. Un día en que había una reunión, pero una reunión de oración, llegó un hombre muy calladito. Los que estaban orando se dieron cuenta que había llegado una persona distinta. Y cuando lo miraron vieron que tenía unas espuelas en los pies, y que eran unas espuelas naturales, las que le salían de los talones. Los allí reunidos rezaron con fuerza y dijeron: "Aquí está una persona que no ha sido invitada a la oración". Entonces, el hombre de las espuelas salió corriendo de allí "como alma que lleva el diablo". Fin

El Vampiro de Moca

Resulta que un día que íbamos en el carro bien temprano en la mañana se nos tiró encima del cristal del carro aquel animalote. Tuvimos que parar, porque no se veía el camino por donde íbamos. Aquel animalote no se movía, solamente nos miraba. Creímos que iba a romper el cristal y nos asustamos. No nos atrevimos salir para afuera porque nos podía atacar.

Nosotros, aunque nos tapamos los ojos, lo mirábamos por entre los dedos, y nos dimos cuenta que era como un murciélago gigantesco. Entonces me di cuenta que era el Vampiro de Moca que se había estrellado contra el cristal del carro. No sabíamos qué hacer porque el animalote seguía pegado al cristal del carro. Cuando por fin prendimos el motor del carro, aquel animalote salió volando como alma que lleva el diablo. De la misma manera salimos nosotros en el carro y el susto no se nos pasó por mucho tiempo.

El Vampiro de Moca se pasaba por las parcelas de Voladoras chupándole la sangre a todos los animales. Yo me pasaba pendiente para que no me matara mis gallinitas ni mis cabritas. Cuando yo escuchaba las guineas *alborotás*, ya sabía que andaba el vampiro por allí y salía con *mechones* o *flashlai* (flashlight) prendidos para espantarlo. Hace tiempo que no sabemos de él, quizás lo mataron, quizás se mudó para otro sitio o quizás se convirtió en el Chupacabras. Fin

El Chupacabras

Allá en la parcelita mía una noche escuché las gallinas cacareando y una algazara que hasta el cerdo estaba chillando. Me levanté y como yo no le tengo miedo a nada agarré un mechón y un mocho y me fui a ver si alguien me las estaba tratando de robar. De momento veo aquella cosa que parecía un lagarto medio verdoso, en dos patas y la cabeza parecía hueca. Cuando me vio levantó las manos que parecían un abanico de cuero arrugado. Parecía que me iba a atacar pero él salió corriendo para un lado y yo para el otro. A mí los vivos no me asustan, pero como aquello era tan feo y no era de este mundo salí corriendo, me metí dentro de la casa y me encerré bien. No pude dormir pensando que se me podía entrar a la casa. Me acosté pero con un *mocho* cerca de la cama por si se metía en la casa.

Por la mañana bien temprano fui a echarle maíz a las gallinas, a las guineas, y también comida al cerdo. Entonces me di cuenta que estaban unas cuantas gallinas *escocotás* y nada de sangre en el piso. Las recogí con una pala y entonces hice un hoyo en la parte de atrás de la casa y las enterré. Recordé lo que me había pasado la noche anterior y miré por todas partes y no vi rastro del Chupacabras. Pensé que aquello que yo vi por la noche fue verdaderamente el Chupacabras, el que ahora anda por Nueva *Yor*. Fin

Toño Bicicleta

Resulta que unas cuantas veces un hombre pasó por el camino frente a mi casa. Como la puerta de mi casa siempre está abierta, yo lo vi pasar varias veces y lo miraba porque se parecía a mi hermano Yeyo o a alguien que yo había visto antes. Como vio que yo lo miraba cuando pasaba, pues un día se acercó a la puerta, me saludó y me pidió agua. Le di agua y un poco de café, porque, como tú sabes, en mi casa siempre hay café y de lo que tengo le ofrezco al que llega. Así fue que varias veces entró a mi casa, bebió café, almorzó y hasta me habló un poco. Me dijo que era de Lares, pero no recuerdo el nombre que me dijo, pero no dijo Toño Bicicleta. Algún tiempo después se desapareció y no volví a verlo.

Una noche estaba viendo las noticias en la televisión cuando enseñaron su retrato y dijeron que había violado y secuestrado unas mujeres y que también había matado a otro. También dijeron el verdadero nombre, el mismo que él me había dicho, Antonio García, alias Toño Bicicleta. ¡María Santísima!, yo me dije, si yo tuve a ese hombre comiendo y bebiendo aquí en mi casa. Anteriormente yo había escuchado las noticias por *el* radio y había escuchado de sus fechorías, pero no lo había visto por la televisión, así que no sabía cómo se veía. Desde entonces me desconfío de los que pasan frente a mi casa. A menos que sean los vecinos, ya no invito a nadie a entrar. Fin

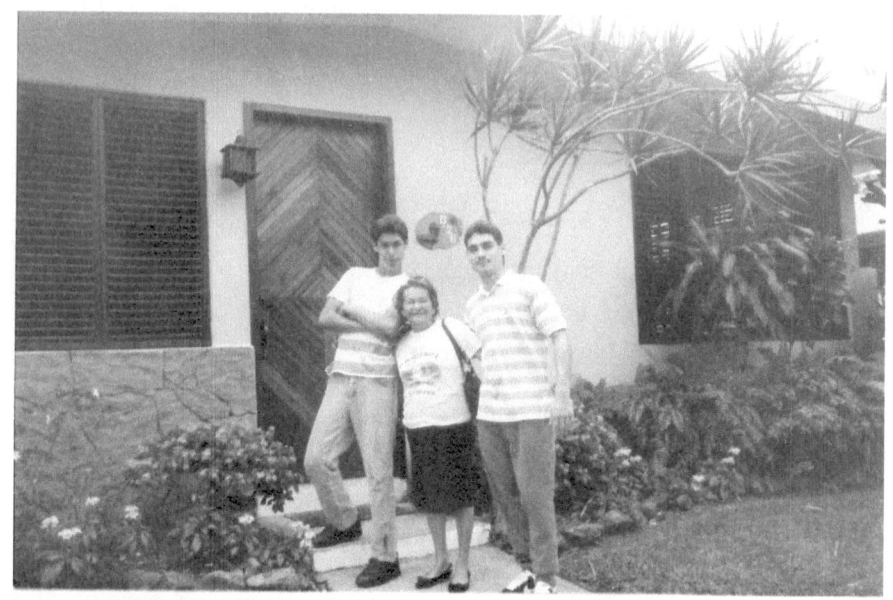

1989 Abuela con sus nietos José y Jeremy en Guaynabo, PR

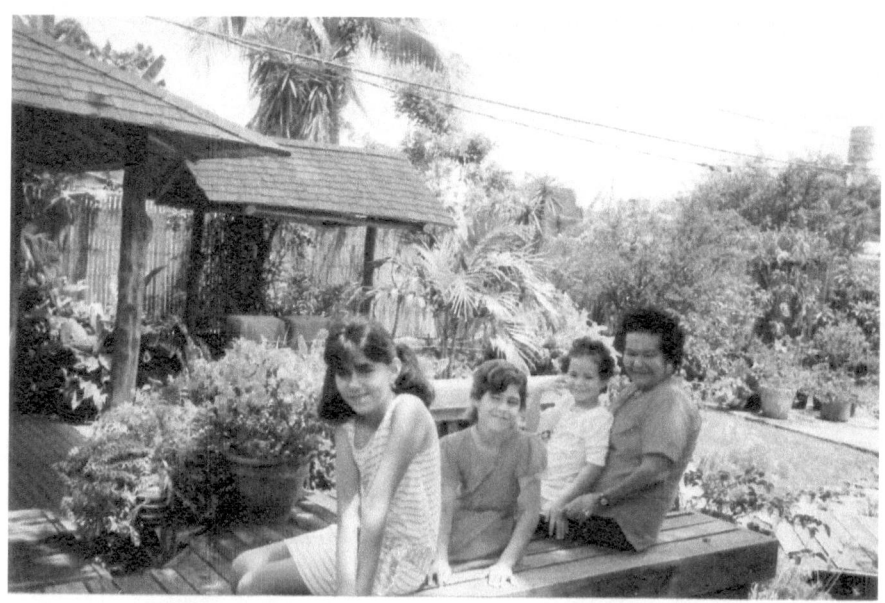

1989 Abuela con nieta Erica y hermanas de Jessika y
Xiomara (Maringeline y Angieluz) en Guaynabo, PR

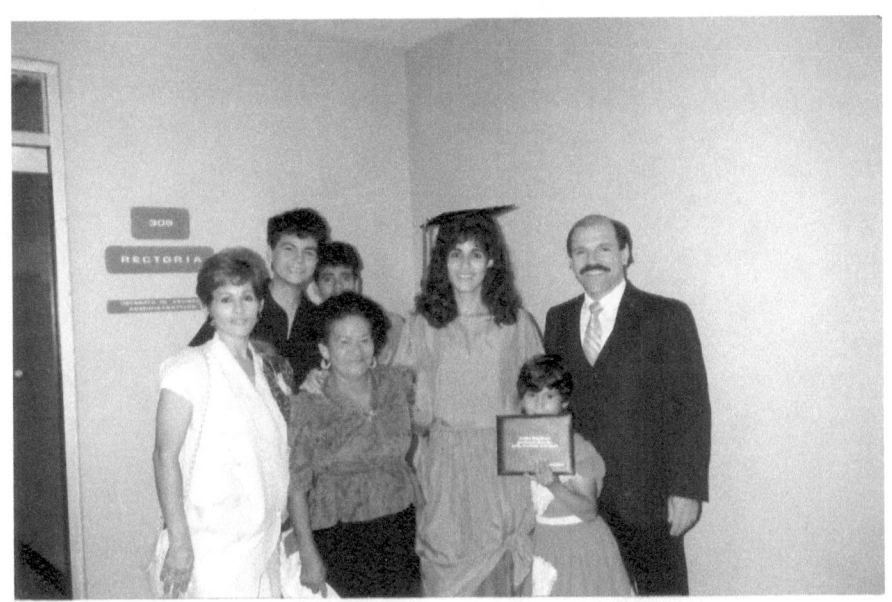

1990 Abuela Fela en graduación de Jessika con nietos
Carlos, René y Erica en Antilles, Ft. Buchanan, PR

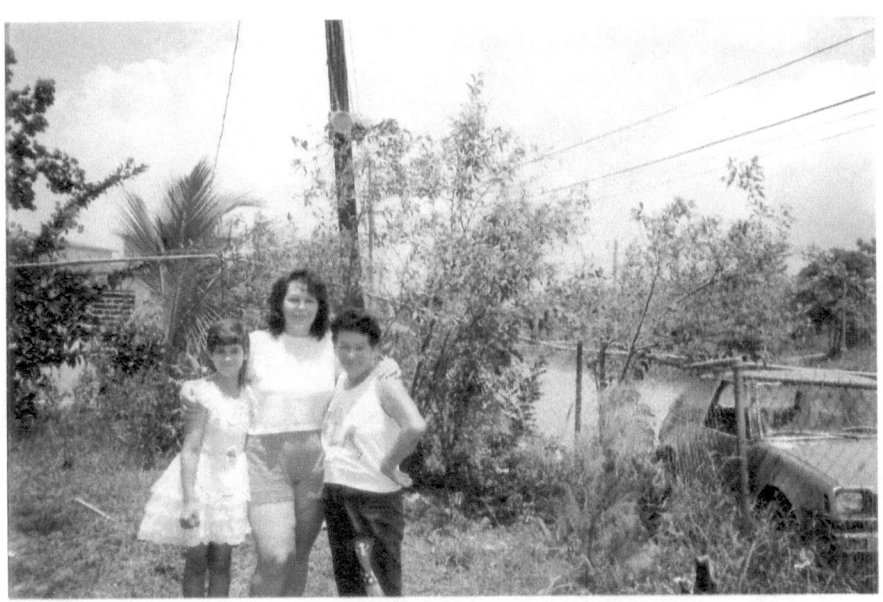

1988 Abuela frente a su casa con hija Maribel y
nieta Erica en Voladoras, Moca, PR

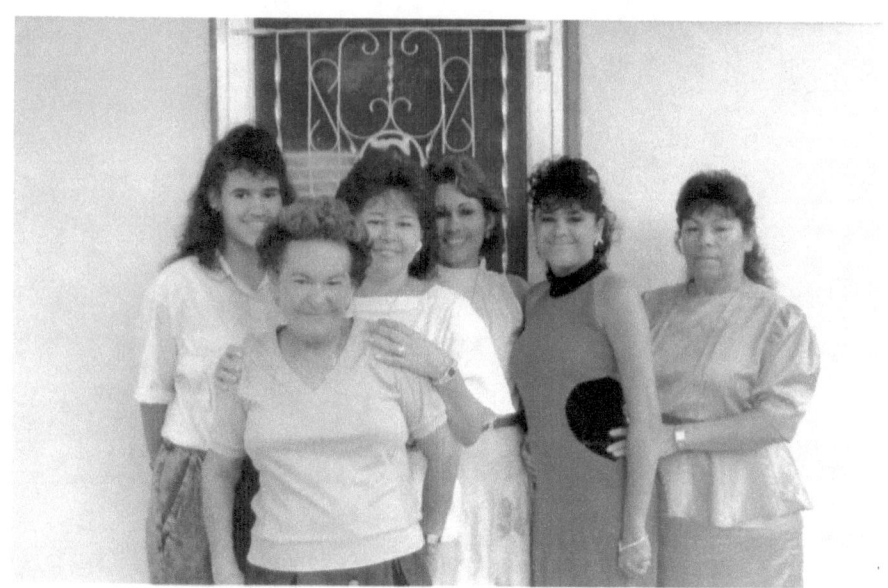

1989 Abuela Fela con sus hijas Socorro y María
(Tony), nietas Marilyn y Lizzie y nuera Amelia

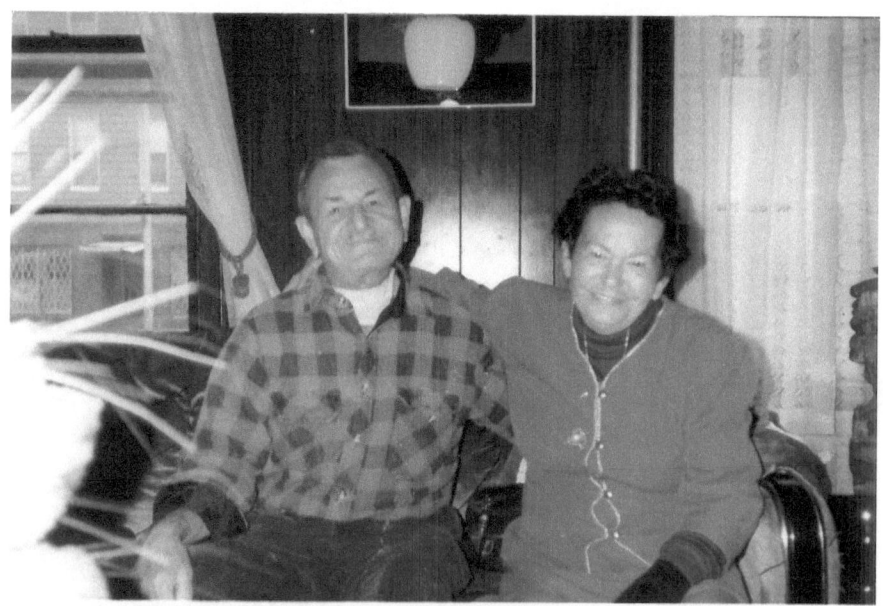

1995 Abuela con su hermano Alejandrino en Brooklyn, NY

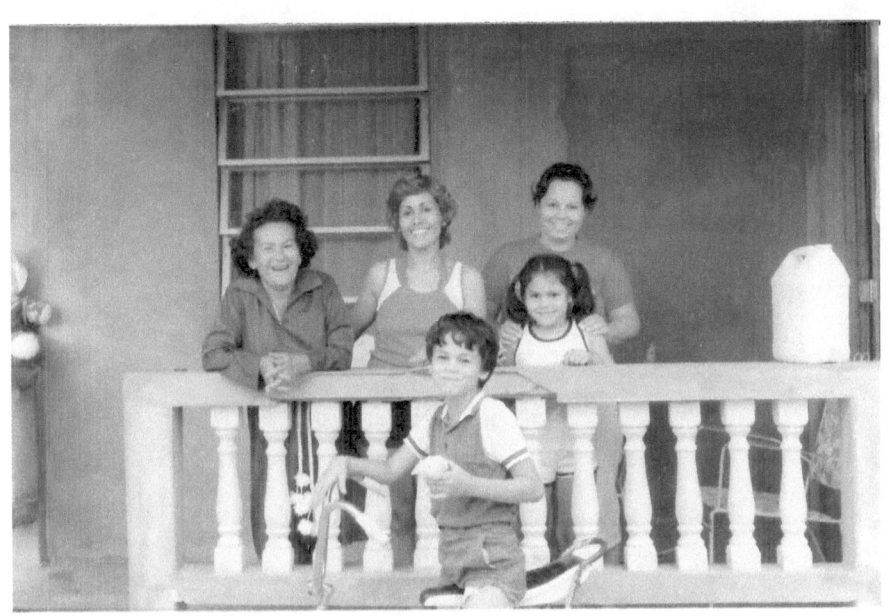

1984 Abuela vestida con hábitos de San Antonio pagando una promesa, con Socorro, Mary y nietos Nilsa y Carlos frente a la casa de Maribel en San Sebastián, PR

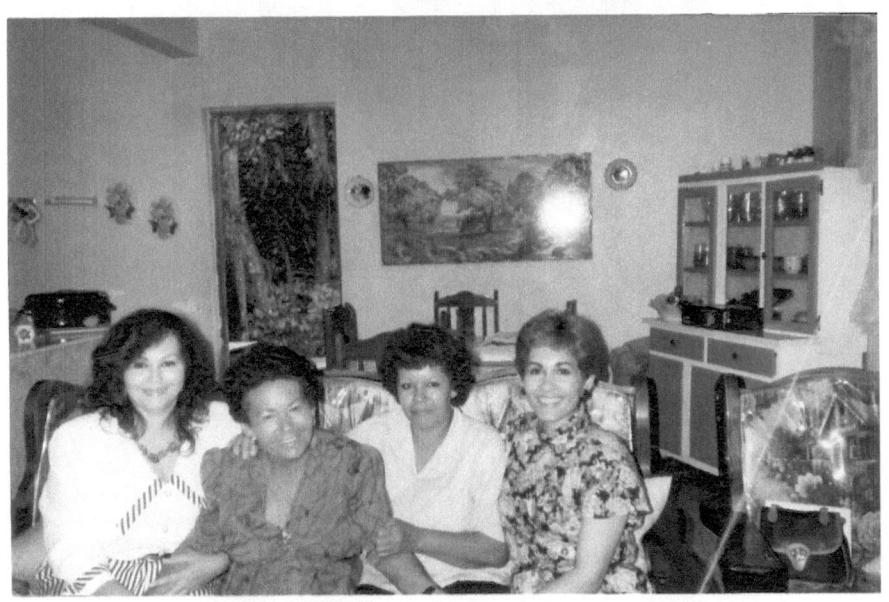

1993 Abuela con sus hijas Maribel, Judith y Socorro el día de las Madres, Moca, PR

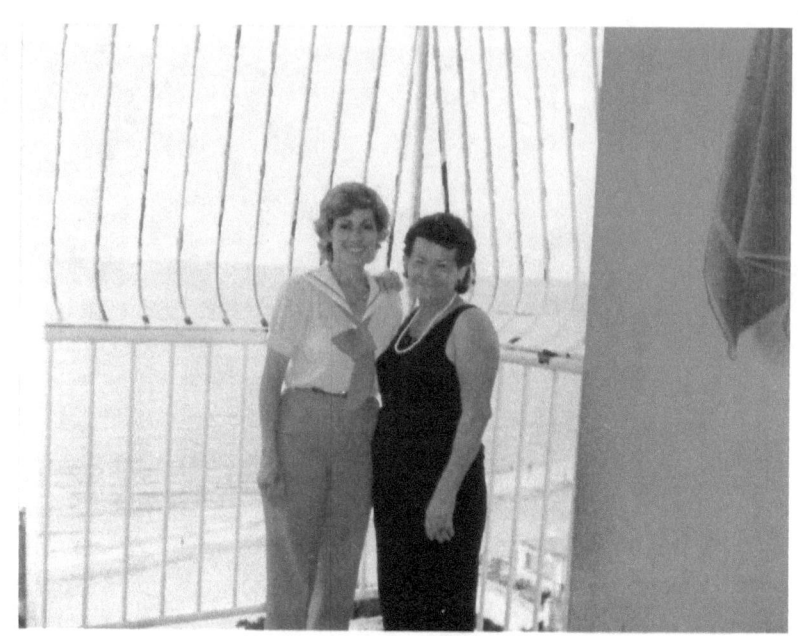

1984 Abuela en Marbella, Isla Verde, PR

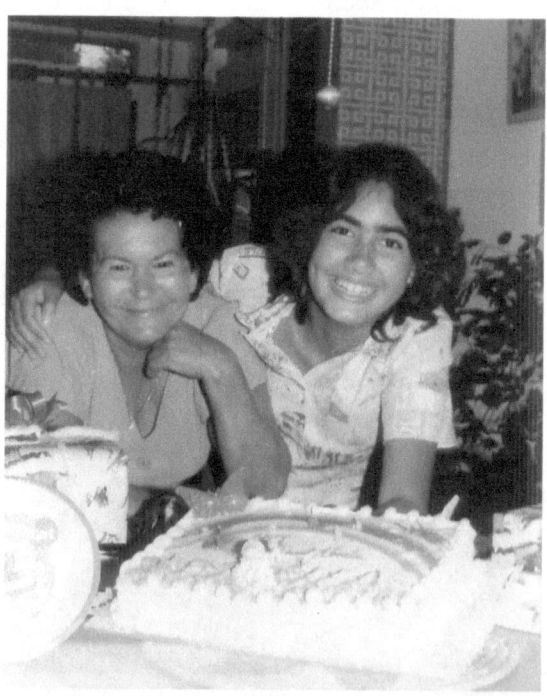

1985 Abuela celebrando su cumpleaños junto al de
su nieta Xiomara en Albuquerque, NM

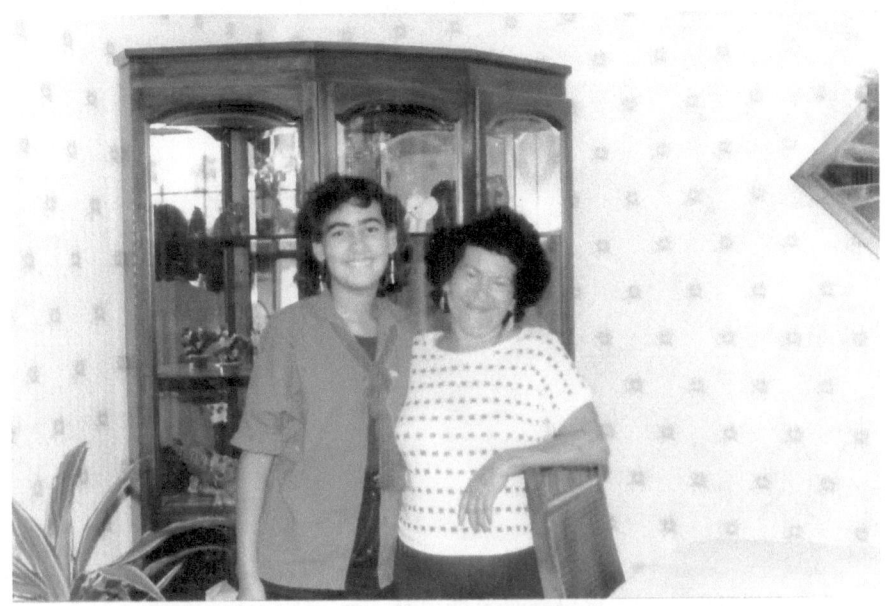

1985 Abuela y nieta Xiomara en Albuquerque, NM

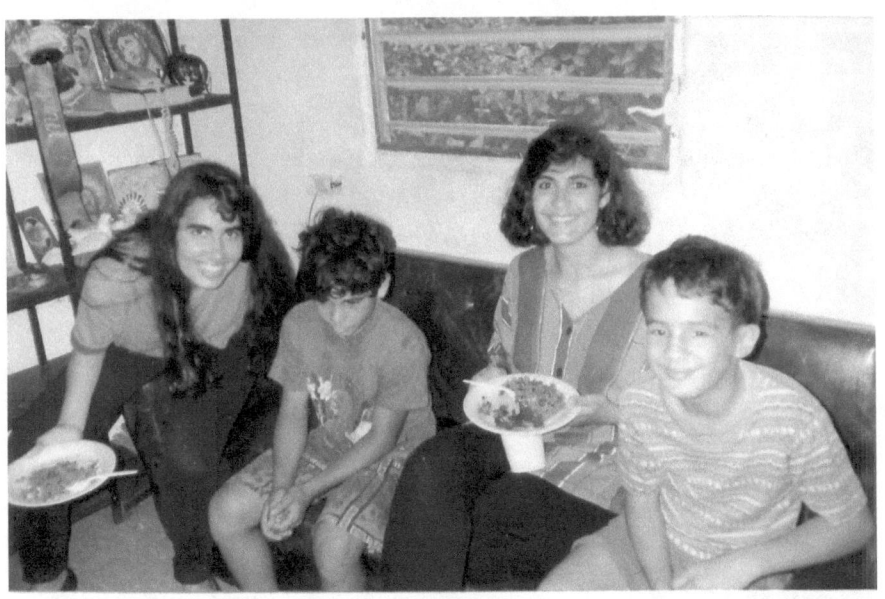

Nietos de Abuela: Xiomara, Juan Carlos, Jessika y José

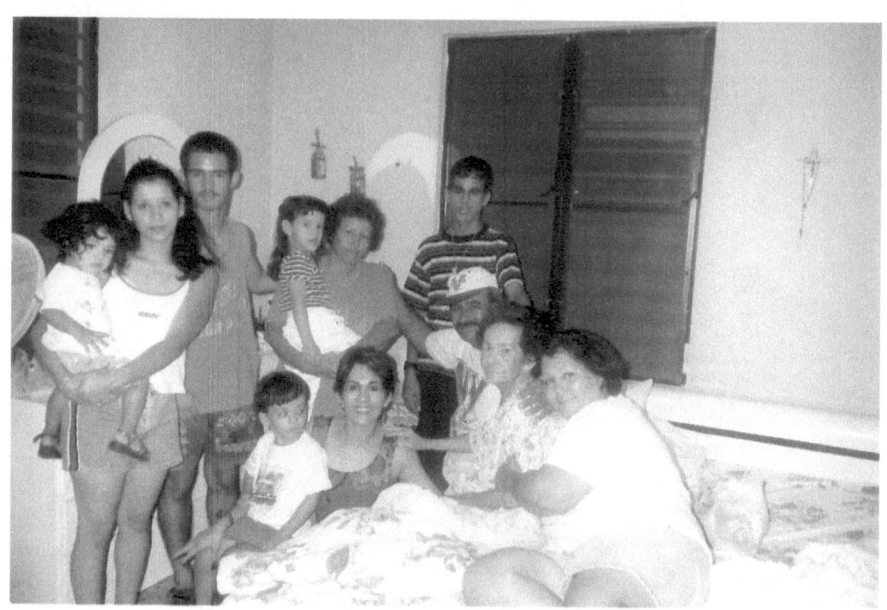

1999 Abuela con hijos Maribel, Judith, José y Socorro. Nietos José, Eliezer, Diddy, biznietos Luis Angel, Greshen y Stephanie

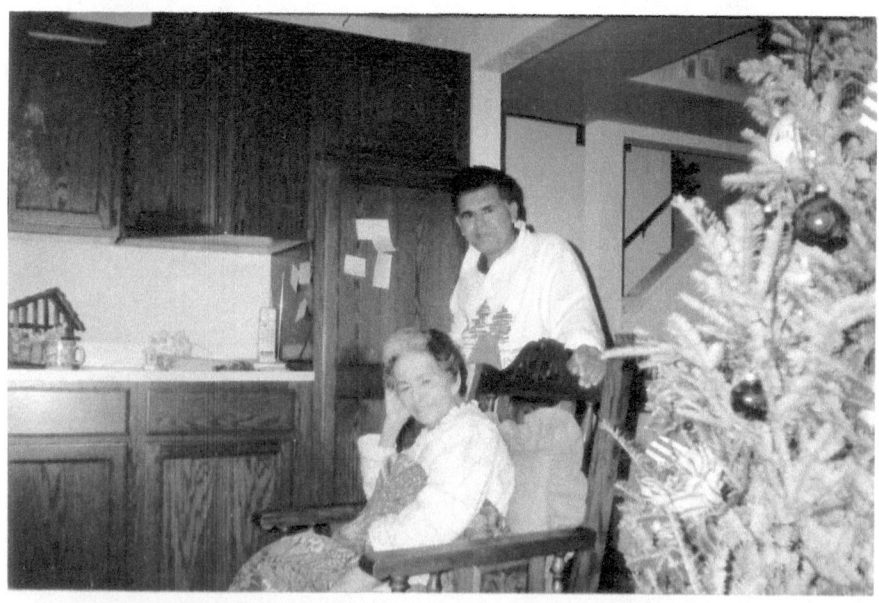

1998 Abuela con su hijo Reynaldo en Navidad, Alexandria, VA

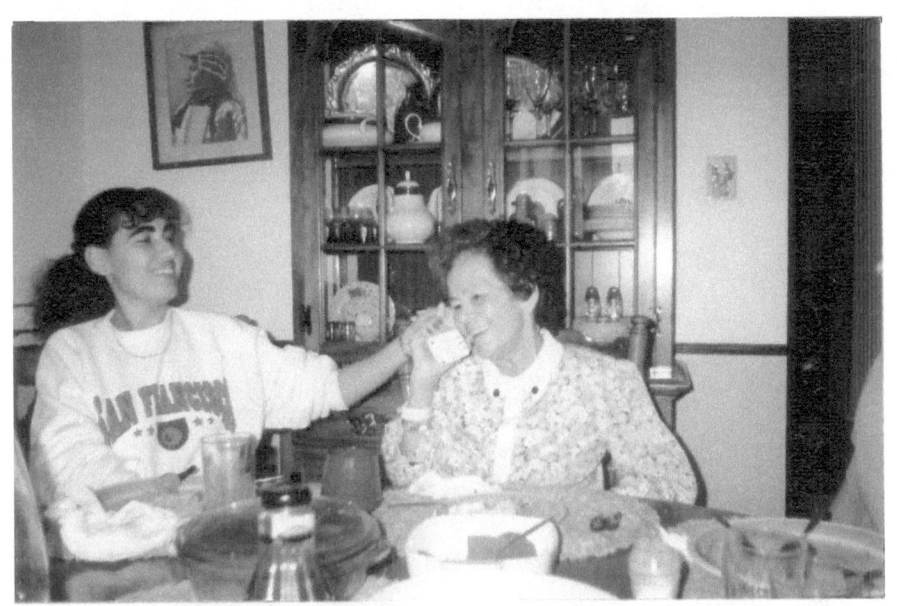

1998 Hablando con sus hijos en PR desde Alexandria, VA

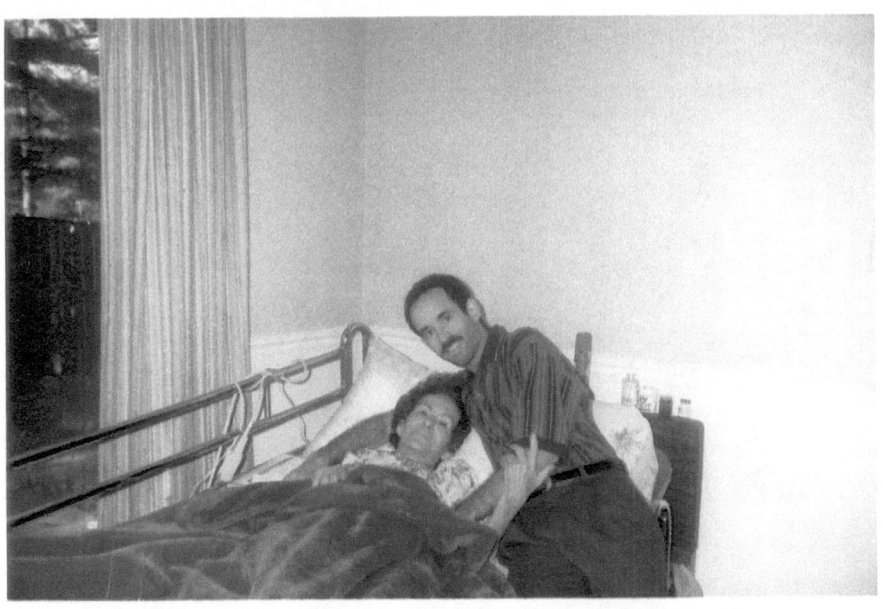

1998 Abuela con su nieto Edwin en Alexandria, VA

Reunión familiar 31 de mayo de 1999
Despues del entierro de Abuela Fela

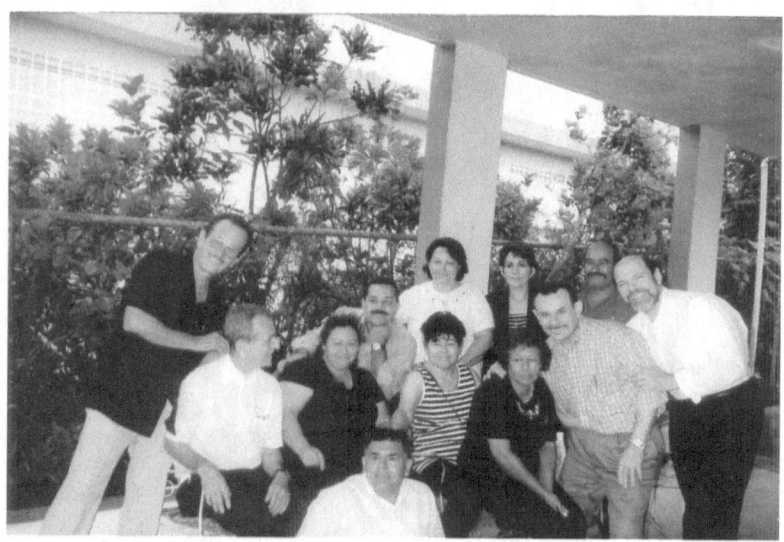

En la casa de Judith con Jandino, Toño, Nando, Maribel, Tony, Judith,
Socorro, Nancy, Din, Rochi, Armando y Rey, San Sebastián, PR

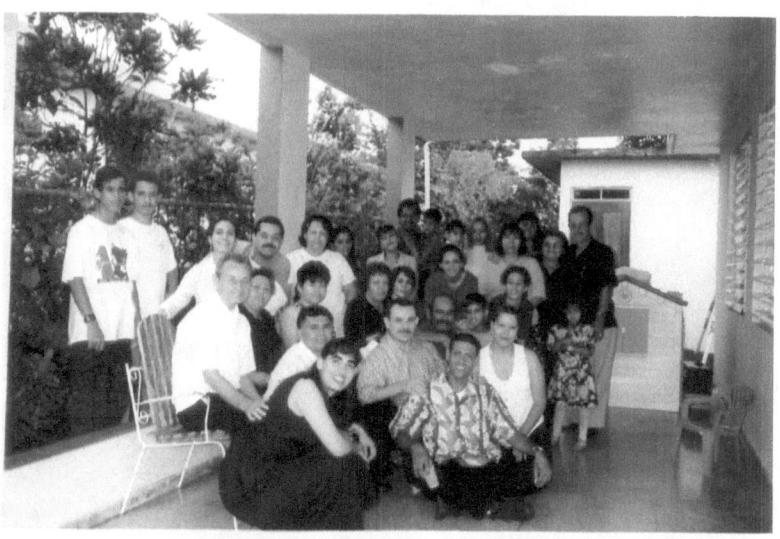

Foto de hermanos, hijos, nietos, biznietos y sobrinos
de Abuela Fela despues de su sepelio.

Reunión familiar 31 de mayo de 1999
Despues del entierro de Abuela Fela

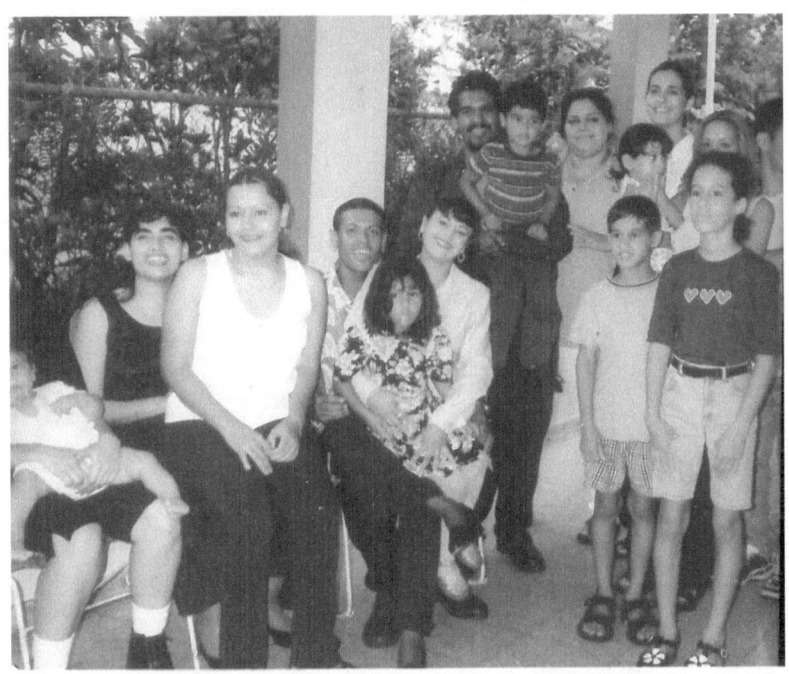

Nietos Xiomara, Mónica, René, Lizzie, Alexis,
Jessika, Jackeline, Wanda, Josué y biznietos.

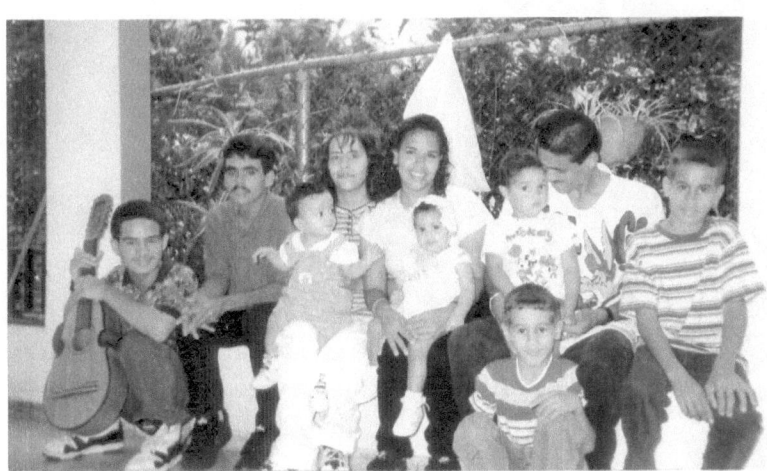

Nietos José, Gustavo, Mónica, Francisca, René, Eliezer, Josué y biznietos

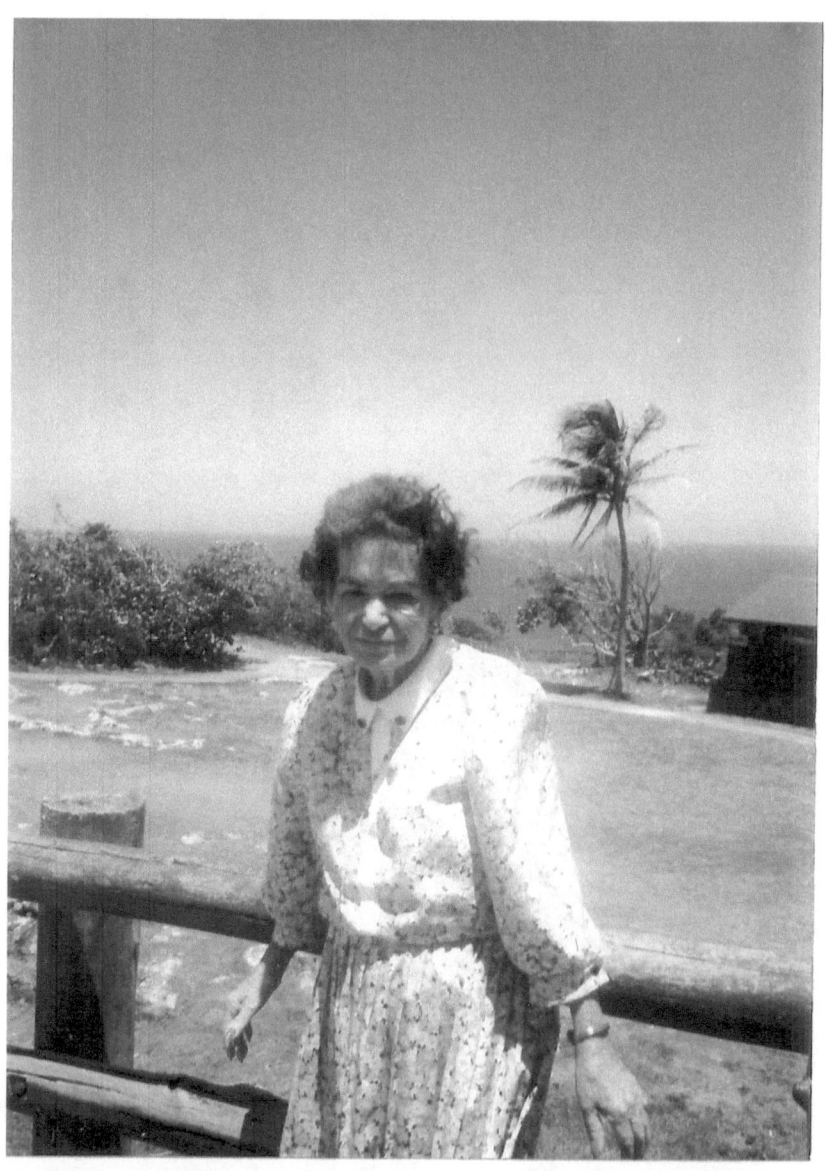

mayo de 1999 Abuela Fela frente al Merendero de Quebradillas, PR

Glosario

Abayarde	Abayalde, insecto minúsculo de color rojo, de picada intensa y ardorosa que abunda en las fincas de café.
Abús	Abuje, abujo, abuse, insecto microscópico de fuerte picada que abunda en los pastos. *Del español jíbaro* p. 48.
Achaques	Enfermedades, dolores, dolamas. Dolencias crónicas, generalmente de carácter leve, que suelen manifestarse en la vejez, Grijalbo: Gran Diccionario Enciclopédico Ilustrado, 1997.
Achiote	El achiote es un grano rojo y pequeño que se encuentra dentro de una bellota. Hay muchos granos rojos dentro de la bellota. Al secarse se fríe en aceite y el aceite se pone rojo. El aceite con achiote se cuela y el aceite se usa para darle color al famoso arroz amarillo o colorao. También se usa para guisar las habichuelas o frijoles, para los guisados, y otros platos típicos puertorriqueños. Se usa como colorante de la misma manera que se usa el azafrán.
Achongá	Desanimada, triste, sin ánimo.
Acojtarme	Acostarse, acostarme. Sonido de [s] se cambia por sonido de [j].
Aguinaldo	Proviene del villancico español. Con la colonización española se introducen en Puerto Rico los villancicos y los aguinaldos de la época navideña, géneros que comienzan a transformarse en dos categorías musicales, 1) el villancico que mantiene su nombre original español, pero asociado a la canción navideña parecida al "Christmas Carol" americano

o europeo y 2) los cantos jíbaros puertorriqueños que se identifican como aguinaldos jíbaros. Los aguinaldos jíbaros se transforman en géneros musicales criollos incorporando ritmos negros, de clave y ritmos indoamericanos. Utiliza instrumentos autóctonos puertorriqueños como el cuatro y el güiro. Los aguinaldos se usan para llevar parrandas y trullas durante la época navideña. El aguinaldo es conocido como canción de navidad.

Aguinaldito   Viene de la palabra aguinaldo, que también quiere decir regalo. En Navidad se acostumbraba dar el aguinaldo o regalo, especialmente los padrinos a sus ahijados. Este podía ser dinero. En algunas empresas y hasta algunas agencias de gobierno dan el aguinaldo a sus empleados. Todavía se usa la frase: "vengo a buscar mi aguinaldo" (regalo o dinero). Obviamente esta tradición vino de España y de una manera u otra todavía se usa en Puerto Rico.

Aigan   Haya, hayan. Hay algunas personas que usan la palabra "aigan" aunque la manera correcta sea haya.

Ajumaos   Medio borrachos.

Alborotás   Alborotadas, cacareando y corriendo.

Alcapurrias   Frituras de masa de plátano verde rellenas con carne adentro. Parecen tamales, pero de plátano y fritas.

Almud   Almú, almudes. El almud es una medida arábiga que vino con la colonización española y que se emplea para medir el café en granos. Se mide en términos de la cantidad de granos que cabe en un envase de lata de cinco galones. A los obreros se les paga de acuerdo a los almudes recogidos. La abuela usaba el plural de *almus* por similitud a otras palabras parecidas o por seguir con la regla general del uso del plural de la palabra almú, que también se usaba.

Alombro	Al hombro. Cargar al hombro o en el cuadril (en las caderas).
AMA	Las guaguas de la AMA son los autobuses de la Autoridad Metropolitana de Autobuses (AMA). La AMA recibe subsidios del gobierno de Puerto Rico para proveer el transporte urbano colectivo. Estos autobuses prestan servicios a la mayor parte del área metropolitana de San Juan (Carolina, Rio Piedras, Hato Rey, Santurce y San Juan). La AMA presta servicio a más de 60,00 usuarios de lunes a domingo y de 4:30am a 10:00pm. Tiene paradas específicas y el precio, puede variar, de cero, 35 ó 75 centavos.
Amarillos fritos	Se refiere a tajadas de plátano maduro frito. Cuando se fríen las tajadas de plátano verde se llaman tostones.
Amartiguada	Viene del verbo amortiguar, amenguar, y disminuir. En este caso es pasar por el fuego una hoja de plátano o *guineo* (banano) rápidamente para darle flexibilidad.
Ametralleta	Ametralladora, arma automática de pequeño calibre que dispara las balas muy rápidamente y por ráfagas.
Añonar	Mimar, soportar majaderías.
Antej	Antes. Pronunciación del campesino puertorriqueño de la palabra "antes" donde se cambia la [s] final por [j].
Apestillarse	Asirse, pellizcar, cogerse de la mano, acurrucarse y afianzarse. Apestillarse se refiere a una pareja de novios.
Arrendada	Arrendar, ceder a otra persona por cierto tiempo una cosa mediante pago de una renta. Tener una propiedad arrendada por cierto tiempo por la que se paga alquiler.
Arrimaos	Arrimado, agregado, persona que vive en una casa o finca ajena. *Vocabulario puertorriqueño* p. 105. Casi siempre es con permiso del dueño y con la obligación de servirle de alguna manera al dueño.

Aruñar	Pellizcar, aruñar como los gatos.
Atol	También conocido como *atole*. Alimento especialmente para niños hecho a base de leche con plátano, yautía o maíz. Es cocido y colado en un cedazo para suavizarlo de manera que el infante lo pueda tomar.
Atolladero	Atollar, atascadero, camino sin salida.
Atrapillaos	Atrapados, impedido de poder salir de un sitio.
Avíos	Ajuar especial. Es todo el vestuario de un niño(a) o persona, por ejemplo el ajuar para bautizar a los niños, que casi siempre es un vestido blanco con zapatos blancos y otros accesorios blancos. También se refiere al ajuar de una novia.
Bala sin inscribir	Se refiere a una persona que no tiene límites, que se atreve a hacer cualquier cosa. En Puerto Rico, mucha gente usa la frase *"bala sin inscribir"* en vez de *"pistola sin inscribir"*.
Barajas	Cartas para jugar. Conjunto de naipes que sirven para jugar. Pequeño Larousse: Diccionario p. 131. Las barajas también se leen o se interpretan como las cartas del Tarot.
Barrunto	Tiempo húmedo y nublado que puede estar acompañado de lluvia. Manera de entender el presagio-anuncio de turbulencia o lluvia barruntar según las condiciones de la atmósfera.
Batey	Patio al frente de la casa. Según el *Diccionario de voces indígenas de Puerto Rico,* el batey es "Explanada frente a las casas campesinas..." También era la "explanada o plaza donde los indios celebraban las ceremonias públicas indígenas, jugaban a la pelota, cuyo juego y la pelota misma se conocían por el nombre de *batey"* p. 75.
Bocao	Bocado de comida. Es muy común en el habla del puertorriqueño acortar las palabras, especialmente quitándole la última consonante [d] o la última

sílaba, como por ejemplo en las palabras *colorá* por *colorada*, *costao* por *costado*, *curá* por *curada*, *fiao* por *fiado*, *pegao* por *pegado*, *forzao* por *forzado*, *quebrá* por *quebrada*, *usté* por *usted* entre otras.

Bolipul
Juego clandestino parecido a la lotería, es lo mismo que jugar a la bolita. Se apuesta a un número de tres cifras.

Bolita
La bolita o jugar a la bolita es un juego clandestino parecido a la lotería. Tiene su propia estructura, pero es un juego prohibido por la ley. Es lo mismo que bolipul. En New York se jugaba mucho a la bolita y en Puerto Rico también. En New York se jugaba varias veces a la semana, en Puerto Rico se jugaba solamente los sábados y se apostaba a un número de tres cifras.

Bollitas
Bolitas de masa de guineo (banano) o cualquier otra masa en forma de una bolita que se puede freír o hervir.

Bomba
La bomba es un género de música único y típico de la isla de Puerto Rico. Se dice que se desarrolló en el siglo 17 en el pueblo de Loíza en la costa norte de la isla, donde la mayoría de los habitantes son de descendencia africana. Hoy es una pieza musical folklórica de Puerto Rico. Emergió como una expresión de los esclavos. Estos bailes los usaban para las celebraciones de fiestas, pero también las usaban para planear sus rebeliones. Por tales razones los dueños le prohibían la música y las fiestas. Con el paso de los años se convirtió en pieza típica puertorriqueña, asociada con las zonas de las costas. Significa tambor, baile y canto. Se usan los instrumentos musicales como el tambor, maracas, palos o cúa y güiro. Hay varios tipos de bombas. Como baile se usa para improvisar pasos. En la bomba hay un reto entre hombre y mujer. También es una controversia entre baile y tambor. Algunas veces los toques más enérgicos del tambor resultan

en un reto entre hombre y mujer o entre cantantes. Se conoce por su gran variedad de ritmos y las figuras que la bailan. Los bailaores llevan vestidos blancos de algodón. Las mujeres usan faldas muy anchas y las enaguas también muy anchas, y se le cosen lacitos de cintas y encajes que quedan pegados alrededor de toda ella. A veces las enaguas son cosa de porfía. La bomba contiene ritmo africano y francés. La bomba comunica el sufrimiento y la alegría. La bomba nace en los ingenios azucareros y es una respuesta a la música clásica, baile de salón y la danza de la aristocracia. Los movimientos del bailador responden al ritmo del tambor. Hay que bailar con firmeza y nunca perder la figura.

Brassier
Brassière, sostén, portasenos.

Brujo
Un brujo puede ser la persona que hace el hechizo. En este caso un brujo es el hechizo mismo.

Buchipluma
Persona que promete y no cumple, hecho de plumas, de poca importancia, sin valor, insignificante. Pretende ser lo que no es. Rubén del Rosario en *Vocabulario puertorriqueño* dice que un buchipluma es: "Persona aguajera y poco confiable… persona mentirosa" p. 36.

Buena mano
Tener buena mano es tener la habilidad de sembrar plantas, flores y vegetales y que estos prosperen con facilidad. Es como dicen en inglés tener un "green thumb".

Burundanga (s)
Otras cosas, de todo un poco, de todo lo que sobra. Manuel Alvarez en su libro *El elemento afronegroide en el español de Puerto Rico* dice que burundanga es: "mezcla o revoltijo de cosas inútiles o de poca importancia, cosa despreciable, porquería, morondonga. Aplicada a cosas de comer, y con el sentido de 'mezcla' e intención desvalorativa…" Alvarez también explica que puede ser de origen

bantú y que otros estudiosos de la lengua creen que viene de la palabra *borondanga* que pudo entrar al español y al portugués a través de los esclavos negros que residieron en la península pp. 327-328.

Buruquena Especie de cangrejo terrestre o fluviátil. *Del español jíbaro: Vocabulario* p. 29. Cangrejo de agua dulce, de color marrón oscuro, casi negro, que abunda en ríos y quebradas de la Isla. Es comestible, pero menos apetecible que el juey. *Diccionario de voces indígenas de Puerto Rico.* p. 94. La buruquena tiene palancas muy grandes con las que muerden o pinchan al que las pesca.

Buscando bulla Buscando problema, buscando pelea.

Butifarra Longaniza, embutido de carne de cerdo. Tripa de cerdo rellena de carne de cerdo y arroz.

Cabo de cigarrillo Es el último pedacito que le queda al cigarrillo. Algunas veces los fumadores apagan el cigarrillo antes de terminarlo y guardan ese último pedazo para volver a prenderlo y sacarle las últimas fumadas o inhalarlo hasta lo último, "hasta el cabo".

Cabuya Pita, cuerda, hilo o fibra que se usa para amarrar.

Cachivaches Pertenencias o cosas como ropa y accesorios inútiles. Utensilios o trastes de la cocina.

Calabazo Vasija rústica hecha de la higüera. A la fruta del árbol de higüero se le saca el guano o tripa (interior), se deja secar y una vez seca, el calabazo se usa para almacenar agua. En el calabazo se cargaba el agua desde el pozo a la casa. En el calabazo, el agua se mantenía más fresca. En Puerto Rico se utilizaba cuando todavía no había embases de otros materiales más sofisticados.

Camas de caoba con pilares Camas muy populares en Puerto Rico y hechas de madera de caoba, madera de muy buena calidad, muy fuerte y resistente a la polilla. Muchas de estas

	camas tienen cuatro pilares que algunas familias usaban para sostener los mosquiteros.
Cancerianas	Del signo astrológico de Cáncer.
Candela	"Me daban mucha candela", causaban muchos problemas, daban mucho trabajo por los problemas que causaban.
Canillera	Temblor en las piernas debido a que la persona se siente nerviosa o tiene miedo.
Caño	Riachuelo
Cara de no sé qué	Gesto en la cara y poco amigable, de pocos amigos, cara de desabrido, de molesto.
Carbonera	Pila de leña dispuesta para el carboneo, lugar donde se guarda el carbón. Pequeño Larousse Ilustrado. Undécima edición. 1987. p. 197. La carbonera que hacía Pedro Hernández, el esposo de abuela Fela, era muy particular y con una precisión y artesanía que era digna de admirar. Cruzaba los palos o leña y hacía unos cuadros, dejando una abertura en el centro. Cuando terminaba de acomodar toda la leña, esta quedaba en forma de pirámide. La prendía y la dejaba cocinando a fuego lento por unas veinticuatro horas. De vez en cuando le introducía una vara por los lados y por el centro para probar si ya estaba hecho el carbón.
Carga	Paliza que se le da como castigo a los niños o adultos.
Cargaíto	Café cargaíto, fuerte, espeso, expreso.
Cariaquillo	Diminutivo de cariaco. Un arbusto de no más de un metro de altura de la familia de las verbenáceas, de propiedades medicinales. *Diccionario de voces indígenas de Puerto Rico* pp. 123-124. Se usa para baños aromáticos y en guarapillos o tisana. Muy reconocido por sus diminutas flores amarillas y anaranjadas.
Carretera militar	Muchas carreteras en PR fueron construidas por los militares cuando Estados Unidos tomó posesión de la Isla en 1898. Por tal razón todavía a algunas

carreteras de la isla la gente las llama carreteras militares.

Catecismo   Enseñanza de la doctrina cristiana para los niños y niñas en la iglesia católica.

Chágara   Camarón pequeño de color aceitunado que no tiene palancas conocido en inglés como "shrimp".

Chancleta   Niña recien nacida. También puede referirse a una sandalia.

Chancletero   Hombre que solamente tiene (produce) niñas.

Chapodear   Chapodar, podar, cortar la hierba, el pasto o arbustos con un machete. Cambio lingüístico que hace el campesino añadiendo la letra [e] a la palabra chapodar.

Chiva loca   Una chiva es una cabra, una chiva loca es una persona medio perdida, medio loca, medio "tostada", que no tiene sentido lo que hace, o también puede referirse a una persona alegre.

Chongo   Caballo flojo, enclenque, que no sirve para nada, que no da buen servicio, que no es de raza.

Choretos   En gran cantidad, abundante, en bruto, muchos. *Vocabulario Puertorriqueño* p. 45.

Chupi   Se refiere al Chupacabras.

Citeres   Citeras, Kythera, Cythera, Isla mediterránea. Isla griega en las islas Jónicas entre Laconia y Creta. Según una leyenda, Venus al salir del mar en una concha arribó en una ola a la isla de Citeres. En la época del rococó se creó una imagen de Citera como un lugar de libertinaje. También es uno de los nombres de la diosa Afrodita en la mitología griega. Su nombre también se atribuye a Citeros, el hijo de Fénix. La isla es considerada como paraíso terrenal y pueblo feliz. La isla fue ocupada y desolada muchas veces. Fue propiedad de gobernantes y de muchas naciones como Grecia, Roma, Alemania, Inglaterra, Francia y muchos más. La isla está rodeada por tres mares: el Mar Egeo, Jónico, y Cretense. Por otro lado, Venus es la diosa de la belleza, la hermosura y la gracia. Se cree que nació de la espuma del mar y llegó a Citeres simulando ser una perla. Otros dicen que nació del cielo y la luz. La canción del puertorriqueño Rafael Hernández, Perfume de gardenias, dice: *Tu cuerpo es una copia de Venus y Citeres que envidian las mujeres cuando te ven pasar.* El compositor compara a la amada con Venus y Citeres, dos bellezas, una terrenal y la otra mitológica.

Cobra
La cobra (coil) se usa como repelente para alejar los mosquitos o majes. Son de forma enrollada o caracol como la serpiente "King cobra". En Puerto Rico la cobra es muy conocida y se usa para alejar los mosquitos y casi siempre son de color verde. Al prenderlas sueltan un humo como el incienso, y este humo aleja los mosquitos o majes. Algunos de estos mosquitos cargan con enfermedades como el dengue hemorrágico.

Colá
Colarse. Estábamos colá (coladas) es estar o llegar a un lugar sin ser invitado(a) o sin tener los boletos o autorización para la entrada. Entrar a algún lugar a escondidas. También es meterse en una fila o colarse al frente de otra persona cuando no es su turno.

Colador
Colador tradicional de tela con mango de metal para colar (filtrar) el café (coffee cloth strainer). Se hace de tela llamada franela o bayeta (flannel). Se usa la bayeta de color blanco y parece una media. Véase una foto de un colador en el "Website": www.elcolmadito.com

Colillas
Colillas de tabaco, pedacitos o remanente del tabaco que se usa para hacer cigarrillos o cigarros. También es el último pedazo del cigarrillo al que se le trata de sacar la última fumada. Puede ser la parte superior del cigarrillo donde está el filtro.

Colmo	Para colmo, el último grado, lo último que puede pasarle a uno.
Colorá	Roja.
Compai	Compai, compay, compae, compadre o gran amigo.
Condená	Condenada, sinvergüenza.No siempre se usa de manera negativa. Se acorta la palabra quitándole la última sílaba.
Contrayaíta	Diminutivo de la palabra contrayá, contrayao. Quiere decir sinvergüenza, desgraciada(o). Muchacho(a) malcriado, perverso. *Del español jíbaro: Vocabulario* p. 42. La abuela llamó a la buruquena contrayaíta porque la pinchó con sus palancas.
Coquices	Coquíes, plural de coquí. Esta es una manera del campesino cambiar el plural de algunas palabras por seguir el patrón de palabras similares o porque la pronunciación es más fácil. El coquí es una ranita muy pequeña que se da en los lugares tropicales, especialmente en Puerto Rico. Canta casi como un pájaro. Su canto es muy especial, dice: coquí, coquí, coquí. Se dice que si deja de cantar por la noche, eso indica que azotará un huracán. El coquí es muy preciado en Puerto Rico, y es un símbolo nacional para el puertorriqueño.
Correa Cotto	Antonio Correa Cotto, conocido como Correa Cotto (1926-1952). Fue uno de los fugitivos más buscados por la policía de Puerto Rico. Fue el primer fugitivo que tuvo el estatus legendario del criminal más buscado en la historia de la isla. Se le encarceló con sentencia de cadena perpetua por haber matado a dos personas, pero en 1950 se escapó de la cárcel y mató ocho personas más, para un total de diez personas. Las autoridades policiacas realizaron la búsqueda más larga en la historia policiaca de la isla. Pusieron una recompensa de $10,000 por su captura. En 1952 lo acorralaron,

quemando el cañaveral donde se escondía y él salió con pistola y machete en mano, pero la policía le mató. Se han hecho varias películas y canciones sobre el legendario Correa Cotto.

Costao Costado, parte o un lado de la espalda.

Coy El coy era un tipo de hamaca de forma cuadrada a la que se le ponía un palo enrollado en cada punta para hacerla más cuadrada. El coy se dejaba colgando bastante alto y allí se ponía a dormir a los recién nacidos. Allí dormía el infante quizás hasta el año o los dos años. Cuando lloraba lo mecían para aliviar su llanto o para dormirlo. Esta era la cuna de los infantes pobres.

Cuatro Instrumento musical parecido a la guitarra. El cuatro es un instrumento que se compone de cinco cuerdas en grupos de dos menos una que se afina en dos intervalos de cuarta menor. Hay otro cuatro conocido como cuatro puertorriqueño que solamente tiene cuatro cuerdas dobles afinadas al unísono. Las notas son mi, do, sol, re.

Cucubano Insecto "estrella" en Puerto Rico. La especie de cucubano nativa de la isla es confundida comúnmente con la luciérnaga debido a que ambas emiten luz desde su cabeza alrededor de "los hombros", dando la impresión de dos focos que brillan o producen una luz azulada. El cucubano es llamado estrella de la noche y es pequeño como la luciérnaga. El cucubano abunda en las noches calurosas y húmedas de Puerto Rico. En el cuello tiene un resorte que le permite saltar. Cuando caen boca arriba saltan y siguen volando. Salvan la agricultura porque se alimentan de otros insectos que hacen daño a la agricultura. Esta bioluminiscencia es producida por unas encimas claves que hacen posible este proceso.

Cundiamor Cundeamor, cundiamol, cundiamor y amor seco son algunos nombres por los que se le conoce. La planta de cundeamor es conocida también como balsamina o melón amargo. Crece en las zonas tropicales del Caribe aunque se puede conseguir en otras áreas. En Asia se utiliza como comestible. Se usa en India, China, Sur América y sinnúmero de otros lugares. Se cree que su origen viene de Africa. Es una planta trepadora o bejuco de tallos delgados y resistentes que tiene unas frutas pequeñas que al madurar son de color anaranjado. La abuela Fela usaba la fruta del cundiamor para lavarle la cabeza a sus hijos para que no se le pegaran piojos y para darle lustre al cabello. Algunos estudios dicen que el cundeamor ayuda a controlar el nivel de la azúcar, la retinopalia diabética y también reduce la incidencia de cataratas. *Google. Plantas Medicinales.* Al cundeamor se le atribuyen otras propiedades medicinales. Se usa para curar quemaduras, para curar la sarna, heridas, fiebre, reduce la fertilidad, reduce tumores, aumenta la hemoglobina, sirve como analgésico y como antibiótico. A la fruta se le considera afrodisiaca y abortiva. Varios estudios han encontrado que contiene beta carotina, vitamina B y K y muchas otras vitaminas y propiedades. *Google: Biblioteca digital de la medicina tradicional mexicana.*

Curá   Curada. Aquí nuevamente se elimina la sílaba final y se acentúa la [a] porque la palabra se convierte en palabra aguda terminada en vocal. También existe la frase "curá de espanto" que significa que ya a uno nada le da miedo o le espanta.

Curar la purga Purgarse, limpiarse, purificarse para recuperarse de la borrachera o intoxicación con licor. Se usa una buena sopa de pollo para despertarse. Se dice que el pollo contiene una enzima que ayuda a la desintoxicación además de levantar el ánimo y por ende ayuda a mejorarse de la borrachera.

Curita Vendaje, (band aid).

Dajao Pez de agua dulce, de buena carne.

Dar a luz Parir, aliviarse.

Décima Pieza musical que se improvisa y obliga al trovador a cantar en estrofas con líneas de 8 sílabas que riman de manera específica.

Desbarató Desbaratar, romper, dañar, deshacer, descomponer algo.

Diendo Yendo. Manera de hablar del campesino, palabra arcaica.

Dinga o mandinga Se refiere a que los hombres si no tienen una cosa tienen otra. Si no tienen un defecto tienen otro.

Ejñemao Que no sirve para nada, que no quiere hacer nada, que no tiene fuerza. Quizás viene de la palabra yema o sea del huevo sin yema. No es muy usada en el léxico isleño, pero la abuela la usaba mucho.

Ejperimental Experimentar, ocurren dos cambios en la pronunciación de esta palabra, el sonido de la [x] se convierte en sonido de [j] y al final de la palabra se cambia la [r] por [l]. Estos cambios ocurren muy comúnmente en el habla del campesino puertorriqueño.

Ejplicando Explicando de explicar. Manera del habla del puertorriqueño que cambia el sonido de la [x] o la [s] por el sonido de la [j].

El Clarín El radioperiódico El Clarín era un programa de radio que se transmitía en la parte noroeste de Puerto Rico. El mismo reportaba noticias del momento, quejas políticas, comentarios, problemas del pueblo y hasta chistes y chismes. Este programa era el preferido de miles de puertorriqueños y se transmitía desde los estudios de la emisora radial WABA en el pueblo de Aguadilla, PR. Con este

	programa la emisora servía como agente canalizador entre las agencias de servicio y el pueblo.
El sartén	La sartén (frying pan). En Puerto Rico se utiliza el artículo femenino y el artículo masculino indistintamente para identificar la sartén como en el caso de la *radio, el radio,* el *mar,* la *mar.*
Embelesados	Embelesar, cautivados, encantados, arrebatados.
Empachos	Indigestión, mala digestión o bloqueos en los intestinos.
Empañetó	Empañetar, suavizar el cemento, última fase al hacer una estructura de cemento.
Enchumbaos	Mojados, enchumbarse, entriparse, ensoparse, o empaparse de agua.
Encebao	Palo encebao, encebado. A un palo seco y alto se le pone "ceba" como si fuera una manteca. El palo resbala porque se le aplica la ceba que resbala. Es una tradición de algunas fiestas patronales hacer competencias para ver quién puede subir a la parte más alta del palo encebao. Al que llegue más alto se le da un premio. La competencia tiene muchos espectadores que apoyan con entusiasmo a los que compiten.
Encojoná	Muy enojada.
Enlías	Enlíar, "se vio si las enlía o no" quiere decir que estuvo a punto de morir.
Epria	¡Epria!, expresión de celebración, de apoyo.
Escante	Hacer alboroto, hacer atrocidades, vandalismo.
Esbarató	Desbaratar, deshacer, descomponer, romper, dañar algo o a alguien.
Escocotás	Proviene de escocotar, descocotar (se), golpearse la cabeza con fatales consecuencias; cuello partido, sin pescuezo. *El español jíbaro: Vocabulario* p. 59. La gente decía que el Chupacabras y el Vampiro de Moca escocotaban, degollaban o decapitaban las cabras y las gallinas.
Escondío	Escondido. Aquí también se elimina la consonante

[d] final y se acentúa la [i] para romper el diptongo [io]. Esta es una manera muy particular del habla coloquial puertorriqueña que vino del español antiguo y que se trajo al principio del establecimiento de la colonia.

Escurres Escurrir, exprimir o colar.

Esgranar Desgranar, sacar la semilla de gandul o frijol de la vaina. En el caso del café se le saca la cáscara o piel y queda el grano del café al descubierto. Eso es lo que llaman los cafetaleros esgranar por desgranar.

Esgranaron Desgranar. La abuela dice que se le esgranaron los dientes, esto quiere decir que se le cayeron los dientes debido a un golpe. Al decir que se le esgranaron los dientes, es una manera de hacer la comparación de los dientes con los frijoles, el maíz o granos de café, como si los dientes fueran granos. Aquí notamos que se elimina la [d] inicial de *desgranar* como en la palabra *esbaratar* por *desbaratar*.

Espabilen Espabilarse, estimular, exhortar y espolear para que se preparen, para que estén alertas, para que estén vigilantes, para que sean cuidadosos, para que estén atentos y listos para afrontar a cualquiera que les quiera abusar o hacer daño.

Espaldá Con dolor en la espalda. Expresión que significa haberse quedado sin espalda por haber trabajado demasiado.

Especias Especias o especies son condimentos para cocinar y sustancias aromáticas que sirven de condimento. El término especias o especies se usa indistintamente en algunos países. El término especias viene del latín (species). Las especias o especies son las que provienen principalmente de semillas, frutos, flores o cortezas secas. Algunas especias son el cilantro, la albahaca, el hinojo, el laurel, el orégano, el perejil, el romero, el achiote, la paprika, el ajo, la cebolla y el pimentón. Hay especias o especies para todos los gustos y con las características particulares de cada país, cada región y cultura culinaria. Cada uno usa los ingredientes o especias que se adaptan a su cocina.

Espetao Clavar, clavado, atravesar, espetar, ej.: Se espetó un clavo en el pie.

Esporsodas Galletas Export Soda de Puerto Rico. Son galletas de soda. Unas de las marcas más conocidas en la época de la abuela Fela eran Sultana y Rovira.

Espuelié Espolear, animar o preparar. Preparar a alguien como se preparan las espuelas de un gallo para una pelea. *Espuelié* es una manera particular del campesino al conjugar el verbo porque es más fácil la pronunciación o por seguir el patrón de otras palabras similares.

Estartalao Destartalado, desbaratado, descompuesto, deteriorado, estropeado, roto, inservible.

Estrasijao Estrasijado, débil, enclenque, escuálido, anémico, flaco, enfermizo, delicado, sin haber comido, con el estómago vacío.

Extra Anglicismo que indica más o adicional. En la isla de Puerto Rico, se utilizan muchos anglicismos, por la influencia de los Estados Unidos, ya que desde 1898 la isla es territorio de los Estados Unidos. Nótese que los puertorriqueños entran y salen a Estados Unidos como si entraran al pueblo vecino. Esto se debe a la parte económica y a que el puertorriqueño tiene la ciudadanía estadounidense. Por ende hay un gran intercambio lingüístico.

Fatalidá Fatalidad, mala suerte. Aquí se elimina la [d] final al pronunciar la palabra. Esto es muy común en el habla del puertorriqueño pero no en la escritura. Lo mismo ocurre en las palabras, *navidá* por *navidad*, *verdá* por *verdad*, *caridá* por *caridad*, *ansiedá por* *ansiedad, propiedá por propiedad, dificultá* por *dificultad y realidá por realidad.*

Fiao   Viene de la palabra fiado que quiere decir comprar a crédito, o a plazos. Comprar comida, muebles o cualquier otra cosa e ir pagando poco a poco. Es común que el campesino acorte las palabras quitándole la última consonante, ej.: *pelao, estropeao, ñangotao, sobao, soberao y pintao.* Esta manera del habla del campesino o jíbaro puertorriqueño se plasmó en la literatura puertorriqueña de principios del siglo XIX y XX como reconocimiento de esta manera de hablar y para no perder un vocabulario que con la modernización estaba cambiando.

Fiestas Patronales Fiestas que llegaron con los españoles y la iglesia católica, y hoy son una tradición de cada pueblo. Cada pueblo tiene un santo que es su patrón. La iglesia católica le dedica novenas al santo en el mes dedicado a éste. Se combinan las novenas con las Fiestas Patronales donde se traen máquinas para la diversión de chicos y grandes a manera de feria. También en la plaza tienen tarimas donde cantan y bailan artistas muy reconocidos. En las fiestas patronales no pueden faltar los puestos de ventas de comida criolla, de postres criollos, gaseosas, jugos naturales, cervezas, piraguas, helados, algodón azucarado y el maní tostado. Además, están los puestos de las famosas picas. Las picas son un tipo de ruletas donde la gente apuesta a los caballos de madera muy colorida que dan vueltas. El caballo que queda en primer lugar es el ganador y se le paga a la gente que apostó a tal caballo. En fin las fiestas patronales se llevan a cabo por un periodo de días después que terminan las novenas en la iglesia. Con las fiestas patronales se combinan fiestas en el casino del pueblo, club rotario, club cívico y otros clubes. También en las últimas décadas se ha añadido la fiesta de los ausentes de ese pueblo o la fiesta de residentes y ausentes de una calle en particular.

Fío   No me fío de nadie. Desconfianza, no creer en otros.

Fió   Fiar, dar una fianza. Dar o entregar una fianza en la corte para sacar a alguien de la cárcel en lo que se hace el juicio. También es dar crédito o fiarle algún producto o servicio a alguien.

Flamingo   Parada como un "flamingo" flamenco, parada en una sola pierna como hacen los "flamingos", que casi siempre están parados en una sola pata. En Puerto Rico se usa la palabra "flamingo", por la influencia del inglés. En español es flamenco.

Flashlai   *Flashlai o flajlai* era la pronunciación del campesino para la palabra *"flashlight"*.

Fli   Echar o regar el fli "Flit". En los años 50's a los 70's en los pueblos y en el campo en Puerto Rico se utilizaba un aparato pequeño que tenía un mango largo y un cilindro o una bomba donde se ponía el pesticida incoloro DDT. Este se regaba por toda la casa para matar los mosquitos, cucarachas y otras sabandijas. La palabra "fli" es la pronunciación puertorriqueña de la marca del insecticida llamado "Flit". El insecticida "Flit" fue manufacturado por la compañía "Standard Oil Company of New Jersey" desde el año 1923. Hoy esta compañía es parte de Exon Mobil. La lata de este insecticida vino acompañada del "Flit gun" que era un aparato que tenía un mango largo con un cilindro al final donde se le echaba el insecticida de la marca "Flit". A pesar de que el insecticida "Flit" fue manufacturado a base de aceite mineral, en Puerto Rico la mayor parte de la gente lo que usaba era el insecticida DDT. Como siguieron usando el "Flit Gun" para llenarlo de insecticida, parece que por tal razón adoptaron la palabra "fli" y siguieron diciendo: "Voy a regar el 'fli". A esto se suma que a la marca "Flit" le hicieron una serie de anuncios muy elegantes representando el "comfort" de la gente que usaba este producto. Cuando en la casa regaban aquel insecticida DDT, uno tenía que salir corriendo para afuera porque asfixiaba. Muchas investigaciones que se hicieron sobre el insecticida DDT han comprobado que es muy tóxico para el ser humano. A pesar de que el DDT se utilizó en la Segunda Guerra Mundial para combatir la malaria y el tifus (Typhus), estudios demuestran que este puede causar cáncer del seno, del estómago, de los pulmones y otros tipos de cáncer. También afecta los niveles hormonales de la tiroide y provoca problemas respiratorios. El DDT se prohibió en los Estados Unidos desde 1973. Internet.

Fonda   Cafetería, casa de comida, restaurante de familia, bodegón o mesón donde se sirven las comidas populares.

Fondo   El Fondo es una Agencia gubernamental llamada La Corporación del Fondo del Seguro del Estado (CFSE). El Fondo como se le conoce, fue creado por la ley Núm. 45 en 1935. Es conocida como el Sistema de Compensaciones por Accidentes en el trabajo. Su propósito es garantizar el derecho constitucional de todo trabajador a estar protegido contra el riesgo a su salud en su lugar de empleo. Provee servicios médicos, terapia física, terapia ocupacional, hospitalización, cirugía. Es deber de todo patrono el asegurar a sus empleados. Se dice que El Fondo en muchos casos es abusado por los empleados o los empleados son abusados por los servicios médicos prestados.

Fogón   El fogón era como una mesa alta. En el centro se le ponían tres piedras. Encima de las piedras se colocaba la olla o sartén. Entre las piedras se coloca el carbón o la leña para poder cocinar. Luego se eliminaron las piedras porque llegó el anafre que es un pedazo de metal que aguanta las ollas con mejor equilibrio.

Fohtró Fohtró, fojtró o fostró es una riña, una pelea, un revolú, un sal pa' fuera, o un "titingó".

Frío pelú Expresión que sugiere que hace un frío gigantesco o descomunal. Manera coloquial de hablar.

Fuerte Arriesgado, complicado, difícil, ej.: "Fue un viaje muy fuerte".

Fuetió Fueteo de fuetear, pegar, de azotar (americanismo). Cambio de la [e] por [i], cosa común en el habla campesina.

Gandinga Asadura, hígado. Asadura es el conjunto de las entrañas de un animal especialmente el hígado. La gandinga (hígado) se prepara de muchas maneras, especialmente guisada(o) para acompañar el arroz o las viandas.

Gandul Grano que se da en lugares cálidos. Es uno de los frijoles que más le gusta al puertorriqueño y se usa como plato típico especialmente en la época navideña. En navidad se usa este grano verde. El famoso arroz con gandules verdes se consigue en los restaurantes y en casi todas las casas y fiestas navideñas. El arroz con gandules se acompaña con carne frita, lechón asao (asado) y pasteles de guineo (banano) verde. Cuando ha pasado la época de la cosecha del gandul, la gente recurre a la compañía Goya u otras que venden el gandul enlatado o usan el gandul seco.

Girito Giro (Money order). Girito es el diminutivo de giro. En Puerto Rico se usa el diminutivo extensamente, ejemplo de ello lo son dedito, caminito, casita, nenito, hijito, dinerito, diosito, cosita, trigueñito, pedacito, etc.

Gúabara	Pequeño molusco que se pesca en quebradas y riachuelos. *Del español jíbaro*: *Vocabulario* p. 68.
Guagua	Autobús. Puede ser un carro público pequeño o un autobús grande, tanto para transporte colectivo como una (SUV) o una camioneta para uso personal.
Guajana	Flor de la caña de azúcar. Es una flor entre rosada y plateada que se mece con los vientos de esa temporada.
Guanimos	Pasteles de guineo (banana verde) sin nada adentro, sin rellenarse con carne u otros ingredientes. La abuela los llamaba pasteles ciegos. En otras regiones de la isla guanimo tiene otro significado.
Guarapito	Guarapo, te casero preparado con hiervas como la hierba buena, la manzanilla, el toronjil y otras.
Guayando	Guayar, raspar, rallar (shredding).
Guayo	Rayo, rallador o guayador que se usa para raspar y desmenuzar viandas como la yuca, también el maíz y otros alimentos. Un tipo de guayo más rústico fue utilizado por los indios con el mismo propósito. El guayo pasó de utensilio de cocina a instrumento musical para acompañar y dar más sabor a la música campesina. Consiste en un pedazo de hojalata o metal agujereada a intervalos pequeños por cuya parte áspera se le pasa fuertemente una varilla de hierro o metal (llamada puya) para que suene con la fricción.
Güela	Abuela, agüela.
Guineo	Banano (verde o maduro).
Güiro	Fruta seca que se usa como instrumento musical. Se hace con el fruto de una planta o bejuco rastrero que da dos frutos o calabacines, uno redondo y otro largo. El güiro se fabrica del fruto largo. Lo construyen, ahuecando el fruto que tiene la piel o casco duro, y se le saca la tripa. Una vez la fruta se seca, en un lado

de su superficie se le hacen varias ranuras paralelas en forma circular. Para tocarlo se le pasa una especie de horquilla grande (parecido a un tenedor grande) produciendo un sonido rítmico. El güiro y el guayo se utilizan para tocar la música típica de la isla de Puerto Rico y algunas otras partes del Caribe.

Gulillo
Gulillo, gulillito o culillo, sensación de miedo en el estómago.

Hidionda
Hedionda (palabra correcta). Otra manera de llamar a este arbusto es jidionda. Arbusto leguminoso, de olor desagradable cuyas vainas producen pequeños granos que se tuestan y se muelen y pueden sustituir al café. *Del Español jíbaro: Vocabulario* p. 70. En el caso particular de la abuela Fela ella le añadía la "hidionda o jidionda" al café y los tostaba juntos para rendir el café y porque le daba mejor sabor.

Hollejos
Piel delgada del tallo de la planta de plátano o banano. Se seca y se remueve en forma de tiras. Se usa como hilo para amarrar los pasteles de guineo-banano verde.

Inglej
Inglés. Nuevamente aquí ocurre el cambio de la [s] por la [j].

Jabao
Persona que no es negra ni blanca y se le conoce por su pelo medio rizado o encrespado propio de la raza negra. El color del pelo casi siempre es marrón claro (brownish-gold) y el color de la piel es entre negra y blanca o casi blanca. En algunos casos los llaman mulatos. Jabao es en cierto sentido un término étnico o racial para identificar la mezcla del hijo(a) de un blanco(a) con una (un) negra(o).

Jamaca
Hamaca. Se hace cambio de la [h] por la [j]. En los tiempos modernos no se usa tanto la palabra jamaca, sino hamaca.

Jamona
Mujer que no se ha casado nunca y se le está pasando

el tiempo de casarse. Se dice que la mujer jamona se queda para vestir santos.

Jendío   Ebrio, borracho. *Del español jíbaro: Vocabulario* p. 74.

Jeringuilla   Jeringa, aguja pequeña que sirve para inyectar.

Jiendas   Borracheras.

Jinchao   Jincho, pálido, descolorido, blanco. El término *jinchao* casi siempre se usa en tono despectivo.

Jorqueta   Horqueta, pedazo de palo en forma de (v) que se usa para halar cosas como frutas de árboles altos o para sostener otros palos u otras cosas como el sube y baja (conocido también como burra). También se refiere a la horqueta pequeña que se usa para hacer las hondas para arrojar piedras.

Julepe   Déjate de julepe, quiere decir déjate de cuentos, de mentiras. También es desorden, inconveniencia, revolú o vaina, ej.: "¡Qué julepe"! o "¡Qué vaina"!

Jumeta   Borrachera.

Jurutungo   Lugar lejano. Lo mismo que decir por las sínsoras.

Juyendo   Huyendo, huir. Ocurre cambio de [h] por [j] muy común en el habla campesina como en las palabras *jalar* por *halar*, *jaba* por *haba*, *jamaca* por *hamaca*, *jarto* por *harto*, etc.

Lapachero   Donde hay mucho fango. Lapachar, hundirse en el fango.

La puya   Hacer la puya viene de la palabra púa y es hundir la uña en alguna parte de la piel donde se tiene sensación de picor. Esto lo inventó la abuela Fela y los nietos le pedían que les hiciera la puya cuando les picaba la espalda.

Límber   Cubo de leche, leche de coco o jugos con mucha azúcar. Se congela mayormente en una cuajadera o en vasos plásticos. Fue bastante común en los años 60's y 80's para refrescarse en los días calurosos del verano en la isla. En esa época cada límber costaba un centavo.

Hoy cada uno cuesta veinticinco centavos o más, pues depende del tamaño del límber.

Lombrifuga   Vermífugo o purgante que se daba a los niños que tenían lombrices. Este purgante mataba las lombrices y curaba a los niños de estos parásitos. La plaga de las lombrices prácticamente se ha exterminado en Puerto Rico con cambios sanitarios, mejor alimentación y mejores servicios médicos.

Lotto   Loto o lotería.

Macacoa   Tristeza, melancolía. En Puerto Rico se refiere a caerle la mala suerte. Se dice "le cayó la macacoa" por decir le cayó la mala suerte.

Machúa   Mujer que actúa como un macho, como un hombre. Puede ser una mujer lesbiana o solamente que tiene las actitudes, apariencia o fuerza de un hombre.

Majes   Mosquitos.

Malojillo   Hierva (yerba) que se le da a los cerdos, vacas, caballos y otros animales. El malojillo crece cerca de los mangles o lugares húmedos.

Manganzón   Sinvergüenza, holgazán, irresponsable, que está pendiente de que otro haga las cosas por él o ella. Algunas veces se usa como expresión de cariño.

Mangoses   Plural para mangó [mangos]. Esta manera de hacer el plural se hace por asociación a otras palabras similares como reloses (por relojes) y ajises (por ajíes). Según Manuel Alvarez, esta pluración es el empleo del castellano arcaico de la [s] plural donde se utiliza el morfema [ses] para diferenciarse del frecuente singular que se daba por analogía con formas singulares como *anís, mes, alelíes*. Dice Alvarez que perdura en nuestros días como rasgo morfológico de la expresión coloquial p. 105.

Mantengo   Debido a la Gran Depresión de la década de 1930, Puerto Rico se vio grandemente afectado por su dependencia de los Estados Unidos. El problema de desempleo, el alza en los precios, y la poca dirección estadounidense, llevó a la isla a una pobreza extrema. Esto dio paso a las protestas del pueblo con la ayuda de líderes puertorriqueños. Las protestas abogaban por un cambio económico en la isla. Desde entonces, Los E.U. tomaron cartas en el asunto y desde 1932 la Isla recibió ayuda a través del programa Puerto Rico Emergency Relief Administration (P.R.E.R.A.). Entre los varios servicios y ayudas que daba este programa incluía el de subsidios alimenticios. En 1934 el 35% de la población dependía de lo que llamaban la "PRERA" o mejor conocida como "mantengo". A esto se le conoce como "los tiempos del mantengo". Algunos de los alimentos que las familias recibían eran leche en polvo, queso, jamonilla (jamón en lata), mantequilla, harina de maíz, mantequilla de maní, habichuelas secas y otros. El mantengo ha evolucionado con los años y hoy en día se conoce como los cupones (food stamps o el WIC).

Mantía   Cueva o lugar donde refugiarse y viene de la palabra manto que quiere decir lugar que oculta una cosa.

Mapeyé   Pieza musical popular desarrollada en Puerto Rico y procede o se deriva del seis chorreao. Aníbal Díaz Montero lo describe como una clase de seis que empieza con una introducción de 16 o más compases. *Del español jíbaro*: *Vocabulario* p. 84. El instrumento principal es el cuatro seguido por la guitarra, el requinto, el güiro, el tambor y otros instrumentos de percusión. El mapeyé forma parte del rico tesoro de la música típica puertorriqueña, y se cree que surgió a finales del siglo XIX y principios del siglo XX. Su estructura rítmica es diferente a la de los seises. Se interpreta en tono menor y utiliza la décima espinela para su versación con versos octosílabos. Su rima es consonante. Es un rasgo distintivo en el que el trovador recurre a un *le, lo, lai* antes de empezar la décima. Se le ha asociado a la rumba flamenca. Se dice que el nombre mapeyé se deriva del nombre del que comenzó con este tipo de música o seis. Se le atribuye a Pedro-Peyo (Don Pedro López García) del pueblo de Gurabo. Esto no sería extraño ya que a muchos de los seises se les bautiza con el nombre de los músicos que lo popularizan. La versión dice que se le puso mapeyé porque cuando comenzó don Peyo o Peyé a tocarlo y a cantarlo, la gente le pedía: "¡más Peyé!, ¡más Peyé!" y de allí salió el nombre. Por otra parte, a Ramito (Florencio Morales Ramos), conocido como el Cantor de la Montaña, se le atribuye el seis mapeyé porque fue el primero en grabarlo.

Marca diablo   Habichuelas o frijoles de color casi rojizo que son más grandes que las habichuelas rosadas, mejor conocidas en Estados Unidos como "kidney beans".

Marié   Viene de la palabra marearse.

Marota   Maíz molido y amasado, se hacen bolitas y se añade a algunas comidas como a los gandules. También es una crema hecha a base de harina de maíz y algunas veces suele echársele leche, azúcar y canela. Esta mezcla y la palabra marota se cree que fue heredada de los indígenas del Caribe.

Marrallos   Un tipo de dulce de coco. El marrallo es un dulce boricua y se cree que su origen viene de los africanos que poblaron la isla durante la colonización por los españoles. El marrallo se compone de coco rallado tostado y mucha azúcar. Se tuesta o cuece casi siempre en una olla de hierro. El azúcar sirve de caramelo, por lo que el dulce finalmente queda bastante oscuro, y por ello también se le conoce como "black coconut candy". Una vez tostado, se hacen unas pequeñas barras que se envuelven en papel de celofán. En los años 50's el valor era de un marrallo por centavo.

Matao Matado, pésimo, acabado, quitarse el pellejo, matarse trabajando, cansado.

Mazurca La mazurca puertorriqueña es una pieza musical bailable del folclor puertorriqueño. La mazurca junto a la danza se consideran música clásica del folclor borinqueño. Se le considera música típica de Puerto Rico junto al seis, el aguinaldo y la danza. Estas son composiciones que resaltan la puertorriqueñidad. La mazurca se considera baile de la montaña y el centro de la isla. Se dice que es de origen europeo, junto al vals y la contradanza. La mazurca puertorriqueña es generalmente más rápida que la mazurca polonesa y tiene acento ternario (3/4, 3/8). Se caracteriza por sus acentos en los tiempos 2 grados y 3 grados, en contraste con el vals. Se suele bailar en parejas, juntándose 4, 6 o 12 parejas. También se parece al minué de origen francés. Frederick Chopín fue el principal precursor de la forma estilizada de la mazurca y escribió 61 mazurcas. La mazurca llegó a Cataluña hacia el 1845 pasando a la isla y a otros países latinoamericanos un tiempo después de esta fecha.

Menudo Dinero en monedas pequeñas. Menudo también es plato de comida hecho con panza y patas de cerdo o de res. Entraña de los cerdos y reses que se hace guisada.

Mechón Pedazo de palo prendido o mecha grande. Botella con gas y mecha de trapo para alumbrar. También conocido como jacho. *Vocabulario puertorriqueño* p. 113.

Mija Mijija, mijita(o), abreviación o manera corta de decir [mi hija-o].

Mistura	Mestura, mixtura. Aquí ocurre otro cambio lingüístico, cambio de la [e] por la [i]. En el caso de mistura en vez de mixtura se cambia el sonido de la [x] por el sonido de la [s]. Esto es común en el habla del campesino puertorriqueño. La *mistura* son las carnes, huevos, bacalao o mariscos. En otras palabras, para la abuela, la *mistura* es parte del plato fuerte. Esta se compartía con los hijos, a lo que llamaban dar la ñapa.
Mocho	Un mocho es un machete viejo y sin punta. Es una daga que no sirve para cortar. Pedazo de machete que se sigue usando a pesar de estar muy gastado. *Vocabulario puertorriqueño* p. 64.
Mofongo	Plato típico de Puerto Rico. Se compone de rebanadas de plátano verde fritas como si fueran tostones. Una vez las rebanadas de plátano están fritas, estas se machacan o majan en un pilón con chicharrones de cerdo frito, ajo y otros ingredientes. Se puede hacer también hervido y majado o machacado. Se hace una gran variedad de mofongos, entre ellos el mofongo relleno de camarones, relleno de langosta, cangrejos, otros mariscos o carne frita. El mofongo, como los tostones, son platos populares de la cocina puertorriqueña. Se acompañan con caldo de pollo, sopón, sopa de pollo, salcocho, con caldo de mariscos, con carne frita o asada.
Monga(s)	Flexible, suave. La palabra monga sin la [s] de plural se refiere a una gripe o influenza ej.: "Tiene la (una) monga y está en la cama".
Morcillas	Tripas de cerdo rellenas de sangre y arroz. Estas se se fríen y son un "delicatessen" puertorriqueño.
Motetes	Pertenencias, lío o envoltorio. Motete se usa en lenguaje popular y se usa casi siempre en plural. Según referencia de Manuel Alvarez esta palabra puede ser adaptación en el español del vocablo

	mutete 'cesto, canasto' y es de influencia africana de la palabra *motehteh* 'cesto hecho de yaguas' *p. 284.*
Mujereguiar	Viene de mujeriego. Se dice del hombre que anda con distintas mujeres, que toma y despide a las mujeres a menudo.
Murciégalo	Por murciélago. Aquí ocurre una inversión de las letras y sílabas [lo y ga]. Se sigue la misma regla que en la palabra *estógamo* por estómago.
Nacarile	Nacarile del Oriente: Imposible de descifrar, imposible de encontrar o de saber. Según Rubén del Rosario es "Adverbio -no, de ninguna manera". *Vocabulario puertorriqueño* p. 65.
Negrita(o)	Es una manera de llamar a alguien con cariño. En Puerto Rico se le llama negrito, negrita, negro y negra tanto a los niños como a los adultos a manera de cariño o "endearment". La abuela Fela le decía a sus nietos negrito y negrita fea, pero lo decía con cariño. De ninguna manera es despectiva.
New Yor	New York, esta es una manera del habla del puertorriqueño donde se elimina la última consonante, especialmente si es una palabra que viene del inglés. También lo traducen al español como Nueva *Yor*.
Norte de los gandules	Es un tipo de llovizna o lluvia bastante fina que ocurre en los meses de noviembre y diciembre cuando florecen y se desarrollan las vainas del arbusto de gandul. Los nortes (lluvias) de los gandules se asocian con aire húmedo que proviene del norte al acercarse el invierno en el norte de la isla de Puerto Rico. Estas lluvias y fresco ayudan a que el gandul floresca.
Novelero	Procede de novelerear, curiosear. Término que se utiliza de manera negativa al referirse a una persona que le gusta novelerear para enterarse de lo que pasa en su entorno.

Ñame	Ñamecitos, tubérculo parecido a la malanga y a la batata pero su tallo y hojas son trepadoras. Se come en sopas, hervido o salcochado en agua y sal. También se guaya junto a una cebolla y un poquito de harina de trigo, luego se fríe. A esta fritura se le llama buñuelo. El ñame es fácil de cocinar. Hay una gran variedad de ñames, como ñame de agua, ñame de palo, ñame de palma y otros. También existe la expresión: "Eso es un ñame". Esto significa que es fácil de hacer. Nótese que muchas de estas frases o palabras pueden significar algo distinto a lo aquí explicado, ya que depende del la región de la isla de donde procede.
Ñame con corbata	Que no sabe nada de nada, que es solamente apariencia.
Ñangotao	Ñangotado, estar/ponerse en cuclillas. También se usa para una persona sometida, sin ambiciones, o alicaída. Es alguien que espera que le hagan todo.
Ñapa	Darle a otra persona de lo que uno tiene en el plato, especialmente un pedazo de carne, pescado o huevo. Esto lo hacían los padres en tiempos pasados. Aníbal Díaz en su libro *Del español jíbaro: Vocabulario* dice que ñapa es: "Dádiva de poca importancia que hace el vendedor al comprador" p. 93. También es regalar o dar un poquito más de lo estipulado.
Ñeñeñé	Viene de la palabra ñoño. Hablar como niño ñoño, como niño consentido, mimado. Hablar sandeces.
Pajuata	Tonta, vacía, atolondrada, torpe, y que se deja tomar el pelo de los demás.
Palante	Contracción de las palabras 'para adelante'.
Palmillo	La pulpa comestible del cogollo de la palma se llama palmillo [palmiyo]. *El habla campesina del país: Orígenes del desarrollo del español en Puerto Rico* p. 277. El palmillo es conocido también como

palmito y en inglés "palm heart". Es considerado un vegetal y se usa en ensaladas. En el campo se come al natural, en los supermercados lo venden ya en conserva.

Pamper

Marca de un pañal, pero en Puerto Rico se usa la marca "Pamper" para todo pañal desechable. El poema compara al Chupacabras con un pañal "pamper" podrido.

Pana

Fruto del árbol de pan, conocido también como panapén. La pana es lo que se conoce en inglés como "breadfruit". Los colonizadores españoles introdujeron la pana al Caribe para alimentar a los esclavos que trajeron de África. La pana es un vegetal verde por fuera y de cáscara áspera. Por dentro es blancuzca, tornándose amarillenta y un poco dulce cuando está bien madura. Nosotros la consideramos como una vianda aunque se clasifique como vegetal. El árbol de pan(a) crece bastante alto y produce grandes cantidades de la fruta (puede producir unas cien frutas) a la vez. Como la pana rinde bastante, esto ayudaba con la alimentación de la gran cantidad de esclavos africanos que se trajeron al Caribe. Se prepara hervida como la yuca o la papa, y se acompaña de carnes, pescado, bacalao o huevos. Con la pana también se hacen pasteles, como los de guineo al estilo puertorriqueño. Además se hacen tostones, flanes, se usa en sopas, se añade a los frijoles especialmente a las habichuelas blancas. En la isla de Puerto Rico, durante muchos años la pana fue comida para los pobres. Hoy día la mayor parte de los puertorriqueños disfrutamos al comer la pana como de un "delicatessen" y los que estamos fuera del país añoramos comerla.

Pancito

Pancito caliente, diminutivo de pan (panecito).

Pan de agua

Es el pan puertorriqueño que no contiene manteca.

Sus ingredientes son: harina de trigo, azúcar, agua y levadura. Las recetas originales del pan que se hace en Puerto Rico llegaron de España durante la colonización y ganó popularidad durante los siglos XIX y XX. La receta del pan ha pasado de generación a generación. Se hornea diariamente en las famosas panaderías puertorriqueñas. El pan se consigue directamente en las panaderías. También distribuyen el pan a cafeterías, a restaurantes, a supermercados y tiendas pequeñas. El pan criollo no puede faltar en la mesa puertorriqueña.

Pan sobao

El pan sobao o de manteca está entre los panes tradicionales de Puerto Rico. El pan sobao, junto a otros panes, es horneado diariamente en las famosas panaderías puertorriqueñas. Lo que lo hace diferente de otros panes es que se le añade manteca, ingrediente que le da sabor especial. El pan sobao se parece al pan italiano o francés, pero más suave, y de diferente sabor. Cuando está caliente se le derrite la mantequilla encima. Se come solo y es rico con asopaos, con huevos, con aguacate, con café y con chocolate. Se sirve con las comidas y también se usa para preparar el famoso sándwich de pan criollo. Sus ingredientes son: harina de trigo, sal, azúcar, manteca y levadura. Se vende tanto en las panaderías como en los supermercados. Las cafeterías y restaurantes siempre tienen pan sobao o pan de agua. Hay una expresión que dice: "se vende como pan caliente" se refiere a algo que se vende rápido y en grandes cantidades.

Pan de piquito

Es el mismo pan sobao o de agua pero que con un tenedor se le hace un pico en una de las esquinas o donde termina. Hay una expresión que dice: "se acabó el pan de piquito", o sea, se acabó la buena vida, se acabó todo.

Papa	Papá. En Puerto Rico en muchos casos se usa *papa* sin acento, lo que hace de la palabra una palabra llana. Esto ocurre más en el campo que en la ciudad. Llamar al padre papa, es una manera más coloquial, es una manera de expresar más cariño, es menos formal. También se usa para referirse a un amigo o a un niño.
Papa	No entender ni papa, quiere decir no entender nada de nada.
Parejero	Persona que se cree que es mejor que otra. Que se cree chistoso(a).
Parranda	Parranda o asalto, es un grupo de músicos y personas que salen por la noche o de día tocando y cantando aguinaldos o villancicos durante la época navideña. Estos llevan música festiva a sus amigos. La paranda-asalto usualmente se lleva después de las 10:00 de la noche para despertar a los amigos que se les lleva. Por eso le llaman asaltos. Después de cantar por un rato, los dueños de la casa los invitan a entrar a la casa. Después de tomar refrigerios, licor y comer algunas golosinas y bailar se van a otra casa, cercana o más lejos, para seguir parrandeando. El grupo sigue creciendo porque los que reciben la parranda se van con el grupo que trajo la parranda. Sigue la parranda con jolgorio y fiesta hasta las tres o cuatro de la madrugada o quién sabe si más tarde. En la última casa que visitan los invitan a comer un asopado de pollo, de gandules verdes, de plátano o de camarones. La parranda es símbolo y orgullo del folclor nacional cultural. Lamentablemente esta tradición está desapareciendo.
Pedro Animala	Pedro Animala fue un personaje folklórico que fue cambiando a través de los años. Pedro Animala era un buscón y sinvergüenza que se pasaba de Pueblo en pueblo haciendo fechorías. El escritor

puertorriqueño Ricardo E. Alegría recopiló cuentos y los editó como *Cuentos folklóricos de Puerto Rico* (1974). En esta incluyó el cuento "Pedro Animala y su sombrero de tres picos". El personaje de Pedro en este cuento es el de un buscón. Los cuentos de Pedro Animala gustaban tanto como los de Juan Bobo. El cuento que narra abuela Fela es uno de esos cuentos sobre Pedro Animala que ella contaba a su manera. Es posible que este personaje originalmente en España, se llamara Pedro Agrimala y su nombre cambió al llegar a los pueblos del nuevo mundo.

Pega a cualquier cosa	De pegar, de hacer, que hace cualquier cosa. Se dice de la persona que siempre está ocupada en algo, que no tiene miedo de emprender cualquier trabajo. Hace cualquier cosa sin miedo, con gusto y diligencia.
Pegado	Jugarle sucio a la pareja, salir con otras mujeres mientras está casado o con una novia, ej.: "hay muy pocas mujeres que digan que los esposos no se las *aigan* (hayan) pegado".
Pegao	Pegado. El pegao son los residuos de arroz que quedan pegados al fondo de la olla cuando se hace el arroz, especialmente si se hace en una olla de hierro. El pegao queda bastante tostado y tiene un sabor más concentrado porque contiene todos los residuos del aceite y algún otro condimento que se le haya añadido al arroz.
Pegar	Nos vamos a pegar, pegarse. Ganar un premio de la lotería, de la bolita o bolipul.
Pelambrera	No tener nada, ni para comer.
Pela	Una pela, pegarle fuerte a alguien.
Pelúas	Peludas, velludas. Se refiere a las arañas negras y velludas.
Pepiniana(o)	Oriunda(o) del pueblo de San Sebastián del Pepino

de Puerto Rico. El pueblo de San Sebastián es un pueblo muy pintoresco en el centro del noroeste de la isla de Puerto Rico. Queda en un valle rodeado de montañas. Su nombre cambió varias veces y se dice que a sus comienzos fue conocido como San Sebastián de los Pepinos y finalmente San Sebastián del Pepino y su nombre corto "El Pepino". A sus residentes les llaman pepinianos. La abuela Fela era pepiniana.

Pestillo   Novio o amante.

Petaca   Se hace de la yagua o tallo de la palma real. La yagua está en el tallo o cuello de la palma real y de ésta se hace la petaca. La yagua es como una hoja gigante que cuando se seca se usa para hacer la petaca. Se le sacan dos o tres tiras y se amarran por la parte de atrás de la punta más ancha. El confeccionar una petaca es realmente un arte, una artesanía. La petaca se usaba para cargar y lavar la ropa. Esta se usaba cuando no había una tina, un baño o una lavadora eléctrica para lavar la ropa. Las campesinas cuando iban a lavar ropa al río o quebrada, llevaban la petaca en el cuadril (cadera) o en la cabeza.

Petate   Estera tejida con ramas de palma que se usa en lugar de colchón en lugares tropicales.

Picapica   Es una planta silvestre urticante que pica muy fuertemente. Produce una rasquiña desesperante. Contiene una savia irritante que provoca picor pero de poca duración.

Picas   Especie de ruleta con números o caballos de madera que se usa en las fiestas patronales o en una feria. La gente le apuesta al caballo o número que cree que va a ganar.

Picop   Picó, "Pickup truck" Anglicismo, o palabra prestada del inglés. Alguna gente la pronuncia quitándole la última [p] y dice *picó*.

Pilares   Cama de caoba con pilares. Los pilares se usaban en el pasado para aguantar (agarrar) el mosquitero por sus cuatro esquinas. Las camas de pilares antiguas se admiran por su estilo muy particular y estilizado.

Pie forzao Pie forzado o forzao es el total de las sílabas en un verso de ocho sílabas y tiene que rimar con el verso anterior. Suele llamarse pie al verso octosílabo que sirve de motivo en los encuentros de jíbaros troveros para que un segundo poeta complete la décima cuyo comienzo ha improvisado un primer cantador. Se utiliza mayormente en la décima pero también en el aguinaldo, la copla, la controversia y otras piezas musicales del folclor boricua. En el aguinaldo puertorriqueño la rima puede ser la siguiente: Verso 1ro. con verso 5to.; verso 2ndo. con 3ro.; verso 6to. con 7mo.; verso 7mo. con el 10mo. y 8vo. con 9no. De todas maneras existen muchas variantes. En muchos casos se usa una frase predicha, la que se le da al versador y de ella se saca una décima o un aguinaldo donde se aplica la rima de pie forzado. Aníbal Díaz Montero describe el pie como "Verso que sirve de motivo para terminar la décima que improvisa el cantador". *Del español jíbaro: Vocabulario* p. 102.

Pitorro Ron pitorro, ron cañita, o ron caña. Ron clandestino y curado de manera casera.

Pisicorre Carros públicos pequeños que llevan varios pasajeros por una vía más o menos similar. Van de un pueblo a otro. Algunas veces dejan pasajeros en el camino y recogen otros que han estado esperando por un carro público. La mayor parte de ellos tienen una ruta ya estipulada. En algunos pueblos se estacionan en un punto cerca de la plaza de recreo del pueblo. Regularmente la gente sabe dónde ir para tomar el/ la pisicorre.

Plena Pieza musical popular que se dice nació en el pueblo de Ponce, en el barrio de San Antón. La plena nace en el siglo XX, aunque se dice que sus orígenes pueden encontrarse a fines del siglo XIX. La plena es uno de los géneros de más popularidad en Puerto Rico. Se asociaba con la gente del arrabal y la gente pobre. También se asociaba a la zona cañera y a las rutas del viejo tren. Los ponceños sin duda la reclaman como de su región sureña. Entre los instrumentos musicales que se usaron en sus inicios para tocar la plena se cuentan el cuatro, la guitarra, el güiro, la pandereta, y la armónica. El acordeón reemplazó a la armónica. Su interpretación satírica, de tono burlón, caracteriza su letra. Consta de una estrofa de dos periodos con un interludio instrumental intercalado. Hay alternancia de solista y coro. El coro repite el motivo temático central. El texto es elaborado a manera de copla con versos de 6 y 8 sílabas, a veces de 8 y 10 sílabas. Contiene ritmo afroamericano. La plena se usa como música de comparsas, fiestas callejeras y carnavales. La plena nació como una denuncia al abuso social y al abuso de poder. Abarca temas de la vida cotidiana. Expresión del ámbito popular con tono humorístico, satírico y burlón. Narra los sucesos políticos y afanes sociales, así como sucesos especiales (ej.: temporales, muertes y descubrimientos). Se popularizó en los 1920's, aunque algunos historiadores dicen que comenzó en 1875. En los años 40's y 50's Cesar Concepción la convirtió en baile de sociedad y hoy es parte de la música folclórica de Puerto Rico y parte de la identidad nacional. Los vestidos de los bailadores son de color blanco y las faldas de las mujeres son muy anchas y de muchos volantes para poderlas mover de lado a lado. La plena se distingue de la bomba por la espontaneidad o informalidad de sus movimientos rítmicos, y se interpreta con mayor variedad de instrumentos musicales. En su composición musical se encuentran matices de nuestra herencia africana, oriental y de la música del jíbaro proveniente de las tradiciones españolas y marroquíes. Su baile es muy rítmico y su coreografía es sencilla.

Pollo
Pollo o "un pollo" se refiere a un hombre muy guapo, un hombre elegante, como un artista de cine.

Pon
Es transportar a alguien de gratis en un automóvil. Es lo mismo que aventón o un "ride" en inglés.

Prángana
En la prángana quiere decir estar pelao, sin dinero, sin nada.

PRERA
PRERA o mantengo. El Puerto Rican Emergency Relief Administration (P.R.E.R.A.), pretendía ayudar a la población puertorriqueña afectada por la Gran Depresión de los 1930's. La PRERA fue un programa para solucionar a corto plazo la crisis económica en que se encontraba el pueblo puertorriqueño durante la Gran Depresión. En 1933 el 65% de la clase trabajadora estaba desempleada. Algunos de los objetivos del programa eran la distribución de alimentos a las familias necesitadas, la construcción de carreteras, la extinción del mosquito transmisor de la malaria, las mejoras a las viviendas, algunos centros de producción de ropa, adiestramiento de jóvenes en técnicas de agrimensura y la administración de censos, así como la fomentación del cultivo para el consumo de las familias. Una de las medidas fue que el gobierno compró tierras para producir la caña de azúcar. El gobierno repartió dichas tierras entre los trabajadores para ayudarles a mejorar su situación económica. Entre los alimentos que se repartían a manera de compra se incluían leche en polvo, mantequilla de maní, queso, jamón enlatado, granos (frijoles), huevo en polvo, mantequilla, harina de maíz y otros.

Promesa
Es una promesa que una persona le hace a un

santo para que le conceda lo que él o ella pide. Luego la persona paga la promesa de la manera que le prometió al santo, a la virgen o a los tres reyes magos. Ejemplo de ello es la promesa que se le hace a San Antonio, muchas veces esta se paga vistiéndose como San Antonio por un periodo de tiempo ya estipulado por la persona. En el caso de las promesas a los tres santos reyes puede hacerse una "parranda" y luego un velorio o rosario a los reyes. Otras personas prometen ir por los barrios adyacentes caminando y pidiendo dinero para luego hacerle una novena, un velorio o rosario a los reyes o al santo de su devoción. Cada persona promete y cumple de la manera que prometió. Algunas veces se usa el término parranda de igual manera que una promesa aunque la parranda es mas festiva y usualmente se lleva por las noches. La promesa en cambio es una parranda pero con el propósito de pagar la promesa y se lleva de día.

Procura Procurar. "Me procuró", me buscó. Preguntar por alguien, estar pendiente de alguien.

Purga Purgarse, desintoxicarse, limpiarse, purificarse. Curarse la borrachera con sopa o caldo de pollo.

Quebrá Quebrada, fluente de agua menor que un río y más grande que un riachuelo. En el pasado, las mujeres del campo iban a lavar la ropa a la quebrada o quebrá. También se va a pescar de mano a las quebradas. Lingüísticamente hablando se le corta la última sílaba y se hace de una palabra llana una aguda al ponerle el acento en la letra [a].

Quenepa(s) Es conocida en Sur América como mamón(es). Es una fruta redonda, brota en racimos y es pequeña. La cáscara se quiebra fácilmente descubriendo una carnosidad suave y agridulce adherida a una semilla. Esa carnosidad es de color anaranjado, casi rosado, y es un poco resbalosa. Se chupa con precaución ya que la semilla puede resbalarse y ahogar al que la chupa. Se produce en los meses de julio y agosto.

Quenepos
Pimientos quenepos son unos pimientos pequeños, casi del tamaño de las quenepas, de forma semi-redonda y con festones alrededor. Quenepos también son los árboles que producen quenepas (mamones).

Rabojunco
Ave blanca parecida a la garza, con patas largas que aparece fuera del mar en épocas de tormentas o barruntos de agua.

Ramito
Florencio (Flor) Morales Ramos (1915-1990), mejor conocido como "El Cantor de la Montaña". Fue famoso como cantante, trovador y compositor nativo de Caguas, PR. Se le consideró el Rey de la música jíbara. Solamente fue hasta el cuarto grado de escuela elemental, ya que tuvo que dejar la escuela para ayudar a sus padres a criar los doce niños que tenían. A los ochos años dio los primeros pasos cantando sus primeros versos jíbaros. Fue cortador de caña de azúcar, trabajó en otros trabajos de la agricultura, así como también fue bombero y trabajó como guardia penal antes de hacerse cantante profesional. A los trece años, mientras trabajaba en los campos, cantaba para conseguir algún dinero. En 1932 participó en un concurso de trova local y con esto dio comienzo a su fama. En 1942 cantó en la inauguración de varias emisoras o estaciones de radio. En 1948 fue animador y auspiciador del show radial "La hora del volante de Bayamón". Se dio a conocer como improvisador y brillante lírico, sobre todo entre los puertorriqueños en los Estados Unidos. En 1950 participó en el "film" Truya. Se le conoció como el ícono de los fanes de la trova junto a otros cantores como Maso Rivera, Ernestina Reyes "La Calandria", Jesús Sánchez Erazo

311

"Chuíto el de Bayamón" y otros. Vivió en New York entre los años 1960-1972 y allí fundó el programa radial llamado "La Montaña Canta" y "Melodías Criollas". Creó más de sesenta modalidades de "seises" y grabó más de 150 discos. En 1939 gravó para el sello multinacional de la RCA Victor. Compuso la plena "Qué bonita bandera" que es un homenaje a la bandera puertorriqueña. Esta fue parte del "wake up call' o despertar del Space Shuttle Mission STS-19 en honor al especialista de la Misión Espacial, Joe Acabá, que tiene raíces puertorriqueñas. Ramito llevó su música a muchos países, entre ellos a Okinawa, para entretener a los soldados puertorriqueños que estaban en las filas del ejército estadounidense. Ramito también cantó para el presidente JF Kennedy en la Casa Blanca en el 1961.

Recao del monte Culantro o recao de hoja ancha con unas puntas a su alrededor como si fueran espinas, pero muy suaves. Se usa de la misma manera que el cilantro, culantro o cilantrillo.

Recogía Recogida de café u otros frutos menores. "La recogía del café", manera de hablar del campesino que trabaja en esa industria. Lingüísticamente a la palabra recogida se le quita la [d] al final como a otras palabra parecidas, quedando el diptongo [ia] el que a su vez se rompe al ponerle acento a la [i].

Rejilla La rejilla es un calado y bordado que se hace mayormente en tela de hilo. Primero se establece un cuadro al que se le sacan hilos, haciendo el calado o puntos. Entre el calado se hace el bordado con flores u otros diseños de colores. Vale la pena mencionar que la industria de la aguja en Puerto Rico se desarrolló durante las primeras décadas del siglo XIX. La producción de ropa para su exportación surgió en la parte oeste de la Isla. El calado, el bordado, el mundillo, la rejilla, el punto de cruz, el tejido y otros trabajos de la aguja se hicieron populares en esas primeras décadas de siglo XIX. Las mujeres en muchos casos recibían las telas directamente en sus casas y las vecinas aprendían unas de otras el arte del bordado, rejilla, etc. En otros casos se reunían en un almacén donde aprendían el arte del bordado en poco tiempo. Allí también podían recoger las telas que llevaban a sus propias casas donde podían hacer el trabajo a la misma vez que cuidaban de sus niños y hacían los quehaceres del hogar. El pago por el trabajo dependía de cuántos pedazos de telas se devolvían ya bordados o trabajados. De todas maneras en muchos casos el pago era de veinticinco a cincuenta centavos de dólar a la semana. Por otro lado, el producto se exportaba a Canadá, Estados Unidos y otros países.

Reidojo La hija, hijo más pequeño de una familia, el querendón, o como otros dicen, la última cosecha.

Remeneaba Se movía, de moverse fuertemente como cuando ocurre un temblor de tierra. También es moverse con afectación al andar, moviendo los hombros y caderas a manera de contoneo.

Renacuajo de alcantarilla Es una expresión que describe a un infante que nace desnutrido y lo comparan a la cría de una rana que ha nacido debajo de un puente o alcantarillado.

Rendía Viene del verbo rendir o dar mayor utilidad a una cosa. Rendía es también estar cansado (a), rendido.

Repelillo De repeler, producir asco o disgusto. En *El habla campesina del país: Orígenes y desarrollo del español en Puerto Rico* p. 100, dice que esto fue una preferencia desde épocas tempranas de la colonización cuando inclusive se le añadieron morfemas a las palabras del arahuaco. Se combina un lexema arahuaco con un sufijo español, ej.: manglillo, Guaniquilla, Coanillas, y Mayagüecillo entre otros.

Retrajila Retahíla. El cambio lingüístico que ocurre es que se le añade una [r] y la [h] se cambia por [j].

Riqueño Suelo puertorriqueño, jardín puertorriqueño.

Rolos de papel Cilindros de cartón o papel para enrollar el cabello para enrizarlo y mejorar la apariencia.

Rosario de la aurora La expresión: "terminó como el rosario de la aurora" quiere decir terminar mal. Se refiere a que la fiesta terminó posiblemente en pelea.

Sajumerio El sajumerio o sahumerio se hace para despojar la casa de los malos espíritus. Se prende incienso o algunas hierbas y se mueve por todas las esquinas de la casa y se dicen oraciones haciendo cruces en el aire para alejar a los malos espíritus a modo de exorcismo. Nótese que en la palabra sajumerio ocurre otro cambio lingüístico donde la [h] que no tiene sonido se cambia por la [j] que sí tiene sonido.

Sal Sipuedes Barriada o sector en el pueblo de San Sebastián, Puerto Rico, donde vivió la abuela Fela con sus niños. A la barriada la llamaban así porque había mucho fango, el camino era de tierra, no había agua potable en las casas, sino solamente una pluma pública (grifo) donde todos los vecinos iban a suplirse de agua. Cuando llovía, era casi imposible caminar, pues los pies se le quedaban a uno metidos en el fango o barro.

Salpicón Fiambre de carne picada con sal, vinagre y cebolla. Salpicadura o menudo.

Sancocho Salcocho y sancocho, se usan las dos palabras indistintamente. El salcocho es un tipo de sopa que contiene papas, yautía, ñame y otros tubérculos, sofrito, carne de res o cerdo, bollitas de guineo verde, garbanzos, calabaza y pedazos de mazorca de maíz entre otras cosas. En el salcocho todo cabe, lo importante es el sabor y ser creativo.

Sandwishito   Diminutivo de sándwich, emparedado, a la abuela le gustaban los sándwiches por eso la referencia en el poema.

San Quintín   "Hicieron las de San Quintín" o "se formó la de San Quintín" son expresiones puertorriqueñas que significan que hicieron un revolú, un desastre o un problema que no se puede solucionar. Hay varias teorías de dónde pueden proceder estas expresiones. Una puede atribuirse al santo católico San Quintín, que fue martirizado y decapitado en la cárcel por ser fiel predicador y seguidor de Cristo. Otra puede referirse a que en el pueblo de San Quintín en España se hacían unas fiestas al santo, las mismas eran muy concurridas y terminaban en tremendos líos, alborotos y peleas. También puede que se refiera a la batalla de San Quintín (1557) en que España atacó a Francia en la Plaza de San Quintín. España derrotó al ejército francés, pero a la misma vez devastó su propio ejército. Se dice que debido a esta batalla, España se metió en problema porque se hizo enemiga de Flandes, Francia e Inglaterra.

Sapo concho   Sapo muy grande y que sale por las noches en el trópico, especialmente cuando ha llovido. Muchos de ellos mueren en las carreteras. Algunos van dando tumbos porque quedan heridos por los autos. La abuela comparaba a los borrachos con un sapo concho accidentado.

Sarsosa   Sal sosa. La *sal sosa* es conocida como sulfato de sosa, sulfato de sodio o sal de Glauber. Es incoloro, de sabor amargo y desagradable. Se usaba en Puerto Rico como vermífugo o vermicida para matar lombrices o parásitos en los adultos y en los niños, aunque se aconseja no darle este purgante a los niños por su desagradable sabor. Su acción como purgante es muy rápida, no causa irritación intestinal ni causa cólicos. En cuanto a la lingüística, aquí hay un cambio muy común en el habla del campesino donde une dos palabras para hacer una sola palabra y también cambia la [l] por [r].

Seborucos　Lugar muy lejano o muy difícil de encontrar. Terreno montuno, pedregoso o con mucha maleza. Por las sínsoras (sitio muy lejano).

Seis　Pieza musical folclórica puertorriqueña. Música y baile popular esencialmente campesino. Sus raíces son españolas, con influencia mora y árabe. Es conocido como el vehículo de expresión del hombre de la montaña puertorriqueña. Su forma literaria depende de la copla, la décima y de las improvisaciones que conocemos como trovas. Se dice que el seis es la espina dorsal de la música campesina o jíbara. Casi cada uno de los pueblos tiene su propio estilo de seis. En 2007, el pueblo de Trujillo Alto fue uno de los últimos pueblos en adoptar un estilo particular del seis, ya que todavía no tenía su propio estilo. Se baila dando brinquitos muy suaves, y lo más importante es la habilidad del que improvisa. Se dice que hay más de cien tipos de seis, entre ellos: el Seis joropo, Seis Andino, Seis Celinés, Seis del Llano y Seis chorreao.

Serenata　Viandas (tubérculos) hervidos que se acompañan con bacalao guisado, en escabeche o a la vizcaína, también se le puede añadir aguacate. Serenata es también cuando un grupo de músicos y cantantes deciden ir a cantarle a la enamorada. El enamorado, los cantantes y músicos se colocan bajo el balcón o la ventana de la recámara de la enamorada o novia. La serenata se lleva muy tarde en la noche, cuando la enamorada está dormida, para despertarla con la música y canciones.

Sesiones espiritistas	El espiritismo fue introducido en Puerto Rico en el siglo XIX. Se le considera padre del espiritismo a Allan Kardec (1804-1869). En Puerto Rico se integran diversas tradiciones religiosas y culturales en el espiritismo. En las sesiones espiritistas hay mediums que son los que reciben a los espíritus y hablan por ellos. Estos traen mensajes para una persona en particular o para los allí reunidos. Estos pueden ser espíritus atrasados o de luz. El espíritu posee al médium y habla o da el mensaje que quiere llevar a través del médium. Los espiritistas leen oraciones de su Evangelio y también hacen sanaciones y dan los pases (a manera de exorcismo) para alejar los malos espíritus que se le han acercado o que atacan a algunas personas.
Sesos	Masa cerebral. No tener mucho seso, es no tener inteligencia, no saber discernir, no tener el cerebro sano o persona que no piensa bien las cosas. El seso de algunos animales, como el del cerdo, se come y en algunos lugares es un "delicatessen", un manjar.
Setos	Los setos son las paredes que cercan o sostienen una estructura o una casa.
Sino	Destino o suerte.
Sinvergüenza de siete suelas	Malcriado, malicioso, malo, títere, travieso y es también alguien que se aprovecha de otro.
Siquitraquis	Fuegos artificiales que explotan al chocar contra el piso o al prenderse. Pequeño artefacto manufacturado con un rollo de papel o cartón y relleno con pólvora. Al prenderse explota y es la diversión de niños y adultos.
Siomara, Siomi, Shoma, Choma	Pronunciación del nombre Xiomara, según la abuela, ya que se le hacía difícil pronunciarlo. De allí salieron los otros apodos.

Soberao	Piso de la casa. *Del español jíbaro: Vocabulario* p.118.
Socos	Estantes que se usan para sostener las casas de madera.
Tirigüibi	Tirigüive, "tirarse por una jalda (loma) en un tirigüibi". El tirigüibi es como una yagua pequeña, de textura tan suave que resbala. Cuando se cae de las palmas los niños se meten dentro del tirigüibe para resbalarse por una pendiente, una loma o jalda. Los niños en el campo se divertían mucho tirándose en un tirigüive. Se cree que el nombre viene de la lengua de los indios taínos.
Titiritaban	Temblaban de frío.
Toa	Contracción de la palabra toda. Es también palabra taína que indica lugar de reunión o celebración.
To' el tiempo	To' es la contracción de la palabra todo. Todo el tiempo se refiere a tipos de plantas que florecen o dan frutos varias veces al año o producen su producto o fruto en otro momento diferente a la regla general. Así se llama un tipo de gandul que se da o produce en otra época o en cualquier tiempo. El gandul normalmente da su cosecha entre los meses de noviembre a enero, se puede extender hasta febrero, pero el gandul "to' el tiempo" puede dar su fruto en cualquier otro mes del año.
Tómbola	Se refiere a una frase común que la gente dice: "La vida es una tómbola". La vida da vueltas y vueltas. Unas veces estás arriba y otras abajo. La vida es un problema, la vida nos da sorpresas, (unas veces estoy bien y otras mal). La vida es como un juego, unas veces se gana, otras se pierde. Inclusive hay una canción que dice: "La vida es una tómbola, tom, tom, tómbola".
Torta	Tirar la torta es tirar el techo, sentar la base del techo de una casa o un edificio.
Tres	Es un instrumento musical parecido a una guitarra

y consta de tres grupos de cuerdas de dos cuerdas cada grupo. Cada grupo contiene sonido diferente y las mismas afinan al unísono. El primero y segundo grupo de abajo hacia arriba haciendo el tercer grupo de abajo o superior una "octava alta". Su sonido es estridente. Muchos le dan paternidad boricua al tres. Es considerado también un instrumento de cuerdas de especialidad campesina. Se cree que es derivado de la antigua guitarra puertorriqueña de cuatro cuerdas o del cuatro puertorriqueño.

Tribuná
Turbulencia o aguacero torrencial acompañado de vientos fuertes en todas direcciones.

Tros
Truck, anglisismo o préstamo del inglés. Muchos puertorriqueños la pronuncian como "tró, tros o troses".

Trovadores
Trovador, trovero. Cantador que improvisa.

Tusa
La parte de la mazorca que queda después de comerse el maíz. Mazorca de maíz sin el grano. También se refiere a gente despreciable, sin clase, de segunda.

Un mejor estar
Una mejor manera de vivir, una mejor manera económica de vivir, un lugar mejor. Millones de puertorriqueños han "emigrado" a los Estados Unidos, especialmente a New York, para buscar "un mejor estar", una vida económicamente mejor.

Uña y carne
Eran como uña y carne, frase que quiere decir pegados o adheridos como la uña a la carne, como la hiedra a la pared. Los compadres siempre estaban juntos y eran como uña y carne.

Usté
Usted. Es costumbre del puertorriqueño eliminar la [d] final en muchas palabras como en el caso de *verdá* por *verdad*, *capacidá* por *capacidad*, *amistá* por *amistad*, *caridá* por *caridad*, *dificultá* por *dificultad*, *navidá* por *navidad*, *cantidá* por *cantidad*, etc. Este fenómeno ocurre mayormente en el habla y no cuando se escribe la palabra. Lo mismo ocurre

cuando se elimina la [s] final en la pronunciación de muchas palabras.

Vale

Es un papel como un cheque dando autorización para adquirir alimentos o materiales. En casos especiales, como en el caso de un huracán, el municipio o el gobernador autorizaba estos vales a las personas que perdían sus pertenencias para ayudarle a comprar las cosas de más necesidad.

Vela

Se usa por la palabra mirar, ver, velar, vigilar, estar alerta, notar, observar y asegurarse, ej.: "Abuela, *vela* que cuando yo regrese a New México, voy a hacer pasteles con Jessika, Rosita y…"

Velorio

Se refiere al velorio tradicional donde se vela a un muerto. El velorio es también el rosario cantado a los tres reyes magos. Se le hace un altar a los tres reyes y luego se canta el rosario católico tradicional. Como en los tiempos modernos no se consiguen cantores buenos, se ha optado por rezar los tres rosarios. Después de cantar o rezar los tres rosarios, se pasa a beber y a comer de lo que haya, puede ser comida fuerte o solamente golosinas. En algunas ocasiones, entre rosario y rosario hay música tradicional con aguinaldos y villancicos. Algunas veces al finalizar los resos, entonces comienza el baile

Ventosa

Hacer una ventosa es aplicar sobre la piel un vaso de cristal con una vela adentro para hacer succión en la piel. Esto ayuda a aliviar el área adolorida. La ventosa se utiliza como terapia para quitar o aliviar dolores. Hoy día, se utiliza en muchos centros de terapia física.

Versadores

Cantador que improvisa los versos que entona o que compone versos. Manuel Alvarez Nazario dice que los versadores y trovadores son poetas rústicos de admirable capacidad e ingenio para el cultivo de la palabra rimada, no empece el hecho de ser personas frecuentemente ajenas al conocimiento de la lectura y la escritura. *El habla campesina del país: Orígenes y desarrollo del español en Puerto Rico* p. 385.

Viandas Las viandas son en Puerto Rico los tubérculos como el ñame, la papa, la yuca y la batata dulce entre otras. En Puerto Rico también se consideran como viandas, la pana, el guineo (banana) verde y el plátano. Las viandas son parte de la comida fuerte del puertorriqueño después del arroz con habichuelas. Las viandas a secas, quiere decir sin carne, sin bacalao, sin pescado u otro acompañante.

Viejo (a) Viejo, vieja, viejitos se refiere a los padres de uno. Modo particular de llamar a los padres y de ninguna manera es despectivo. También se usa con los amigos, ej.: "Oye viejo hacía tiempo que no te veía". "Viejo, quieres ir al cine esta noche".

Violao Violar, violado. Abusar sexualmente de una mujer o de un niño(a). Es también privar a alguien de sus derechos.

Viva de chiripas Viva por la Gracia de Dios. Viva de pura casualidad.

Yagrumo Conocido como Yagrumo hembra. Arbol tropical de hojas grandes y que se da en las partes montañosas y húmedas. Algunas personas en PR usan sus hojas para decorar, especialmente en navidad. La parte de abajo de la hoja es de color blancuzco o plateado. Se dice que si sus hojas se viran con el viento y se ve su parte blanca es anuncio de huracán o tormenta tropical. Puede alcanzar una altura de setenta pies y su tronco es hueco por dentro. Es de hojas grandes en forma de sombrillas, verdes al dorso y blancuzcas por debajo. Su madera, que es también de color blancuzco, sirve para preparar objetos útiles, entre ellos las boyas y las tapas de instrumentos musicales de cuerda como el tiple, el cuatro y el requinto. Los indios usaron su corteza para esteras y cordeles. "*Ser* *como la hoja de yagrumo*" se aplica a una persona que cambia de parecer o ideas fácilmente". *Diccionario de voces indígenas de Puerto Rico* p.p. 417-418.

Yagua Hay dos clases de palmas reales que en las fincas catalogan como dulces y saladas. Las dulces dan una yagua flexible de la que se sacan tiras muy resistentes que sirven como sogas. *Del Español jíbaro: Vocabulario,* p. 130. La yagua se desprende juntamente con la rama de la palma cuando se seca. Puede medir hasta cinco pies de largo y alrededor de dos pies de ancho. Por su condición de impermeable, se usó en el pasado como petaca para cargar frutos y el lavado de ropa en los ríos. También se usó para el techado y construcción de bohíos o casas. *Diccionario de voces indígenas de Puerto Rico* p.p. 418-419.

Yautía Es un tubérculo como la papa, la yuca y el ñame. Se parece mucho a la malanga y al apio amarillo. Se prepara hervida en agua y sal. Se sirve con aguacates, bacalao a la vizcaína, con carne frita y ensalada. También se usa para suavizar la masa del pastel de guineo. Se prepara en sopas y majada. A los bebés se le daba en forma de atol (licuada).

Yerba buena Hierba buena. El campesino cambia la [h] por la [y]. Es común decir *yerba* en vez de hierba. La hierba buena es una planta medicinal que se usa en guarapos (te).

Zanco Palo alto con un pedazo de madera clavada en la mitad del palo. El zanco o zancos se usan para caminar con ellos. El que camina con ellos debe tener un equilibrio casi perfecto, de lo contrario se puede caer y por lo menos rasparse las rodillas. En el campo los niños y niñas hacían competencias para ver quién podía sostenerse por más tiempo caminando o bailando en los zancos.

Zarcillitos Zarcillos, pendientes, aretes o joyas.

Bibliografía

Álvarez, Luis Manuel y A.G. Quintero Rivera. "Bambulaé sea allá, La bomba y la plena: Compendio histórico-social". Banco Popular de Puerto Rico, Raíces DVD, 2000: http//música.uprrp.edu/lalvarez/bambulae_sea_alla_files/ bomba_plena.html. bomba _plena.html. 10. Print.

---. "La música navideña: Testimonio de nuestro presente y pasado histórico". Revista Musical Puertorriqueña, No. 1. 3 enero-junio 1988: 52-59. Print.

---. La música navideña: Testimonio de nuestro presente y pasado histórico, El Proyecto del Cuatro/The Cuatro Project. Puerto Rico: 2000: 2. Print.

---. Música y músicos de Puerto Rico. Puerto Rico: 2000 http://home.coqui.net/alvarezl/modulos.htm. 1-2. 2014.

Alvarez Nazario, Manuel. *El elemento afronegroide en el español de Puerto Rico*. San Juan, PR: 2nda. Edición. Instituto de Cultura Puertorriqueña, 1974.

---. *El habla campesina del país: Orígenes y desarrollo del español en Puerto Rico*. Rio Piedras, Puerto Rico: Ed. Universidad de Puerto Rico, 1990.

---. *Orígenes y desarrollo del español en Puerto Rico (Siglos XVI y XVII)*. Rio Piedras, Puerto Rico: Editorial de la Universidad de Puerto Rico, 1982.

Buesa, José Ángel. *Nada llega tarde (Antología Poética)*. Poema del renunciamiento. Madrid: Editorial Betania, 2001. 85.

---. Oasis: *(Poemas)*. Poema del renunciamiento. Madrid: Editorial Betania, 2002. 7-8.

Deliz, Monserrate. *Renudio: Origen y difusión del folklore musical*. San Juan, PR: Instituto de Cultura Puertorriqueña, 2008. 13 y 264.

Del Rosario, Rubén. *Vocabulario puertorriqueño*. Connecticut: The Troutman, Sharon, 1965.

Díaz Montero, Aníbal. *Del español jíbaro: Vocabulario*. San Juan, PR: 2nda. Ed. Manuel Pareja, 1979.

Grijalbo: Gran Diccionario Enciclopédico Ilustrado, Grijalbo Eds., 1997.

Hernández Aquino, Luis. *Diccionario de voces indígenas de Puerto Rico*. Hato Rey, PR: Tercera Ed. Ed. Cultural, 1993.

Llorens, Washington. *El Habla Popular de Puerto Rico*. Rio Piedras PR: Ed. Edil, Inc., 1981.

Luce, Allena. *Canciones populares*. Boston: Silver Burdett y Compañía, 1921. (Sección Cuarta: Canciones antiguas…). 24, 25,119,120.

Pequeño Larousse Ilustrado: Diccionario. México. D.F.: Edición 19. Ediciones Larousse, 1987. 324

Priego, Joaquín R. *Prehistoria de Quisqueya: Cultura Taína*. 2nda. Ed. Ministerio de Educación, Bellas Artes y Cultos. Santo Domingo: 1971.

Ramírez de Arellano de Nolla, Olga. *Traigo un ramillete*. San Juan,

PR: Centro Cultural de Mayagüez y el Instituto de Cultura Puertorriqueña, 1972.

Google: Biblioteca digital de la medicina tradicional mexicana.

Google: Plantas medicinales

Internet: Google y Yahoo

www.elcolmadito.com

Sobre el autor

La doctora Socorro Velázquez Lara nació en Moca, Puerto Rico. Actualmente está retirada y vive en Albuquerque, NM. Obtuvo su BA en Administración de Empresas en la Universidad Interamericana de Hato Rey, PR, 1980. Obtuvo una Maestría en Educación Multicultural en la Universidad de New Mexico (UNM), 1985. Hizo otra Maestría con concentración en Literatura Latinoamericana en la Universidad de New Mexico en 1987. Recibió su Doctorado (Ph.D.) en Philosophy in Romance Languages en la Universidad de New Mexico, Albuquerque, NM, 1996.

Tiene más de treinta y cinco años de experiencia trabajando en universidades como La Universidad Del Sagrado Corazón, Santurce, PR; Universidad Politécnica, Hato Rey, PR; The American University, Washington, DC y la Universidad de New Mexico, Albuquerque, NM. También ha trabajado en agencias del gobierno estatal y federal incluyendo el Departamento de Educación Federal en Washington, DC en la Oficina de Educación Bilingüe, trabajo del que se retiró. Allí proveyó asistencia y consultoría a cientos de programas bilingües en universidades y escuelas de un gran número de estados. Asistió al Departamento de Educación Federal y algunos de sus directores con políticas educativas, así como con las traducciones de un gran número de documentos educativos. También dirigió varias investigaciones educativas en Estados Unidos y en El Salvador, Centro América. Participó en internados con varias agencias del gobierno federal incluyendo el National Institute of Health (NIH). Sirvió como consultora de la reforma educativa en El Salvador, Centro América, 1996-1997.

Ha publicado artículos en revistas literarias como: "Incest in the novels of Emilia Pardo Bazán". IRIS. France: 1990; "Perfilando la locura quijotesca: Las aventuras de la primera salida". Review of Hispania. CA:

1990.; "Génesis y función de un mentiroso de Galdós". Romance Notes vol. II. North Carolina: 1988 y su disertación doctoral La parodia como poder subversivo feminista en la narrativa de Rosario Ferré. Disertación. UMI. A Bell & Howell Company, Michigan: 1996.

www.ingramcontent.com/pod-product-compliance
Lightning Source LLC
Chambersburg PA
CBHW020726180526
45163CB00001B/121